金砖国家
合作机制研究

RESEARCH ON
THE COOPERATIVE
MECHANISM OF BRICS

魏建国　李锋　等　著

社会科学文献出版社
SOCIAL SCIENCES ACADEMIC PRESS (CHINA)

目　　录
CONTENTS

前　言 / 1

总报告　金砖国家合作机制的建立与完善 / 1

　　一　金砖国家合作机制取得的主要进展 / 2

　　二　金砖国家合作机制存在的主要问题 / 13

　　三　国际环境变化对金砖国家合作新要求 / 18

　　四　完善金砖国家合作机制思路、目标和路径 / 27

　　五　建立和完善重点领域金砖国家合作机制 / 33

　　六　中国在建立和完善金砖国家合作机制中的策略选择 / 50

专题报告一　金砖国家宏观经济政策协调机制研究 / 68

专题报告二　金砖国家产能合作机制研究 / 89

专题报告三　金砖国家投资贸易机制研究 / 122

专题报告四　金砖国家公共产品提供机制研究 / 137

专题报告五　金砖国家合作平台研究 / 154

附录　金砖国家领导人厦门宣言 / 186

参考文献 / 202

后　记 / 207

前　言

　　金砖国家合作机制从无到有、从小到大、从虚到实、从松到紧，经过 10 年发展，已成为金砖国家之间加强合作、凝聚新兴市场国家和发展中国家、参与国际经济治理的重要平台。2017 年 6 月 19 日，习近平主席在会见来华出席金砖国家外长会晤外方代表团团长时高度评价：金砖合作是一个创新，超越了政治和军事结盟的老套路，建立了结伴不结盟的新关系；超越了以意识形态划线的老思维，走出了相互尊重、共同进步的新道路；超越了你输我赢、赢者通吃的老观念，实践了互惠互利、合作共赢的新理念。

　　金砖国家（BRICS）这一概念最初是由美国高盛公司 2003 年在其全球经济报告《与 BRICS 一起梦想：通往 2050 年的道路》中作为投资概念提出的，包含经济发展潜力较好的 4 个新兴市场国家，即巴西、俄罗斯、印度和中国。金砖国家合作始于 2006 年，中、俄、印、巴四国外长在联合国大会期间举行首次会晤。2009 年，金砖国家领导人在俄罗斯叶卡捷琳堡举行首次会晤，之后每年举行 1 次，迄今已举行 9 次领导人会晤。2010 年底，经金砖四国协商一致，南非正式加入金砖国家合作机制，金砖国家扩大为五国，金砖国家英文单词变为"BRICS"，正式形成了体现新兴国家协商合作的金砖国家合作机制。金砖五国分布于亚洲、非洲、欧洲、美洲，均为二十国集团成员。金砖五国国土面积占世界领土面积的 1/5，人口占世界总人口的 2/5，在世界银行的投票权占 13.24%，在国际货币基金组织的份额占 14.91%。10 年间，金砖五国经济总量增长 179%，贸易总额增长 94%，城镇化人口增长 28%，为世界经济企稳复苏做出突出贡献，也让 30 多亿人民有了实实在在的获得感①。

金砖国家秉持"互尊互谅、平等相待、团结互助、开放包容、互惠互利"的金砖精神，将一个松散的投资概念转化为首脑级合作机制，并发展成为国际关系中不可忽视的重要力量及新兴市场国家和发展中国家合作的重要平台。目前，其已形成以领导人会晤为引领，以安全事务高级代表会议、外长会晤等部长级会议为支撑，在经贸、财金、工商、农业、教育、卫生、科技、文化、智库、友城等数十个领域开展务实合作的多层次架构。金砖国家还建立了新开发银行、应急储备安排、工商理事会、金砖国家智库理事会等合作机制，推动五国务实合作不断走深走实，并在国际上产生重要影响。金砖国家合作机制为金砖国家提供了许多有效、包容、共同的解决方案。金砖国家新开发银行和应急储备安排投入运行，开辟了南南合作新路径，为促进全球经济发展和加强国际金融合作做出重要贡献。《金砖国家经济伙伴战略》取得积极进展，金砖国家智库理事会和学术论坛已成为各国专家交流观点的重要平台。金砖国家建立的一系列合作机制，既给金砖国家经济发展提供了有力支持，又为金砖国家防范金融风险提供了屏障，这标志着金砖国家合作从概念向实体迈进。同时，金砖国家在联合国、二十国集团等国际组织中紧密协作，为维护广大发展中国家的团结和利益仗义执言，为应对世界面临的难题和挑战贡献金砖智慧，提出金砖方案，得到了各方高度肯定。

金砖国家合作机制的成长有起有伏，金砖各国面临的挑战也各有不同。但是，正如习近平主席所讲的，金砖国家就像五根手指，伸开来各有所长，但是攥起来就是一个拳头，只要五国团结一心，金砖不仅不会褪色，还会更加闪亮。金砖国家要全面落实《金砖国家经济伙伴战略》，加强宏观政策协调和发展战略对接，出台一批实打实的合作举措，充实务实合作新内涵，不断提升金砖含金量。金砖国家要发挥好安全事务高

---

① 《国家主席习近平在金砖国家工商论坛开幕式上的主旨演讲》，人民网，2017 年 9 月 3 日。

级代表会议的作用,实现政治安全合作的新突破,从而推动金砖国家在国际舞台上展示合作的力量。金砖国家要落实五国领导人的共识,完善人文交流机制,并举行金砖国家文化节、电影节、运动会等系列活动,打造人文交流合作的新支柱,夯实金砖国家合作的民意基础和社会基础。金砖国家要探索"金砖+"模式,通过加强金砖国家同其他发展中大国和发展中国家组织的对话,建立更广泛的伙伴关系,扩大金砖的"朋友圈",把金砖合作打造成为当今世界最有影响力的南南合作平台。

2017年1月1日,我国接任金砖国家主席国,启动金砖合作第二个十年,并于9月在福建省厦门市举办了金砖国家领导人第九次会晤。2017年初,习近平主席在对其他金砖国家领导人的致信中表示,金砖国家应该推动厦门会晤在四方面取得进展:一是深化金砖国家合作,促进共同发展;二是加强全球治理,共同应对挑战;三是开展人文交流,夯实民意基础;四是推进机制建设,构建更广泛伙伴关系。2017年,作为主席国,中国和各国一起总结经验,规划未来,共同打造第二个"金色十年",为促进世界和平与发展贡献了"金砖方案"。中国一直高度重视金砖国家间的合作,积极推动金砖合作从松散论坛向更加制度化的合作机制发展。金砖国家合作机制对中国的多边外交具有多重的战略价值,充分利用金砖国家合作机制对于丰富中国多边外交的理论和实践具有开创性的意义。中国需要准确把握金砖国家合作机制的发展趋向,推动金砖国家合作机制发挥更大的作用。

未来,金砖国家应进一步凝聚共识,弘扬金砖精神,创新合作机制,为金砖国家伙伴关系发展注入新动力,深化互利合作,成为促进世界经济增长、完善全球治理的重要力量。

总报告　金砖国家合作机制的
建立与完善

金砖国家合作机制从无到有、从小到大、从虚到实、从松到紧，经过 10 年发展，已成为金砖国家之间加强合作、凝聚新兴市场国家和发展中国家、参与国际经济治理的重要平台。金砖国家合作机制符合成员国的共同利益，契合世界经济发展的客观需要，顺应国际格局演变的时代潮流，推动成员国合作持续走深走实，取得了令人称道的丰硕成果。但是，金砖国家也面临着不少复杂挑战：世界经济保持复苏势头但动力不足，传统和非传统安全风险交织，"逆全球化"思潮兴起，贸易保护主义抬头。近年来，金砖国家遭遇完全不同于以往的挫折，既要面临增长乏力和结构转型的巨大压力，也要承受来自西方舆论连绵不绝的"唱衰"之声。金砖国家合作机制的意义和价值，不仅在于顺境中共襄盛举，更在于逆境时携手前行，化挑战为机遇，化压力为动力，不为风雨所动，不为杂音所扰，不为困难所阻，共同秉持互尊互谅、平等相待、团结互助、开放包容、互惠互利的金砖精神，加强团结合作，携手创新合作机制，完善各层级的合作架构，提升合作延续性和协调性，为各领域合作提供制度保障，使合作更加高效务实和富有成果。

一　金砖国家合作机制取得的主要进展

首次金砖国家外长会议至今，金砖国家合作已经走过 10 年。10 年耕耘，10 年收获。金砖国家不断完善合作机制，已形成以领导人会晤为引领，以安全事务高级代表会议、外长会晤等部长级会议为支撑，在经贸、财金、工商、农业、教育、卫生、科技、文化、智库、友城等数十个领域开展务实合作的多层次架构，建立了新开发银行、应急储备安排、工商理事会、智库理事会等合作平台，推动五国合作不断深化，并在国际上产生重要影响。

（一）建立了金砖国家领导人会晤常态化机制

2009 年 6 月，金砖国家领导人首次峰会在俄罗斯叶卡捷琳堡举行，发表了《"金砖四国"领导人俄罗斯叶卡捷琳堡会晤联合声明》，呼吁建立一个更加多元化的货币体系，提高新兴市场和发展中国家在国际金融机构中的发言权和代表性，并承诺推动国际金融机构改革，使其体现世界经济形势的变化。2011 年，金砖国家领导人第三次峰会在中国三亚举行，发表《三亚宣言》，决定深化在金融、智库、工商、科技、能源等领域的交流合作，签署了《金砖国家银行合作机制金融合作框架协议》。2013 年，金砖国家领导人第五次峰会发表了《德班宣言》，决定设立金砖国家开发银行、外汇储备库，推动构建金砖国家与非洲国家伙伴关系，举行了金砖国家与非洲领导人首次对话会。2014 年，金砖国家领导人第六次峰会签署了《关于建立金砖国家应急储备安排的条约》。2015 年，金砖国家领导人第六次峰会是金砖国家合作机制发展史上的里程碑，在会议召开前夕，金砖国家新开发银行召开了首次理事会会议，任命印度人卡马特为首任行长，总部设在上海，金砖国家未来的金融合作步入实际操作阶段。金砖国家新开发银行的成立不仅标志着新兴经济体在全球金融架构中将发挥越来越重要的作用，也标志着金砖合作开始从"概念"走向"实体"，从"论坛化"走向"机构化"。金砖国家新开发银行和金砖国家应急储备安排的设立，反映了发展中国家抱团取暖的愿望，为成员国及发展中国家基础设施建设等提供资金，应对短期流动性紧缺的压力，同时也能增强信心效应。旧的国际金融秩序始终向欧美发达国家倾斜，新兴国家和发展中国家的诉求受到遏制，得不到充分表达。金砖国家新开发银行及金砖国家应急储备安排旨在改变这种被动局面，减少新兴国家和发展中国家对旧有国际金融体系的单向依赖，同时也成为世界银行和国际货币基金组织的重要补充。2016 年，金砖国家领导人第八次峰会通过了《果阿宣言》。《果阿宣言》强调基于共同利益和关键优先领域进一步加强金砖国家团结合作，以及秉持开放、团结、平等、相互理解、包容、合作、共赢精神，进一步增强金砖国家战略伙伴关系的重要性，同意进一步推动保险和再保险市场合作、税收体系改革、海关部门互动等，并探讨设立一个金砖国家评级机构的可能性，签署了农业研究、海关合作等方面谅解备忘录和文件。目前，金砖国家领导人峰会已经举行九次，我国于 2017 年 1 月 1 日接任金砖国家主席国，并于 9 月份在福建省厦门市举办了金砖国家领导人第九次峰会，围绕"深化金砖伙伴关系，开辟更加光明未来"主题讨论了共同关心的国际和地区问题，协商一致通过《金砖国家领导人厦门宣言》，致力于加强如下合作：深化务实合作，促进金砖国家发展；加强沟通协调，完善经济治理，建立更加公正合理的国际经济秩序；倡导公平正义，维护国际与地区和平稳定；弘扬多元文化，促进人文交流，深化传统友谊，为金砖合作奠定更广泛的民意支持基础。同时，会议提出了"金砖 +"合作模式，举行了新兴市场国家与发展中国家对话会，并发表了《新兴市场国家与发展中国家对话会主席声明》。

除金砖国家领导人正式会晤机制外，金砖国家还建立了金砖国家领导人非正式会晤机制。自 2013 年俄罗斯圣彼得堡 G20 领导人峰会以来，金砖国家领导人在峰会前举行非正式会晤已成为惯例。2016 年 9 月 4 日，二十国集团杭州峰会举行期间，金砖国家领导人非正式会晤同期举行，达成重要共识：金砖国家应该在开放、团结、平等、相互理解、包容、互利合作等原则指导下，进一步加强战略伙伴关系，推动在《国际法》基础上构建平等公正的国际秩序。2017 年 7 月 7 日，二十国集团汉堡峰会举行期间，国家主席习近平主持了金砖国家领导人非正式会晤，五国领导人围绕世界政治经济形势和二十国集团重点议题深入交换意见，就金砖国家加强团结协作、合力构建开放型世界经济、完善全球经济治理、促进可持续发展达成重要共识（见表1）。

表1 历届金砖国家领导人峰会取得的主要成果

时间	主办国地点	主要共识	标志性成果
第一次 2009年6月	俄罗斯 叶卡捷琳堡	发表《"金砖四国"领导人俄罗斯叶卡捷琳堡会晤联合声明》，呼吁建立一个更加多元化的货币体系，提高新兴市场和发展中国家在国际金融机构中的发言权和代表性，并承诺推动国际金融机构改革，使其体现世界经济形势的变化。核准《金砖国家关于全球粮食安全的联合声明》	金砖国家合作机制正式成形
第二次 2010年4月	巴西 巴西利亚	发表《金砖国家领导人第二次正式会晤联合声明》，四国商定推动"金砖四国"合作与协调的具体措施，金砖国家愿为全球经济治理格局朝着更为公平、公正和有效的方向改革做出积极努力	金砖国家领导人会晤常态化机制正式确立
第三次 2011年4月	中国 三亚	发表《三亚宣言》，对金砖国家的未来合作进行了详细的规划，决定深化在金融、智库、工商、科技、能源等领域的交流合作，重申国际经济金融机构治理结构应该反映世界经济格局的变化，增加新兴经济体和发展中国家的发言权和代表性	2010年12月，吸纳南非作为正式成员加入，并更名为"金砖国家"（BRICS）；签署《金砖国家银行合作机制金融合作框架协议》
第四次 2012年3月	印度 新德里	发表《新德里宣言》，呼吁建立更具代表性的国际金融架构，提高发展中国家的发言权和代表性，提出在2012年国际货币基金组织、世界银行年会前如期落实2010年治理和份额改革方案的要求	制定"德里行动计划"（共17条）
第五次 2013年3月	南非 德班	发表《德班宣言》，会议决定设立金砖国家开发银行、外汇储备库，会议推动构建金砖国家与非洲国家的伙伴关系，举行了金砖国家与非洲领导人首次对话会	成立金砖国家工商理事会和智库理事会；建立金砖国家元首与非洲12国元首的对话机制
第六次 2014年7月	巴西 福塔莱萨	发表《福塔莱萨宣言》，承诺深化伙伴关系，实现基于开放、包容、合作、共赢的新愿景，将探索开展全面合作的新领域，建设更紧密经济伙伴关系，推动实现一体化大市场、金融大流通、互联互通以及人文大交流	成立金砖国家新开发银行；建立金砖国家应急储备安排；建立金砖国家与南美洲国家对话机制

续表

时间	主办国地点	主要共识	标志性成果
第七次 2015年7月	俄罗斯 乌法	发表《乌法宣言》，强调加强金砖国家团结与合作的必要性，并决定在开放、团结、平等、相互理解、包容、合作、共赢基础上，增强金砖国家战略伙伴关系，同意为了我们人民和国际社会的福祉，协调应对新挑战，维护和平与安全，推动可持续发展，消除贫困、不平等和失业，重申愿进一步增强金砖国家在国际事务中的整体作用	通过《金砖国家经济伙伴战略》《金砖国家电子商务合作框架》
第八次 2016年10月	印度 果阿	发表《果阿宣言》，强调基于共同利益和关键优先领域，进一步加强金砖国家团结合作，以及秉持开放、团结、平等、相互理解、包容、合作、共赢精神，进一步增强金砖国家战略伙伴关系的重要性。全球和平和安全以及实现可持续发展面临的挑战日益凸显，需要进一步共同努力，通过开展让我们人民直接受益的务实合作，让金砖国家在全球舞台上发出具有影响力的声音；强调制定《2020年前金砖国家贸易、经济、投资合作路线图》的重要性	批准《果阿行动计划》；举办首届金砖商品展
第九次 2017年9月	中国 厦门	发表《厦门宣言》，致力于加强如下合作：深化务实合作，促进金砖国家发展；加强沟通协调，完善经济治理，建立更加公正合理的国际经济秩序；倡导公平正义，维护国际与地区和平稳定；弘扬多元文化，促进人文交流，深化传统友谊，为金砖合作奠定更广泛的民意支持基础。同时发表《新兴市场国家与发展中国家对话会主席声明》	提出"金砖+"合作模式；通过南南合作援助基金；举行新兴市场国家与发展中国家对话会

（二）搭建多层次合作架构

回顾金砖国家合作历史可清楚地看出，在渴望自强和发展的推动下，金砖国家正进行从资本市场投资概念到国际政治战略力量的历史性转变，实现从侧重经济治理、以务虚为主的对话论坛向政治经济并重、务虚和务实相结合的全方位合作机制的转型。目前，金砖国家合作机制已经相当广泛，除了金砖国家领导人峰会外，还形成了以安全事务高级代表会议、外长会晤等部长级会议为支撑，在经贸、财金、工商、农业、教育、卫生、科技、文化、智库、友城等数十个领域开展务实合作的多层次、全方位合作架构，合作内容日趋多元化。

金砖国家部长级会议主要包括外长会晤、经贸部长会议、农业部长会议、财长和央行行长会议、安全事务高级代表会议、国家统计局局长会议等。经俄罗斯倡议，中国、俄罗斯、印度、巴西四国于2006年9月在联合国大会期间举行了首次金砖国家外长会晤，此后每年举行。2017年6月19日，金砖国家外长会晤在北京举行，与会外长围绕金砖国家领导人厦门会晤、新兴市场国家与发展中国家对话会预期成果、金砖国家安全事务高级代表会议等内容展开磋商。金砖国家经贸部长年度会议机制于2011年建立，2016年10月13日，金砖国家第六次经贸部长会议在印度新德里举行，通过经贸部长会议联合公报，并就服务贸易、知识产权、单一窗口、中小企业、贸易促进、标准化等达成了一系列重要共识。金砖国家安全事务高级代表会议已举办6次，2015年9月15日，金砖国家安全事务高级代表第六次会议在新德里举行，会议围绕网络安全、能源安全、反恐、西亚北非及中东局势等问题交换了意见，并就加强金砖国家合作达成广泛共识。2017年，金砖国家举行安全事务高级代表会议和外长正式会晤，建立常驻多边机构代表定期磋商机制，召开外交政策磋商、维和事务磋商等会议，加强在国际和地区重大问题上的沟通和协调，汇聚金砖合力。2017年8月举行的金砖国家第七次经贸部长会议通过了《金砖国家第七次经贸部长会议声明》，批准了《金砖国家服务贸易合作路线图》《金砖国家电子商务合作倡议》《金砖国家知识产权合作指导原则》《金砖国家投资便利化合作纲要》《金砖国家经济技术合作框架》，在贸易投资便利化及互联互通合作框架、路线图和概要方面取得积极成果，包括通过加强贸易投资便利化、服务贸易、电子商务、与金砖国家知识产权管理部门合作活动相协调的知识产权合作、经济技术合作、中小企业和妇女经济赋权等领域合作，加强政策分享、信息交流和能力建设，批准建立自愿参与的金砖国家示范电子口岸网络。

金砖国家高层次工作组主要包括能效工作组、海关工作组、科技创新资金资助方工作组、就业工作组、反恐工作组、网络安全工作组等。按照金砖国家能效合作谅解备忘录要求，金砖国家能效工作组会议每年召开一次，由金砖国家轮值主席国举办，是金砖国家能效合作重要交流平台。2017 年 6 月 5 日，为落实金砖国家领导人节能合作共识，推进金砖国家能效合作，中国国家发改委在北京召开了 2017 年金砖国家能效工作组会议，讨论了重点能效合作项目，分享了各国最佳节能技术和实践，就建立金砖国家节能技术数据库进行了深入研究。2017 年 3 月 29 日，金砖国家海关工作组 2017 年会议在厦门举行，是中国海关首次主办的金砖国家合作机制内会议，磋商了中方提出的《金砖国家海关合作战略框架》，研讨了《金砖国家海关合作与行政互助协定》执行情况与开展设想。为进一步务实推动金砖国家间科技创新合作，2016 年，金砖五国成立了科技创新资金资助方工作组，签署了《金砖国家科技创新框架计划》及《实施方案》，决定在该框架下联合征集多边研发项目，旨在支持与促进至少三个国家的合作。2017 年 4 月 19 日，金砖国家就业工作组 2017 年第一次会议在云南省玉溪市召开，会议围绕"就业和劳动世界的治理""技能扶贫和促进发展""建立全覆盖、可持续的社会保障制度""成果落实"等议题进行了深入讨论。

专门对话机制包括地方政府论坛、工商论坛、智库论坛等。2017 年 6 月 8 日，由中国社会科学院国家全球战略智库、光明智库和国际关系学院共同主办的 2017 年金砖国家智库论坛"金砖国家发展战略对接：迈向共同繁荣的路径"国际研讨会在北京举行。与会学者认为，金砖国家合作需要智库支撑和引领，要充分发挥智库作用，建设金砖国家智库联盟和合作网络，搭建更多合作平台，开辟更多合作渠道，在规划对接、政策协调、机制设计上当好参谋和助手，在理念传播、政策解读、民意通达上做好桥梁和纽带。作为金砖国家领导人厦门会晤的重要配套活动之一，中共中央对外联络部主办的金砖国家政党、智库和民间社会组织论坛于 2017 年 9 月 10～12 日在福州市举行，首次打破政党、智库和民间社会组织界别，举办"三合一"论坛；首次在金砖国家合作框架下，举办政党对话活动；首次邀请部分新兴市场国家和发展中国家的政党、智库和民间社会组织代表与会，与金砖国家开展对话。目前，金砖国家智库和民间社会组织交流与合作已形成固定机制。保持原有对话渠道的连续性，同时推动和加强政党、智库、民间社会组织间的对话交流，精心安排"三合一"论坛，有利于把政党、智库和民间社会组织的优势和特色充分发挥出来，为金砖合作贡献智慧，把金砖合作推向更为成功的第二个十年。

（三）签署了一系列合作协议

经济领域。2013 年，金砖国家通过《金砖国家贸易投资合作框架》。2014 年，金砖国家进一步提出《贸易投资便利化行动计划》。2015 年，金砖国家领导人第七次峰会通过了《金砖国家经济伙伴战略》《金砖国家电子商务合作框架》。《金砖国家经济伙伴战略》不是一个简单的声明，而是包含相当详细内容的正式文件，其意义不亚于以往峰会通过的有关成立金砖国家开发银行以及外汇储备库等文件。2017 年，金砖国家制定了《金砖国家服务贸易合作路线图》《金砖国家投资便利化纲要》《金砖国家电子商务合作倡议》《金砖国家深化工业领域合作行动计划》，决定建立金砖国家示范电子口岸网络，在税收、电子商务、政府和社会资本合作、服务网络化布局等方面达成积极共识，各领域务实合作不断机制化、实心化，含金量不断提升。

金融领域。2011 年，金砖国家签署了《金砖国家银行合作机制金融合作框架协议》。2012 年，金砖国家的开发银行共同签署了《金砖国家银行合作机制多边本币授信总协议》《多边信用证保兑服务协议》。2014 年，金砖国家会签署了《关于建立金砖国家应急储备安排的条约》，应急储备安排初始承诺互换规模为 1000 亿美元。各国最大互换金额为：中国 410 亿美元，巴西、印度和俄罗斯各 180 亿美元，南非 50 亿美元；中国投票权为 39.95%，巴西、俄罗斯、印度各为 18.10%，南非为 5.75%。该安排是在有关金砖国家出现国际收支困难时，其他成员国向其提供流动性支持、帮助纾困的集体承诺。金砖国家建立应急储备安排具有里程碑意义，是新兴市场经济体为应对共同的全球挑战、突破地域限制创建集体金融安全网的重大尝试，为金砖国家建设性参与全球经济治理提供合作平台，提高金砖国家在国际经济事务中的影响力和话语权，推动全球经济治理体系朝着公正合理的方向发展。俄罗斯驻华大使馆公使衔参赞季诺维耶夫认为，金融合作是金砖五国伙伴关系中最有成效的领域之一。2017 年，金砖国家成立了新开发银行非洲区域中心，向新开发银行项目准备基金出资 400 万美元，支持银行业务运营和长远发展。

科技文化领域。2015 年 3 月，金砖国家签署《金砖国家政府间科技创新合作谅解备忘录》，确定了新能源、可再生能源及能效、自然灾害管理、水资源和污染治理、地理空间技术及其应用、天文学、高性能计算、纳米技术等 19 个优先合作领域，继续在第 1 届金砖国家科技创新部长级会议上启动的 5 个专题工作领域开展务实合作。其中，中国牵头新能源、可再生能源及能效；巴西牵头自然灾害管理；俄罗斯牵头水资源和污染治理；印度牵头地理空间技术及其应用；南非牵头天文学。2015 年 10 月，第 3 届金砖国家科技创新部长级会议发表了《莫斯科宣言》，进一步将专题领域扩大到 10 个，新增巴西与俄罗斯牵头的生物技术与生物医药，包括人类健康与神经科学；中国与南非牵头的信息技术与高性能计算；巴西与俄罗斯牵头的海洋与极地科学技术；印度与俄罗斯牵头的材料科学，包括纳米技术；印度与俄罗斯牵头的光电学。2015 年 7 月，金砖国家签署《金砖国家政府间文化合作协定》。2017 年 9 月，在金砖国家领导人的见证下，金砖国家科技创新部门负责人或其授权代表共同签署了《金砖国家创新合作行动计划》，将开展和推动多领域多层次的实际部署和行动，设立首期 5 亿元人民币金砖国家经济技术合作交流计划，提升金砖国家整体创新竞争力。2017 年，金砖国家还共同签署《金砖国家网络大学国际管理董事会章程》《2017～2018 金砖国家网络大学行动计划》《2017 年金砖国家网络大学年度会议郑州共识》等重量级文件，达成一系列多边和双边的合作协议。

（四）成立相应合作机构

成立金砖国家新开发银行。金砖国家新开发银行由中国、俄罗斯、巴西、印度、南非五个金砖国家发起成立，初始资本为 1000 亿美元，由 5 个创始成员平均出资，总部设在中国上海，2015 年 7 月 21 日开业。金砖国家新开发银行是历史上第一次由新兴市场国家自主成立并主导的国际多边开发银行，是金砖国家对自身以及其他发展中国家境内的基础设施项目进行投资的工具，不是对现有的国际金融体系的挑战，而是对其补充和改进，为成员国在未来经济发展中提供了新的投融资选择。金砖国家新开发银行首批贷款项目的规模为 8.11 亿美元，支持成员国 2370 兆瓦的可再生能源发电能力，每年避免排放二氧化碳 400 万吨。2016 年 11 月 24 日，金砖国家新开发银行副行长兼首席运营官祝宪在上海举行的媒体通气会上表示，新开发银行 2017 年争取贷款规模能达到 25 亿美元，将支持 15 个基础设施项目。随着 2014 年《福塔莱萨宣言》的发布，嘲讽金砖国家"只会高谈阔论"的美欧媒体，开始惊呼：金砖国家领导人峰会成立金砖国家开发银行和建立金砖国家应急储备安排的决定，是要与美欧主导的世界银行和国际货币基金组织分庭抗礼。布鲁金斯学会拉美项目主管特林库纳斯称，金砖国家正在寻找既有世界秩序的替代品。金砖国家设立新开发银行，彰显了金砖国家合作的行动力和有效性，开辟了南南合作新路径。

成立金砖国家工商理事会。金砖国家工商理事会于 2013 年 3 月 27 日成立，金砖国家领导人共同见证《金砖国家工商理事会成立宣言》的签署。金砖国家工商理事会由提名产生的 25 名成员（每国 5 名）组成，代表工业和服务业的不同领域，是加强和促进金砖国家工商界间经济、贸易、商务和投资纽带的平台，将厘清阻碍金砖国家加强经济、贸易和投资联系的问题，并提出解决方案。金砖国家工商理事会的合作领域涵盖基础设施建设、矿业及选矿、制药业、农产品加工、服务业（包括金融、信息通信技术、卫生保健、旅游）、制造业、可持续发展等。金砖国家工商理事会自 2013 年 3 月成立以来，每月都召开电话会议。定期电话会议机制是推动理事会各项工作、沟通信息、增进友谊的有效手段。年度中期会议是工商理事会合作另一重要形式。2017 年 3 月 31 日，金砖国家工商理事会 2017 年度中期会议在印度新德里举行，20 多家企业的 60 多人代表中方参加会议。

成立金砖国家智库合作中方理事会。2013 年，金砖国家领导人南非德班峰会决定成立金砖国家智库理事会。此后，智库合作在促进金砖国家政策沟通、推动思想创新、加深彼此友谊等方面发挥越来越重要作用。2017 年 1 月 11 日，金砖国家智库合作中方理事会成立会议暨万寿论坛在北京举行，理事会成员包括北京大学国际关系学院、中国国际问题研究院、国家开发银行研究院等 63 家国内高端智库，中联部郭业洲副部长当选为金砖国家智库合作中方理事会理事长。金砖国家智库合作中方理事会是中共中央对外联络部联合协调国内金砖国家研究机构组建的非法人学术团体，主要负责金砖国家合作框架下二轨对话交流。金砖国家智库合作中方理事会重点做好以下几方面工作：第一，通过这个平台多为金砖国家合作建言献策；第二，积极推动国内智库和其他金砖国家智库间交流与合作，开展国际联合研究；第三，进一步推动引导各理事单位加强联系、相互支持，使得国内智库在合作中不断得到新的启发，提升国内学界对金砖国家研究的兴趣和能力。中方理事会的成立有利于把国内的智库整合起来，更好地为金砖国家合作贡献中国智慧，也有利于加强智力资源的统筹和协调力度，通过该平台积极推动研究成果向合作成果转化，推动中国智库与其他金砖国家智库的交流与合作。

成立金砖国家大学联盟和金砖国家网络大学。2015 年，金砖国家高等教育领域两大合作组织——金砖国家大学联盟和金砖国家网络大学相继成立。金砖国家大学联盟和金砖国家网络大学是金砖国家高等教育多边合作的两大机制，分别由中国和俄罗斯两国主导，秘书处分别设在中国北京师范大学和俄罗斯乌拉尔联邦大学。创立两大合作机制是为了联合金砖国家的主要大学开展共同研究及联合培养高端人才，以发挥高等教育在国家战略决策和新兴经济体发展中日益重要的作用。目前，金砖国家网络大学有 56 所成员高校（中国 11 所、俄罗斯 12 所、印度 12 所、巴西 9 所、南非 12 所），在能源、计算机科学与信息安全等 6 个优先合作的知识领域根据共同认可的质量标准，开发双边或多边的短期培训项目，硕士、博士研究生培养项目以及科研合作项目。

（五）搭建与其他国家对话机制

2013 年 3 月，金砖国家领导人同非盟主席和 10 个非洲国家领导人举行对话会，围绕"释放非洲潜力：金砖国家和非洲在基础设施领域的合作"议题进行讨论，促进金砖国家和非洲实现包容性增长和可持续发展。中国国家主席习近平发表讲话强调，非洲崛起对金砖国家是机遇，金砖国家发展对非洲也是机遇；如果我们这些国家的 40 亿人口携手合作，将促使世界经济更加平衡、国际关系更加民主、世界和平与发展的基础更加坚实；中方支持金砖国家同非洲建设伙伴关系，这种伙伴关系必须建立在平等民主基础上，要有战略眼光，要脚踏实地。

2014 年 7 月，金砖国家领导人同南美国家领导人在巴西首都巴西利亚举行对话会，围绕包容性增长的可持续解决方案这一主题进行讨论，共商加强金砖国家和南美国家合作。与会领导人表示，金砖国家和南美国家都是新兴市场国家和发展中国家，是国际格局中的上升力量，金砖国家与南美国家对话，分享发展经验，共谋合作大计，具有重要意义；金砖国家与南美国家合作潜力巨大，要扎实推进务实合作，促进区域经济一体化；要共同推动国际秩序朝着更加公正合理方向发展，加强金砖国家同南美两大市场对接。

2015 年 7 月，金砖国家领导人首次与上合组织成员国领导人、欧亚经济联盟成员国领导人举行对话会，就联合国改革、国际货币基金组织改革、2015 年后全球发展议程谈判、气候变化等问题展开全面深入磋商。金砖国家与上海合作组织和欧亚经济联盟的对话，加强了区域沟通，推动了区域发展，提高了国际影响力。

2016 年 10 月，金砖国家领导人同环孟加拉湾经合组织成员国领导人在印度果阿举行对话会，共同探讨推动金砖国家与该组织开展合作。金砖国家领导人同环孟加拉湾经合组织成员国领导人举行对话会有利于推动金砖国家与该组织在多领域开展合作，形成发展合力，促进东南亚和南亚的区域合作。

2017 年 9 月，金砖国家领导人厦门峰会期间举行了新兴市场国家与发展中国家对话会，金砖国家领导人同埃及、墨西哥、塔吉克斯坦、几内亚、泰国领导人共商国际发展合作和南南合作大计。习近平主席在金砖国家工商论坛开幕式的主旨演讲中提到，作为具有全球影响力的合作平台，金砖合作的意义已超出五国范畴，承载着新兴市场国家和发展中国家乃至整个国际社会的期望；金砖国家奉行开放包容的合作理念，高度重视同其他新兴市场国家和发展中国家合作，建立起行之有效的对话机制。

二　金砖国家合作机制存在的主要问题

金砖国家合作机制虽然取得显著进展，但还存在诸多问题。金砖国家合作仍处于非正式阶段，还没有设立秘书处，缺乏支撑深化合作的长效性机制。

（一）金砖国家实体化合作亟待推进

尽管金砖国家领导人实现了多次会晤，但立场大于行动，金砖国家合作机制仍处于初级阶段。一些国家对金砖国家领导人峰会等多边合作机制尚存疑虑，特别是对金砖国家能不能代表其他发展中国家以及不同成员国在重大国际问题的协调一致上存在担心。所以，金砖国家的实体化合作是目前迫切需要解决的问题。只有加强实体化合作，才能把经济力量转化为政治影响力，在二十国集团、联合国和国际货币基金组织等国际机制中取得更为平等的地位，推动国际秩序更加公正化和民主化。目前，金砖国家仍没有设立秘书处，制约了实体化进程，无法确定合作宗旨、目标、任务、成员资格等基本要素。是否应该设立金砖秘书处一直是伴随金砖国家合作机制发展历程的传统话题，也是关乎金砖合作"进化"成为工作组织还是继续保持论坛形式的未来话题。设立金砖国家秘书处能够使金砖国家演变成一个"松而不散"的经济合作机制或经济利益共同体，巩固以领导人峰会为核心、以部长级会晤和高级工作组为支撑、智库年会等"二轨"渠道为辅助的制度性合作框架，防止西方国家的"分化"。此外，金砖国家内部从政治制度、经济体制和意识形态方面的相似性和协同性都较低，需要通过内设机构进行相应的协调。设立金砖国家秘书处，有利于促进金砖国家深化合作机制，克服缺少强制力和协同性这些无法回避的传统"难点"和"痛点"。

（二）金砖国家缺乏深化合作的有效机制

尽管金砖国家从四国发展为五国，但并没有形成一种有组织性、高度制度化的合作机制。长期以来，金砖各国之间在政治立场上大多从本国利益考量，存在不同偏向；在贸易投资机制上，金砖国家在市场准入、关税减让等方面还没有取得实质性进展，没有建立金砖国家贸易投资协定；在政治制度上，金砖国家选择也不一样；在对外战略选择上，也存在不同的战略定位与战略诉求。2013 年以来，一股关于"金砖褪色"和"金砖失色"论调逐渐萌生。2013 年 8 月 26 日《金融时报》刊登美国彼得森国际经济研究所高级研究员安德斯·奥斯伦德撰写的题为《金砖四国错失改革良机》文章，断言：金砖四国的盛筵已经散场，它们能否恢复活力，取决于它们能否在严峻时期开展改革；因为缺乏勇气，它们已经错失了在繁荣时期改革的机会。欧美一些知名智库和学者对金砖合作的转型前景进一步提出质疑。唱衰金砖的登峰之作则是"脆弱五国"概念的提出——巴西、印度和南非三个金砖国家同土耳其、印度尼西亚一起，被视作新兴经济体荣光不再的标志。受录音证据证明总统特梅尔赞成向前众议院议长行贿的政治丑闻影响，2017 年 5 月 18 日巴西 Ibovespa 股指在早盘交易中下挫 10.47%，迫使市场监管机构触发熔断机制，巴西雷亚尔兑美元汇率下跌 7%。市场担心这些指控将葬送巴西政府修复该国越来越糟的公共财政的改革计划，并把巴西引向不确定状态。特梅尔和他的中间偏右联盟是 2016 年 8 月上台的，此前他的左翼前任迪尔玛·罗塞夫因违反预算规则而遭到弹劾。美国著名国际关系学者约瑟夫·奈在新加坡《联合早报》发表《没有粘合力的金砖》一文，质疑金砖国家的未来发展前景认为：尽管金砖国家这个组织或许有助于协调某些外交策略，但是无论经济还是战略都"没有办法团结起来"，没有必要把金砖国家当作"必须认真看待的政治组织"。松散的合作机制使各国之间本身存在的问题与矛盾没有得到沟通与化解，解决这些问题，需要金砖国家巩固和推进机制化，逐步建立有利于深化合作的长效机制。

（三）金砖国家建立自贸区存在较多制约因素

金砖国家一直致力于建设金砖国家一体化大市场，商建金砖国家自贸区有利于建设一体化大市场。在多哈回合推进有难度的情况下，对世界各国来说，建立自贸区是比较现实的选择，而作为发展中国家利益的代言人，金砖国家之间要想进一步密切合作关系，也应积极探讨建立自贸区的可行性，这符合金砖国家合作未来发展方向。金砖国家尽管经济发展结构有差异，但建立自由贸易区有助于这些国家打破合作门槛，也可为发展中国家在经济全球化中提高话语权夯实基础。然而，金砖国家建立自贸区面临实施障碍。1991 年，巴西、阿根廷、乌拉圭和巴拉圭建立了南方共同市场，1994 年南方共同市场建成了自由贸易区，起到了对外协调关税政策的作用。2010 年，俄罗斯、白俄罗斯、哈萨克斯坦三国建立了俄白哈关税同盟，对外实行统一关税，在此基础上组建的欧亚经济联盟于 2015 年正式启动，目标是到 2025 年实现联盟内商品、服务、资金和劳动力的自由流动，终极目标是建立类似于欧盟的统一市场。1985 年，印度、孟加拉国、不丹、马尔代夫、尼泊尔、巴基斯坦、斯里兰卡成立南亚区域合作联盟，随后进行了多次内部关税减让谈判，朝着自贸区的方向发展。2004 年，南非、莱索托、斯威士兰、博茨瓦纳、纳米比亚共同签署新版南部非洲关税同盟协议正式生效，按照协议这五个国家在改变税率、税收共享及机构范围的决定方面采用了联合实施责任。因此，巴西、俄罗斯、印度和南非能否加入金砖国家自贸区谈判，在很大程度上取决于其所在组织成员与其他金砖国家之间经贸关系的发展。金砖国家各自参与的一体化同盟让这些国家拥有不完全相同的对外谈判自主范围。在此情况下，要找到金砖国家在建立自由贸易区方面的最大公约数并不容易。商务部研究院国际市场研究所副所长白明表示，构建金砖国家自贸区目前仍是一件"方向上正确、技术上有难度"的事。国家发改委对外经济研究所国际贸易和投资研究室主任王海峰指出，构建金砖国家自贸区面临的最大挑战在于，金砖各国间的制度联系仍不够紧密。据统计，2016 年金砖国家对外投资 1970 亿美元，只有5.7% 发生在金砖五国之间①。

（四）金砖国家复杂的成员关系制约合作机制完善

金砖国家各成员之间存在着诸多短期内难以消除的矛盾。首先，

---

① 《国家主席习近平在金砖国家领导人厦门会晤大范围会议上的讲话》，人民网，2017 年 9 月 4 日。

随着"一带一路"的推进，俄罗斯对中国的防范心理不断加深，将严重影响中俄双边关系的深入发展。其次，中印边界战争伤痕难以愈合，边界领土争端悬而未决，导致中印之间战略互疑大于战略互信。中印巴三角关系的不平衡发展，西藏达赖流亡集团在印度的长期存在，导致中印双方把潜在的"朋友"当成"敌人"。印度贸易投资壁垒重重，导致中印经贸往来规模不大，贸易不平衡问题日益突出。中印互相缺乏对对方善意的理解，没有形成整体的合作蓝图，制约了两国关系的良性发展。因此，中印关系呈现出两面性的特征：一方面，作为亚洲崛起中的两个新兴大国，中印在国际体系改革、全球气候变化等问题上的合作需求日趋强烈；另一方面，受巴基斯坦因素、美国因素、边界因素等影响，中印也不可能达到盟友的程度。金砖国家同环孟加拉湾经合组织的合作也面临来自印度的干扰。印度视南亚为自家后院，不容他国"觊觎"。印度选择环孟加拉湾经合组织而不拉中国与巴基斯坦加入，带有明显的排除中国与巴基斯坦的意图，旨在以该组织为基础，逐步推进"东行"战略，进而实现其印度洋的战略与安全目标。2017年6月，印度边防人员在中印边界锡金段越过边界线进入中方境内，阻挠中国边防部队在洞朗地区的正常活动。中印边界锡金段已由1890年《中英会议藏印条约》划定，印度边防人员在中印边界锡金段越过双方共同承认的边界线进入中方境内，这与以往双方边防部队在中印未定界地区的边境摩擦有本质区别。洞朗地区历来属于中国，不属于不丹，与印度更没有任何关系，有历史、法理和现地三方面的充分依据，中方在洞朗地区修建道路，是在自己领土上的主权行为，完全正当合法，其他方面无权干涉。在此背景下，印军单方面挑起事端，违反了双方有关协定协议和两国领导人共识，严重危害边境地区和平与安宁。

（五）金砖国家经济增长分化影响伙伴关系的深化

经济增长是检验"金砖"成色的首要标准。"金砖国家"概念所以在全球声名鹊起，首先在于其经济增长速度快、发展潜力大的特性。近几年，金砖国家发展出现了许多新情况和新问题，也遭遇了完全不同于以往的挫折，经济面临不同程度挑战，经济增速普遍放缓，部分国家甚至出现衰退。处于调整期的金砖国家，面临着增长乏力和结构转型巨大压力。在外需萎缩和内需低迷双重压力下，金砖国家经济增速出现分化。受政局动荡、外需不振以及国内需求严重萎缩等负面因素的影响，巴西2015年经济陷入大幅衰退，经济增长率为−3.8%，2016年经济增长率为−3.5%。俄罗斯在美欧制裁、油价下跌、卢布贬值和地缘政治等多重因素的共同作用下，2015年经济出现较大幅度的萎缩，经济增长率为−3.7%，衰退程度创国际金融危机以来新高，2016年经济增长率为−0.6%。南非近几年经济增长速度不断下降，2015年经济增速仅为1.3%，2016年经济增长率为0.3%。金砖国家中，只有中国和印度的经济增长率高于世界平均水平（见表2）。

表2　2008～2018年金砖国家GDP增速

单位：%

国家	2008	2009	2010	2011	2012	2013	2014	2015	2016	2017	2018
巴西	5.0	−0.2	7.6	3.9	1.8	2.7	0.1	−3.8	−3.5	0.2	1.5
俄罗斯	5.2	−7.8	4.5	4.3	3.4	1.3	0.6	−3.7	−0.6	1.1	1.2
印度	3.9	8.5	10.3	6.6	5.1	6.9	7.3	7.6	6.6	7.2	7.7
中国	9.6	9.2	10.6	9.5	7.7	7.7	7.3	6.9	6.7	6.5	6.0
南非	3.2	−1.5	3.0	3.2	2.2	2.2	1.5	1.3	0.3	0.8	1.6
世界	3.04	0.01	5.43	4.22	3.49	3.34	3.42	3.2	3.1	3.4	3.6

资料来源：国际货币基金组织历年发布的《世界经济展望》，其中，2017年和2018年为预测数。

由于巴西、俄罗斯和南非经济增速大幅下降，2006～2016年中国GDP占金砖国家GDP总和比重持续上升，从45.1%上升到66.6%，占2/3，10年上升了21.5个百分点（见表3）。虽然中国在金砖国家中的地位和作用不断提升，但也在一定程度上造成其他金砖国家对中国的依赖，而中国经济对它们的依赖没有那么强，这就降低了其他国家完善金砖国家合作机制的积极性。中国一家独大格局不利金砖国家抱团取暖，需要吸纳更多新成员，稀释中国比重。

表3　金砖国家 GDP、中国占金砖国家比重及金砖国家占世界比重

单位：万亿美元，%

年份	中国	印度	俄罗斯	巴西	南非	金砖国家	世界	在世界中占比	中国在金砖国家占比
2006	2.73	0.95	0.99	1.11	0.27	6.05	51.05	11.85	45.13
2007	3.49	1.24	1.30	1.37	0.29	7.68	56.84	13.52	45.48
2008	4.56	1.22	1.66	1.65	0.27	9.37	62.31	15.03	48.66
2009	5.06	1.37	1.22	1.62	0.29	9.55	59.06	16.17	52.96
2010	6.04	1.71	1.52	2.21	0.38	11.86	65.34	18.14	50.94
2011	7.49	1.82	1.90	2.61	0.42	14.25	72.68	19.60	52.59
2012	8.46	1.83	2.02	2.46	0.40	15.16	74.19	20.44	55.81
2013	9.49	1.86	2.08	2.46	0.37	16.26	75.91	21.42	58.36
2014	10.35	2.04	1.86	2.42	0.35	17.02	77.83	21.87	60.82
2015	10.87	2.07	1.33	1.77	0.31	16.35	73.43	22.27	66.45
2016	11.22	2.26	1.28	1.80	0.29	16.85	75.28	22.38	66.59

资料来源：国际货币基金组织历年发布的《世界经济展望》。

三　国际环境变化对金砖国家合作新要求

世界正处于大发展大变革大调整时期，世界多极化、经济全球化、社会信息化、文化多样化深入发展。同时，人类面临许多共同挑战，世界经济增长动能不足，贫富分化日益严重，发展需要更加普惠平衡，贫富差距鸿沟有待弥合，地区热点问题此起彼伏，恐怖主义、网络安全、重大传染性疾病、气候变化等非传统安全威胁持续蔓延。面对复杂国际环境，金砖国家需要加强团结合作，创新合作机制，维护共同利益。

（一）应对逆全球化思潮需要金砖国家探索合作共赢新模式

2008 年国际金融危机以来，逆全球化思潮凸显。为了缓解国内经济放缓带来的压力，西方发达国家政府开始在移民、投资和贸易等议题中做出倾向于保守的政策调整。2016 年，英国脱欧和特朗普当选美国总统，助推了这一趋势。美国总统特朗普的信条不是"全球主义"，而是"美国主义"，不仅退出 TPP，还反对北美自由贸易区，甚至扬言要让美

国退出世界贸易组织。全球化在当代社会面临的最大问题是"政治意愿的减弱"，逆全球化思潮背后一直带有强烈的政治动机。虽然反全球化很多年前就一直存在，但之前只是一种社会思潮，政治人物是"不管你（社会上的声音）怎么反对，我都要推进全球化"。但是现在，逆全球化成了政治思潮，在美国、英国、法国、意大利都有。部分原因是全球化虽然创造了史无前例的巨大财富，但是财富只是流到了一些国家和极少数人手中，社会分化、收入分配差距加大、结构性失业增加、生态环境恶化等问题日益凸显。

历史地看，经济全球化是社会生产力发展的客观要求和科技进步的必然结果，不是哪些人、哪些国家人为造出来的。经济全球化为世界经济增长提供了强劲动力，促进了商品和资本流动、科技和文明进步、各国人民交往。不可否认，经济全球化是一把"双刃剑"，当世界经济处于下行期的时候，全球经济"蛋糕"不容易做大，甚至变小了，增长和分配、资本和劳动、效率和公平的矛盾就会更加突出，发达国家和发展中国家都会感受到压力和冲击，反全球化的呼声反映了经济全球化进程的不足。尽管经济全球化确实带来了新问题，但不能就此把经济全球化一棍子打死，而是要适应和引导好经济全球化，消解经济全球化的负面影响，让它更好惠及每个国家、每个民族。金砖国家是经济全球化的受益者和贡献者。为让经济全球化进程更有活力、更加包容、更可持续，金砖国家需要主动作为、适度管理，探索合作共赢新模式，推动新型全球化加快发展，让经济全球化的正面效应更多释放出来，实现经济全球化进程再平衡。金砖国家需要顺应大势、结合国情，正确选择融入经济全球化的路径和节奏，共享经济全球化的好处。近些年，印度的贸易保护主义抬头。2016 年印度对我国发起的贸易救济调查高达 15 起，仅次于美国；2017 年上半年发起 12 起，成为对我国发起贸易调查最多的国家。

（二）化解国际金融危机深层次影响需要金砖国家抱团取暖

国际金融危机深层次影响还未彻底消除，世界经济长期低迷，贫富差距、南北差距问题更加突出。究其根源，是经济领域三大突出矛盾没有得到有效解决。一是全球增长动能不足。世界经济增速处于较低水平，世界经济正处在动能转换的换挡期，传统增长引擎对经济的拉动作用减弱，人工智能、3D 打印等新技术虽然不断涌现，但新的经济增长点尚未形成。联合国贸易和发展会议 2017 年 6 月 7 日发布的《2017 年世界投资报告》显示，由于全球经济增长乏力，同时经济政策及地缘政治存在重大风险，2016 年全球外国直接投资（FDI）流量下降 2%，降至 1.75 万亿美元，亚洲发展中经济体 FDI 流入量在 2016 年下降 15%，降至 4430 亿美元，是自 2012 年以来的首次下降。二是全球经济治理滞后。过去数十年，国际经济力量对比深刻演变，新兴市场国家和发展中国家对全球经济增长的贡献率已经达到 80%，而全球治理体系未能反映新格局，代表性和包容性很不够。全球产业布局在不断调整，新的产业链、价值链、供应链日益形成，而贸易和投资规则未能跟上新形势，机制封闭化、规则碎片化十分突出。全球金融市场需要增强抗风险能力，而全球金融治理机制未能适应新需求，难以有效化解国际金融市场频繁动荡、资产泡沫积聚等问题。三是全球发展失衡。施瓦布先生在《第四次工业革命》一书中写道，第四次工业革命将产生极其广泛而深远的影响，特别是有可能扩大资本回报和劳动力回报的差距。全球最富有的 1% 人口拥有的财富量超过其余 99% 人口财富的总和，收入分配不平等、发展空间不平衡令人担忧。全球仍然有 7 亿多人口生活在极端贫困之中，对很多家庭而言，拥有温暖住房、充足食物、稳定工作还是一种奢望。这是当今世界面临的最大挑战，也是一些国家社会动荡的重要原因。因此，当前最迫切的任务是引领世界经济走出困境，这需要金砖国家加强合作，共同探索包容发展、共同发展的新路径。

受美联储货币政策调整、英国脱欧等事件的影响，国际金融市场波动加剧，金砖国家金融市场也受到冲击。外汇市场方面，2014～2016 年金砖国家货币对美元汇率普遍出现贬值。巴西雷亚尔、俄罗斯卢布、南非兰特对美元汇率年度贬值均在 40% 以上。受美元持续走强影响，印度卢比和中国人民币也面临贬值压力，近三年的贬值幅度达到 10% 左右。2017 年上半年，金砖五国的汇率较 2016 年年底出现企稳回升趋势。国家外汇管理局公布的数据显示，2017 年 6 月 30 日，1 美元兑换 3.30 雷亚尔、1 美元兑换 59.32 卢布、1 美元兑换 64.66 卢比、1 美元兑换 6.77

元人民币、1 美元兑换 13.01 兰特，除了巴西雷亚尔外，其他四国货币对美元的汇率都出现一定程度的升值。2017 年 7 ~ 10 月，金砖五国的汇率较上半年继续回升。2017 年 10 月 31 日，1 美元兑换 3.28 雷亚尔、1 美元兑换 57.87 卢布、1 美元兑换 64.77 卢比、1 美元兑换 6.64 人民币、1 美元兑换 14.05 兰特，除印度卢比和南非兰特外，其他三国货币对美元的汇率都出现一定程度的升值（见表 4）。综合来看，2017 年前三季度金砖五国货币的美元汇率较 2016 年明显回升，俄罗斯卢布升值 13.2%，印度卢比升值 4.7%，中国人民币升值 4.7%，但巴西雷亚尔贬值 0.6%、南非兰特贬值 3.1%。应对国际金融市场的冲击，需要金砖国家共同完善金融合作机制，携手维护金砖国家的金融安全。

表 4　金砖国家货币与美元的年末兑换汇率

国家	2008	2009	2010	2011	2012	2013	2014	2015	2016	2017.10
巴西	2.3	1.7	1.7	1.9	2.0	2.3	2.7	3.9	3.26	3.28
俄罗斯	29.4	30.2	30.5	32.2	30.4	32.7	56.3	72.9	66.65	57.87
印度	40.0	50.9	45.1	44.6	51.2	54.4	60.1	62.6	67.95	64.77
中国	6.8	6.8	6.6	6.3	6.3	6.1	6.1	6.5	6.94	6.64
南非	9.3	7.4	6.6	8.1	8.5	10.5	11.6	15.6	13.63	14.05

资料来源：《金砖国家联合统计手册（2016）》，万得数据库。2007 ~ 2016 年为年末汇率，2017 年为 10 月 31 日汇率。巴西（1 美元兑换雷亚尔）、俄罗斯（1 美元兑换卢布）、印度（1 美元兑换卢比）、中国（1 美元兑换人民币）、南非（1 美元兑换兰特）。

（三）推动全球治理体系深刻变革需要金砖国家携手前行

当前，全球治理体系变革正处在历史转折点上。由于近年来世界经济处于疲弱期，发展失衡、治理困境、公平赤字等问题显得更加突出，保护主义和内顾倾向有所上升。世界经济和全球经济治理体系进入调整期，面临新的挑战①。世界经济下行风险和不确定性在同步上升，多边贸易谈判举步维艰，《巴黎气候协定》落实遭遇阻力。全球经济治理体

---

① 《国家主席习近平在金砖国家工商论坛开幕式上的主旨演讲》，人民网，2017 年 9 月 3 日。

系变革紧迫性越来越突出，国际社会呼声越来越高。国家不分大小、强弱、贫富都是国际社会平等成员，平等参与决策、享受权利、履行义务的共识越来越强。需要赋予新兴市场国家和发展中国家更多代表性和发言权。2010 年国际货币基金组织份额改革方案已经生效，未来要坚持多边主义，维护多边体制权威性和有效性。《巴黎气候协定》符合全球发展大方向，成果来之不易，应该共同坚守，不能轻言放弃。面对加速变化的世界和日益增多的全球性问题，需要各国加强在政治、经济、安全等领域的利益协调和合作，加强对话与合作，通过国际社会成员的协商，制定相应的国际规则来治理世界。当前国际政治、经济秩序和基础性制度均由发达国家确立并主导，控制着全球经济社会发展方向和战略格局，并力求向发展中国家输出制度和价值观。发达国家间存在 G7、经合组织、国际清算银行、北约等经济政治合作机制，在各类重大战略问题上能够进行有效的相互协作，调解其内部矛盾和利益冲突，一致对外维护其在全球体系中的共同利益。相比之下，发展中国家和新兴市场国家则明显缺少自己的战略合作平台，缺少内部协调机制和共同立场、共同声音，只能依附于现有的国际政治经济秩序，在发达国家主导的联合国、G20 等机制内与其进行对话，难以协调一致、摆脱附属和被动地位。同时，发达国家往往还有意识地延续其殖民统治手段，对发展中国家采取"分而治之"的策略，甚至刻意利用历史、民族、宗教等因素制造矛盾和对立，使其难以团结起来维护自身权益。面对世界经济形势的发展演变，全球经济治理需要与时俱进、因时而变，更好反映世界经济格局新现实，增加新兴市场国家和发展中国家代表性和发言权，确保各国在国际经济合作中权利平等、机会平等、规则平等，推动全球治理体系朝着开放、共享、共赢的方向发展，增加全球经济治理和公共产品供给，提高发展中国家在全球治理中的制度性话语权，构建广泛的利益共同体，推动国际格局的良性构建和国际力量对比趋向平衡。

金砖国家是新兴市场和发展中国家的领头羊，五国自身经历和发展特点使其成为新兴市场和发展中国家利益的代言人。金砖五国都是有区域性甚至全球性影响的大国。其中，中国和印度是全球人口最多的两个国家，也是在各自地理空间内有着巨大历史影响的文明古国；俄罗斯是横跨欧亚大陆的全球领土最大的国家，是近代以来发挥过全球影响的历史强国，有着丰富的外交和军事斗争经验；巴西和南非在都在拉美和非洲有着举足轻重的国际地位。这五个国家作为发展中国家和新兴市场国家的领头羊，如果能够率先形成战略合作机制，在一些全球性问题上团结协作并维护广大发展中国家利益，将有利于形成国际政治舞台上代表新兴经济体和发展中国家的重要战略平台和载体，有效打破发达国家在现代国际体系中垄断性的主导地位，引领新兴经济体和发展中国家在与发达国家的战略博弈中维护和争取自身权益。多年来，金砖国家秉持国际公平正义，在重大国际和地区问题上站在新兴市场和发展中国家的立场上共同发声、仗义执言，大大提升了新兴市场国家和发展中国家的代表性和发言权。在二十国集团领导人会议、国际货币基金组织和世界银行年会等重要国际会议期间，金砖国家通常都会单独召开会议协调立场，寻求在世界舞台上发出代表新兴市场和发展中国家的统一声音，正在有力改变着西方主导的世界经济秩序。近年来，以金砖国家为代表的新兴市场和发展中国家在全球治理体系中的代表性和话语权尽管有所提升，但与其快速增长的经济实力仍不匹配。寻求完善全球治理体系，增加新兴市场和发展中国家在国际事务中的发言权，应该成为金砖国家的共同目标。尽管五国之间在社会制度、意识形态、文化传统等方面存在这样那样的差异，并且还有些边境领土的争端以及其他的历史遗留问题，但是五国之间的共同利益远远大于分歧。五国在维护发展中国家的共同利益，坚持共同而又有区别的原则，尤其是扩大最不发达国家的发展空间上，有着共同的立场。同时，金砖国家的合作也强调包容性，重视与发达国家之间的协调沟通，以实现互利共赢、建立和谐世界的目标。完善金砖国家合作机制有利于提升金砖国家乃至发展中国家在全球的经济地位，形成对现有国际金融和经济体系的有益补充。

推动全球治理体系深刻变革需要金砖国家在维护发展中国家利益方面发挥重要作用，推动国际秩序朝着更加公平、更加公正、更加合理的方向发展。巴西国际关系研究中心董事会成员 Roberto Abdenur 表示，放眼全球，当前代表着二战以来由美国倡导建立的战后国际秩序的三家主要国际机构，已几乎不再对推动全球发展做出什么新贡献，美国总统特朗普上台以来使美国从诸多国际事务中退出来，欧盟也面临着英国"脱欧"等诸多内部事务而无暇他顾。在此形势下，金砖国家面临着更大的成长空间，拥有更多发展的可能。印度世界事务委员会总干事 NalinSurie 表示，十年来金砖国家的经济实力持续发展，但对于世界事务的影响力尚未达到与经济实力相匹配的程度，未来金砖国家应该在建立综合发展关系、处理共同关心的重大问题、共同打击恐怖主义、推动改善国际政治经济秩序、维护世界和平等方面进一步加强合作。金砖国家是全球治理变革进程的参与者、推动者、引领者，应该为完善全球治理贡献智慧和力量，发出统一的"金砖声音"，形成明确的"金砖方案"。正如印度观察家研究基金会资深研究员吉坦贾利·纳塔拉杰所言，金砖国家不仅是一支不容忽视的经济力量，也是国际舞台上重要的政治力量。在全球经济治理层面，金砖国家在一系列的重大国际问题上有着许多共同的立场，无论是国际金融体制的改革、气候变化、多边和区域贸易谈判、千年发展目标，还是应对流行性疾病、反恐和其他非传统方面，金砖国家在联合国、G20、WTO、IMF、世界银行等国际舞台上都应发挥更重要的作用。

（四）应对人类共同挑战需要金砖国家一起寻求解决方案

人类正处在一个挑战频发的世界，世界经济增长需要新动力，发展需要更加普惠平衡，贫富差距鸿沟有待弥合，恐怖主义、网络安全、重大传染性疾病、气候变化等非传统安全威胁持续蔓延，和平赤字、发展赤字、治理赤字成为摆在全人类面前的严峻挑战。面对人类面临的共同挑战，金砖国家需要加强团结合作，一起寻求解决方案。

美国气候政策变化带来巨大的不确定性。2015 年 12 月 12 日达成的《巴黎气候协定》已于 2016 年 11 月 4 日正式生效，标志着合作共赢、公正合理的全球气候治理体系正在形成。但是，在各方努力下达成的全球气候协议，却因美国总统特朗普宣布退出巴黎气候协定而使前景变得扑朔迷离。美方认为《巴黎气候协定》对美国的能源使用造成限制，给美国的商业发展造成不利影响，全球变暖是一场骗局。虽然特朗普在应对气候变化方面的消极态度令人担忧，但实际上，作为一项已经正式生效，且具有法律约束力的国际条约，《巴黎气候协定》并非说退就能退。为避免国际协议朝令夕改的命运，协定明确规定，在协定生效的前三年任何缔约方都不能退出，且缔约方最早可在保存人收到申请一年后正式退出协定。这就意味着，美国最快需要四年才能退出《巴黎气候协定》。美国有三种渠道选择退出：一是直接退出《巴黎气候协定》；二是退出《联合国气候框架公约》；三是通过签署与《巴黎气候协定》相违背的国内法律。美国选择直接退出《巴黎气候协定》，虽然将使2020年后全球携手应对气候变化的进程受到重挫，但由于美国多年来气候谈判的态度一直被批评为消极，所以美国的退出将不会对全球应对气候变化的体系产生决定性打击。而一旦退出《联合国气候框架公约》，就会被视为自动退出《公约》框架下的《巴黎气候协定》。根据"国内法优于国际法"的原则，特朗普还可以通过签署与《巴黎气候协定》相违背的法律，从而实质上废除《巴黎气候协定》对美国的约束力。如果美国选择后两者，无疑将重创全球应对气候变化的体系。

气候变化已成为当前全球最严峻的挑战之一，绿色低碳发展已成为世界发展的潮流和趋势，各个国家都在积极转变发展方式、调整结构来保护生态环境和应对气候变化。没有哪个国家可以独善其身，无论哪个国家的领导人都应该顺应世界发展的潮流和趋势。与此同时，当今世界经济增长的动力主要来自亚洲和欧洲，美国的消极态度不会阻止全球应对气候变化向前的大势。在马拉喀什全球气候大会上，没有一个国家会因为美国总统特朗普的言谈改变其立场和行动。相反，中国、欧盟、巴西、印度、加拿大、墨西哥等众多国家和地区相继表态将继续积极应对气候变化、坚定履行《巴黎气候协定》。2017年7月8日发布的G20汉堡峰会公报写道，除美国外的其他G20领导人指出，《巴黎气候协定》是不可逆转的，重申发达国家履行《联合国气候变化框架公约》承诺的重要性。为了地球，为了人类，全球应该加强气候合作，对联合国气候机制和多边合作进程保持信心。在气候治理这一全球议题中，包括金砖国家在内的新兴经济体发挥的作用越来越大。金砖国家应与国际社会一道，继续在应对气候变化问题上加强合作，推动全球实现绿色、低碳、可持续发展。作为世界最大经济体，美国遵守已做出的承诺不仅是责任，也符合受气候变化影响的美国人民的利益。早在 2014 年的中国"两会"上，中国国家主席习近平就强调要走绿色发展之路。《关于加快推进生态文明建设的意见》《生态文明体制改革总体方案》等重要文件先后印发，更加注重形成绿色的生产方式和消费方式。中共十八届五中全会将"绿色发展"作为"五大发展理念"之一。从中国近几年的政府工作报告可以看出，在生态文明建设、绿色发展方面中国政府一直有坚强的决心。中国政府也没有回避"严重雾霾天气在一些地区时有发生"这一现象，不仅正视了问题，还明确了解决方法和治理措施。同时，中国在促成《巴黎气候协定》的过程中，发挥了不可或缺的关键作用，为发达国家、发展中国家之间在巴黎找到共识空间搭建起宝贵的桥梁。

（五）抓住新一轮科技革命和产业变革机遇需要金砖国家加强优势互补

进入 21 世纪以来，新一轮科技革命和产业变革正在孕育兴起，全球科技创新呈现出新的发展态势和特征。一是学科交叉融合加速，新兴学科不断涌现，前沿领域不断延伸，物质结构、宇宙演化、生命起源、意识本质等基础科学领域有望或正在取得重大突破性进展。二是移动互联网、智能终端、大数据、云计算、高端芯片等新一代信息技术特别是人工智能技术发展将带动众多产业变革和创新。三是围绕新能源、气候变化、空间、海洋开发的技术创新更加密集。四是绿色经济、低碳技术等新兴产业蓬勃兴起。五是生命科学、生物技术带动形成庞大的健康、现代农业、生物能源、生物制造、环保等产业。全球经济进入传统产业衰退、新兴产业勃兴的技术范式变革期。信息技术、生物技术、新材料技术、新能源技术广泛渗透，带动几乎所有领域发生了以绿色、智能、泛在为特征的群体性技术革命。世界经济论坛创始人、执行主席施瓦布教授 2016 年出版的《第四次工业革命：转型的力量》认为，第四次工业革命正以前所未有的态势向我们席卷而来，发展速度之快、范围之广、程度之深丝毫不逊于前三次工业革命，它将数字技术、物理技术、生物技术有机融合在一起，迸发出强大的力量，影响着我们的经济和社会。

创新是引领发展的第一动力。与以往历次工业革命相比，第四次工业革命是以指数级而非线性速度展开。金砖国家必须在创新中寻找出路，才能突破自身经济增长和发展的瓶颈。要把握新工业革命的机遇，以创新促增长、促转型，积极投身智能制造、"互联网＋"、数字经济、共享经济等带来的创新发展浪潮，努力领风气之先，加快新旧动能转换。① 金砖国家需要携手创新政策手段，推进结构性改革，创新增长方式，把握好新一轮产业革命、数字经济等带来的机遇，为增长创造空间、增加后劲，既应对好气候变化、人口老龄化等带来的挑战，也化解掉信息化、自动化等给就业带来的冲击，在培育新产业、新业态和新模式过程中注意创造新的就业机会。金砖国家利益高度融合，彼此相互依存，需要在更加广阔的层面考虑自身利益，不能损害其他国家利益，应坚持协同联动，打造协同创新的合作模式，在合作创新中分享机会和利益，实现互利共赢，让各国实现联动增长、走向共同繁荣。

四　完善金砖国家合作机制思路、目标和路径

结合金砖国家面临的国际环境，总结金砖国家走过的道路，就金砖国家的机制建设来说，未来的重点应该是进一步深化伙伴关系，推动建立金砖国家合作长效机制，探索"金砖＋"合作模式，加强内部协调与外部合作，增强金砖国家的稳定性和吸引力，为金砖国家合作发展注入源源不断的动力。

（一）总体思路

秉持"互尊互谅、平等相待、团结互助、开放包容、互惠互利"的金砖精神，坚持政治、经济、文化"三轮"驱动，采取"做实、增色、共振、扩容"四项举措，全面落实《金砖国家经济伙伴战略》，加快制定《2020年前金砖国家贸易、经济、投资合作路线图》，创新金砖国家

---

① 《国家主席习近平在金砖国家工商论坛开幕式上的主旨演讲》，人民网，2017年9月3日。

合作机制，全面深化金砖伙伴关系，打造贸易投资大市场，促进基础设施联通、货币金融流通，为合作发展注入新动力、开辟新空间，实现联动发展，让成员国人民直接受益于金砖国家的务实合作，开辟金砖国家更加光明未来。

在发展方向的选择上，金砖国家合作机制可以从联合国、欧盟、经合组织和 G7 等国际合作机制中吸取经验，按照多领域合作的思路，打造综合性的合作平台架构，把金砖国家合作机制做实，覆盖政治、经济、社会、人文等主要领域，为成员国共同发展提供更有效的支撑。

在合作机制的选择上，应该紧紧围绕经济合作这条主线，落实《金砖国家经济伙伴战略》，推动各领域合作机制化、实心化，不断提升金砖合作含金量①。可以参考美国学者戴蒙德和麦克唐纳在《多轨外交》中提到的基本框架，进一步完善金砖国家领导人峰会等"一轨"合作机制、金砖国家智库理事会等"二轨"合作机制、金砖国家新开发银行和工商理事会等"三轨"合作机制；在此基础上进一步构建其他 6 个轨道的合作机制：四轨——平民合作机制；五轨——研究教育合作机制；六轨——社会合作机制；七轨——宗教文化合作机制；八轨——慈善事业合作机制；九轨——网络和传媒合作机制。

在吸收新成员的选择上，金砖国家可分步实施，以进一步增强代表性和增大覆盖面。近期，有意加入者可以按照对话伙伴国或观察员的方式，与金砖国家建立前期的某种定向联系。中期，在制定完善相应规章制度、条件成熟的基础上，按照相关标准适度吸纳新成员，可吸收墨西哥、埃及、泰国、印度尼西亚、土耳其等少数中等强国加入金砖国家。远期，进一步扩大成员规模，推动更多的发展中国家加入，力争把 G20 内所有新兴经济体都囊括进来，把金砖国家做大，在国际舞台上发出更强有力的声音。

（二）主要目标

创新金砖国家合作机制可以设定短、中、长期目标序列。短期目标

---

① 《国家主席习近平在金砖国家工商论坛开幕式上的主旨演讲》，人民网，2017 年 9 月 3 日。

是健全现有金砖国家合作机制，增强协调性和执行力。中期目标是在现有合作机制基础上拓展和延伸，搭建多层次、宽领域的金砖国家多轨合作平台架构，建立起金砖国家实体化合作机制。远期目标是以金砖国家合作机制为基础，形成我国发起和引领的全球新兴市场国家合作机制。

（三）路径选择

1. 深化伙伴关系

经过 10 年发展，金砖国家伙伴关系的理念已经深入人心，成为全体成员国努力的方向。金砖国家领导人 2015 年《乌法宣言》和 2016 年《果阿宣言》均强调加强金砖国家战略伙伴关系。金砖国家都是二十国集团成员，幅员辽阔，人口众多，在全球经济版图中占据着重要地位。五国制定了《金砖国家经济伙伴战略》，就加深经济合作、构建贸易投资大市场做出系统规划，成立新开发银行和应急储备安排，为完善全球经济治理、促进新兴市场国家和发展中国家发展做出积极努力。在世界经济形势依然复杂严峻、金砖国家经济发展机遇和挑战并存的背景下，金砖国家应该认真落实金砖国家领导人共识，推进《金砖国家经济伙伴战略》，加强宏观经济政策协调，对接五国发展战略，不断深化金砖国家伙伴关系。深化伙伴关系有利于金砖国家全面加强各领域务实合作，提升五国人民福祉，为五国共同发展开辟更加光明未来。通过深化伙伴关系，有利于金砖国家推动南南合作迈向更高水平，加快落实 2030 年可持续发展议程，为广大发展中国家的经济社会发展开辟更加光明未来。通过深化伙伴关系，有利于金砖国家加强在重大国际和地区问题上的沟通协调，推动建立更加公平合理的国际秩序，为全球和平与发展事业开辟更加光明的未来。

深化金砖国家四大伙伴关系。一是促进共同发展的伙伴关系。金砖国家应该继续高举发展旗帜，加强宏观经济政策协调，推进结构性改革，创新增长方式，构建开放型世界经济，积极推进金砖国家经贸大市场、金融大流通和基础设施大联通。二是加强全球经济治理的伙伴关系。金砖国家应该继续推动全球经济治理体系革故鼎新，顺应新兴市场国家和发展中国家力量上升的历史趋势，继续提升这些国家在国际事务中的代表性和发言权。三是弘扬多元文明的伙伴关系。金砖国家应该以促进民心相通为宗旨，支持各行各界开展全方位友好交往和人文大交流，增进各国人民相互了解和传统友谊，夯实金砖国家合作发展的民意基础。四是维护世界和平的伙伴关系。金砖国家应该倡导共同、综合、合作、可持续的安全观，协调行动，相互支持，秉持国际公平正义，倡导通过对话和谈判，以和平方式解决分歧。

2. 建立共同发展机制

近几年，金砖国家经济面临不同程度的挑战，经济增速普遍放缓，部分国家甚至出现衰退。在这样的大背景下，更需要金砖国家携手研究并建立共同发展机制，推动金砖国家实现持续发展。金砖国家经济传统优势在发生变化，进入滚石上山、爬坡过坎的关键阶段，如何跨越这一阶段？答案是不能片面追求增长速度，而是要立足自身、放眼长远，推进结构性改革，探寻新的增长动力和发展路径。① 《2030 年可持续发展议程》是国际发展合作的纲领性文件，作为新兴市场国家和发展中国家的代表，金砖国家应该在全球落实《2030 年可持续发展议程》中发挥引领和示范作用，巩固国际发展合作势头。金砖国家应坚持公平包容，共同完善发展理念，打造平衡普惠的发展模式，提升发展公平性、有效性、协同性，让发展更加平衡，让发展机会更加均等、发展成果人人共享。

发展是解决一切问题的总钥匙。推进金砖国家合作，要聚焦发展这个根本性问题，释放各国发展潜力，实现经济大融合、发展大联动、成果大共享。产业是经济之本，金砖国家要深入开展产业合作，推动各国产业发展规划相互兼容、相互促进，抓好大项目建设，加强国际产能和装备制造合作，抓住新工业革命的发展机遇，培育新业态，保持经济增长活力。金砖国家代表新兴市场国家和发展中国家，要努力提高可供借鉴的发展实践。G20 杭州峰会把全球经济低增长设定为三大议题之一，旨在推动包容发展，确保经济增长的成果普惠共享，满足各国全体人民

---

① 《国家主席习近平在金砖国家工商论坛开幕式上的主旨演讲》，人民网，2017 年 9 月 3 日。

尤其是妇女、青年和弱势群体的需要，创造更多高质量就业，消除贫困，解决经济发展中的不平等现象，不让任何国家、任何人掉队。《2030 年可持续发展议程》《亚的斯亚贝巴行动议程》（不让任何一个人被全球发展落下）都重视发展问题，努力构建创新、活力、联动、包容的世界经济，推动包容和联动式发展，实现强劲、可持续、平衡和包容性增长的目标。金砖国家应致力于同其他新兴市场国家和发展中国家开展对话合作，谋求共同发展。金砖国家应该继续秉持开放、包容、合作、共赢原则，拓展"朋友圈"，加强同其他新兴市场国家和发展中国家的沟通交流，为促进世界经济增长、实现各国共同发展注入更多"正能量"。金砖国家实现经济增长，必须加强宏观政策设计和协调，在强调结构性改革发挥关键作用的同时，还要强调财政战略对于促进实现共同增长目标同样重要，实施更为增长友好型的税收政策和公共支出，避免竞争性贬值，不以竞争性目的来盯住汇率，以减少政策的不确定性，支持增长和应对潜在风险，将负面溢出效应降至最低。同时，金砖国家要携手推动构建公正、合理、透明的国际经贸投资规则体系，促进生产要素有序流动、资源高效配置、市场深度融合，推动建立代表新兴市场国家和发展中国家利益的国际经济和政治秩序。此外，巴塞尔协议 3 仍是补充发达国家银行系统的漏洞，金砖国家应携手提供符合新兴市场国家和发展中国家利益的公共产品，推动建设更高效的全球经济金融治理体系。

3. 探索"金砖 +"合作模式

作为具有全球影响力的合作平台，金砖合作的意义已超出五国范畴，承载着新兴市场国家和发展中国家乃至整个国际社会的期望。我们应该扩大金砖国家合作的辐射和受益范围，推动"金砖 +"合作模式，打造开放多元的发展伙伴网络，让更多新兴市场国家和发展中国家参与到团结合作、互利共赢的事业中来。①

"金砖 +"模式始于 2010 年，南非作为正式成员加入金砖国家合作

---

① 《国家主席习近平在金砖国家工商论坛开幕式上的主旨演讲》，人民网，2017 年 9 月 3 日。

机制；拓展于 2013 年，金砖国家领导人同非盟主席和部分非洲国家领导人举行对话会。随后进一步发展，金砖国家领导人分别同南美国家领导人、上合组织成员国领导人、欧亚经济联盟成员国领导人、环孟加拉湾经合组织成员国领导人举行对话会。2017 年 3 月 8 日，在十二届全国人大五次会议举行的记者会上外交部部长王毅表示，将探索"金砖＋"的拓展模式，通过金砖国家同其他发展中大国和发展中国家组织进行对话，建立更广泛的伙伴关系，扩大金砖的"朋友圈"，把金砖合作打造成为当今世界最有影响力的南南合作平台。创新"金砖＋"模式有利于加强金砖国家同新兴经济体、发展中国家和国际组织的对话与合作。在金砖国家合作机制第二个十年，金砖国家应积极创新"金砖＋"模式，为金砖国家合作发展不断注入新的动力。

渐进式推进"金砖＋新成员"模式。尽管金砖国家目前面临种种困难和挑战，但是金砖国家不应停止适度扩容的步伐。金砖国家应适度推进"金砖＋新成员"模式，在条件成熟时适度吸收新成员，以应对"金砖衰退论""金砖褪色论"。新兴经济体 11 国（E11）除了金砖国家外的其他 6 国——阿根廷、印尼、韩国、墨西哥、沙特阿拉伯和土耳其，具备成为金砖国家新成员的基础条件。2011～2016 年，阿根廷、印尼、韩国、墨西哥、沙特阿拉伯和土耳其六国的经济表现明显好于巴西、俄罗斯和南非。除了印尼之外其他五国的人均 GDP 都在 8000 美元以上，远高于金砖国家的平均水平。考虑到沙特阿拉伯和韩国人均 GDP 均超过 2 万美元，阿根廷的经济体量较小，可选取经济水平与金砖国家接近、发展诉求与金砖国家相似、人口较多的印尼、墨西哥、土耳其三个国家作为金砖国家扩容的首选对象。

全方位推进"金砖＋区域"模式。首先，提升"金砖＋非洲"合作机制。建立金砖国家与非洲国家贸易投资合作机制，促进经济增长和可持续发展。建立金砖国家与非洲国家金融合作机制，推动金砖国家为非洲国家和金砖国家之间的贸易投资与金融交易提供替代货币支付机制，更好地应对国际金融市场的动荡。其次，巩固"金砖＋南美洲"合作机制。进一步巩固金砖国家领导人同南美国家领导人对话成果，加强金砖国家同南美两大市场对接。加强金砖国家新开发银行与南美国家联盟南方银行的合作，共同促进基础设施的互联互通。再次，拓展"金砖＋亚洲"合作机制。积极推进"金砖＋东盟"合作机制，利用金砖国家领导人峰会机会，倡议召开金砖国家领导人与东盟国家领导人的对话会，研究建立合作机制。扎实推进"金砖＋孟加拉湾"合作机制，发挥中印两个大国的作用，使金砖国家与孟中印缅经济走廊有效结合起来，不断深化金砖国家与环孟加拉湾经合组织的合作。最后，深化"金砖＋亚欧"合作机制。在"一带一路"框架下，搭建金砖国家和欧亚经济联盟的合作机制，促进贸易投资便利化，成为"一带一路"建设的合作样板。积极推进"金砖＋上海合作组织"合作机制，促进金砖国家与上海合作组织加强合作，共同推动基础设施互联互通和区域经济一体化。

有选择推进"金砖＋国际组织"模式。一方面，建立"金砖＋发展中国家国际组织"合作机制。未来较长一段时间内金砖国家作为一个整体开展对外合作的重点仍应是广大发展中国家，但考虑到发展中国家数量过于庞杂的特点，金砖国家与发展中国家适宜通过以其所属地区性多边组织为合作基点，按照由点及片、以点带面的方式推动金砖国家与遍布全球的发展中国家合作。另一方面，建立"金砖＋主要国际组织"合作机制。积极推动金砖国家与国际货币基金组织、世界银行、世界贸易组织等主要国际组织建立合作机制，推动金砖国家在参与全球治理方面发挥更大作用。推动金砖国家与联合国等主要国际组织深化在国际政治和安全领域的协调与合作，营造和平稳定、公正合理的国际秩序。

五　建立和完善重点领域金砖国家合作机制

金砖国家应选择重点领域构建更加有效的合作机制，推动金砖国家之间的合作朝着"一体化大市场、多层次大流通、陆海空大联通、文化大交流"的利益共同体方向迈进，为构建更加紧密的金砖国家发展伙伴关系打下坚实的基础。

（一）贸易投资：探索建立金砖国家自贸区

金砖国家利益高度融合，彼此相互依存，应坚持协同联动、打造开放共赢的合作模式，在开放中推动贸易自由化和投资便利化，在开放中分享机会和利益、实现互利共赢。从趋势和潜力看，金砖国家拥有丰富的自然资源和人力资源、广阔的国内市场、巨大的发展潜力、充裕的政策空间，上升趋势不会改变。IMF 报告指出，过去 10 年，金砖国家对世界经济增长的贡献率超过 50%。自 2006 年 9 月金砖国家外长在联合国大会期间首次会晤，金砖国家合作起航。10 年来，五国经济总量在世界经济中的比重从 12% 上升到 23%，贸易总额比重从 11% 上升到 16%，对外投资比重从 7% 上升到 12%，30 亿人民的生活质量日益改善，金砖国家在国际上的地位和作用不断提升。总之，由于中国、印度的经济增长，金砖国家对全球经济增长贡献率超过 50%，显示了金砖国家的经济活力。金砖国家依然是世界经济增长的主要贡献者。澳大利亚东亚论坛网站发表印度观察家研究基金会吉坦贾利·纳塔拉杰的一篇文章称，高速的经济增长和人口红利表明，与世界其他地区相比，金砖国家拥有一种"结构性优势"，2015 年金砖国家出口占全球出口的 19.1%；同时金砖国家之间的贸易额也从 2006 年的 930 亿美元增长到 2015 年的 2440 亿美元，增长 163%。

2011～2016 年，中国对金砖国家的货物出口增加、进口减少，由逆差变为顺差。同时，中国与金砖国家的货物贸易额占中国进出口总额的比重呈下降趋势，由 2011 年的 7.77% 下降到 2016 年 6.36%，由贸易逆差变成贸易顺差，与印度形成了鲜明的对比（见表 5）。

表 5　中国与金砖国家的货物贸易

单位：亿美元，%

类别	国家	2011	2012	2013	2014	2015	2016
进口	巴西	523.9	523.3	543.0	516.5	441.7	351.3
	俄罗斯	403.7	441.6	396.7	415.9	332.8	322.3
	印度	233.7	188.0	169.7	163.6	133.8	117.5
	南非	321.1	446.7	483.9	445.7	301.8	225.0
出口	巴西	318.4	334.2	359.0	348.9	274.2	233.6
	俄罗斯	389.0	440.6	495.5	536.8	347.8	373.0
	印度	505.4	476.8	484.3	542.2	582.4	594.3
	南非	133.6	153.2	168.3	157.0	158.6	128.0

类别	国家	2011	2012	2013	2014	2015	2016
进出口	中国与金砖国家	2828.8	3004.4	3100.8	3126.6	2573.1	2345
	占中国进出口的比重	7.77	7.77	7.46	7.27	6.49	6.36
出口－进口		-136	-194.8	-85.8	43.2	152.9	312.8

资料来源：《金砖国家联合统计手册（2016）》，中国海关数据。

同期，在中国－东盟自贸区的推动下，2011~2016 年，中国－东盟货物贸易额占中国进出口总额的比重呈上升趋势，由 2011 年的 9.97%上升到 2016 年 12.26%，与金砖国家形成了鲜明的对比（见表 6）。因此，金砖国家建立自贸区意义重大。

表 6　中国－金砖国家与中国－东盟货物贸易比较

单位：亿美元，%

类别	国家	2011	2012	2013	2014	2015	2016
进出口	中国－巴西	842.3	857.5	902.0	865.4	715.9	677.1
	中国－俄罗斯	792.7	882.2	892.6	952.7	680.6	695.3
	中国－印度	739.1	664.8	654.0	705.8	716.2	700.8
	中国－南非	454.7	599.9	652.2	602.7	460.4	353.2
比重	中国－巴西	2.31	2.22	2.17	2.01	1.81	1.84
	中国－俄罗斯	2.18	2.28	2.15	2.22	1.72	1.89
	中国－印度	2.03	1.72	1.57	1.64	1.81	1.90
	中国－南非	1.25	1.55	1.57	1.40	1.16	0.96
进口	中国－东盟	1930.2	1958.9	1995.6	2082.4	1946.8	1962.2
出口	中国－东盟	1700.7	2042.5	2440.4	2720.5	2774.9	2555.7
进出口	中国－东盟	3630.9	4001.4	4436.0	4802.9	4721.7	4517.9
	占中国进出口的比重	9.97	10.35	10.67	11.17	11.91	12.26

资料来源：《金砖国家联合统计手册（2016）》，中国海关数据。

巴西与金砖国家货物贸易额占本国进出口总额的比重有升有降。其中，巴中贸易额、巴印贸易额占巴西对外贸易总额的比重均呈上升趋势，巴俄贸易额占巴西对外贸易总额的比重呈下降趋势。据巴西外贸秘书处统计，2016 年巴西货物进出口额为 3227.9 亿美元，比上年同期下降 11.0%；其中，出口 1852.4 亿美元，下降 3.1%；进口 1375.5 亿美元，下降 19.8%；贸易顺差 476.8 亿美元，增长 142.2%。中国为巴西第一大出口市场和第二大进口来源地。2016 年，巴西与中国双边货物进出口额为 585.0 亿美元，下降 11.8%；其中，巴西对中国出口 351.3 亿美元，下降 1.3%，占巴西出口总额的 19.0%，提高 0.4 个百分点；巴西自中国进口 233.6 亿美元，下降 23.9%，占巴西进口总额的 17.0%，降低 0.9 个百分点。

表7 巴西与金砖国家货物进口和出口

单位：亿美元

		2006	2007	2008	2009	2010	2011	2012	2013	2014	2015
进口	俄	7.3	11.3	20.4	10.8	18	21	23	20	24	19
	印	15	22	36	22	42	61	50	64	66	43
	中	80	126	200	159	256	328	343	373	373	307
	南	—	—	—	—	—	—	—	—	—	—
出口	俄	34	37	47	29	42	42	31	30	38	25
	印	9	10	11	34	35	32	56	31	48	36
	中	84	107	165	210	308	443	412	460	406	356
	南	—	—	—	—	—	—	—	—	—	—
进出口	俄	41.3	48.3	67.4	39.8	60	63	54	50	62	44
	印	24	32	47	56	77	93	106	95	114	79
	中	164	233	365	369	564	771	755	833	779	663
巴西		2767	3414	4476	3540	4757	5945	5849	6052	5829	4670
比重（%）	俄	1.5	1.4	1.5	1.1	1.3	1.1	0.9	0.8	1.1	0.9
	印	0.9	0.9	1.1	1.6	1.6	1.6	1.8	1.6	2.0	1.7
	中	5.9	6.8	8.2	10.4	11.9	13.0	12.9	13.8	13.4	14.2
	南	—	—	—	—	—	—	—	—	—	—

资料来源：《金砖国家联合统计手册（2016）》，中国海关数据。

据巴西外贸秘书处统计，2017 年 1～6 月，巴西对中国、印度和俄罗斯的出口额分别为 269.5 亿美元、23.98 亿美元、13.67 亿美元，同比增长 36.3%、69.4%、27.4%；巴西对中国、印度和俄罗斯的进口额分别为 122.6 亿美元、12.79 亿美元、13.37 亿美元，同比增长 11.8%、12.0%、70.8%。

经历 2015 年急剧下滑和 2016 年停滞后，2017 年中俄贸易进入恢复性增长阶段。据俄罗斯海关局初步统计，2017 年 1～6 月中俄双边贸易额 468.2 亿美元，同比增长 25.5%。

表 8　俄罗斯与金砖国家货物进口和出口

单位：亿美元

	国家	2006	2007	2008	2009	2010	2011	2012	2013	2014	2015
进口	巴西	29.9	41.1	46.7	34.8	40.7	43.9	33.6	34.9	39.7	29.2
	印度	9.7	13.1	17.1	15.3	21.4	27.9	30.4	30.9	31.7	22.6
	中国	129.1	244.2	347.8	228.0	389.6	482.0	516.3	530.7	508.6	349.5
	南非	1.6	2.7	4.4	3.2	4.7	4.7	6.9	7.8	6.9	5.7
出口	巴西	7.3	11.3	20.4	10.8	18.0	21.3	23.0	19.8	23.7	19.2
	印度	29.3	40.1	52.3	59.4	63.9	60.8	75.6	69.8	63.4	55.7
	中国	157.6	159.0	211.4	166.9	203.3	350.3	357.7	356.2	374.9	286.1
	南非	0.2	0.1	0.4	2.0	0.5	1.2	2.8	2.9	2.9	2.7
俄罗斯		5427	6741	8897	5903	7628	9835	10345	10631	9926	6746
进出口比重（%）	金砖	6.72	7.59	7.87	8.82	9.73	10.09	10.11	9.90	10.60	11.42
	俄巴	0.69	0.78	0.75	0.77	0.77	0.66	0.55	0.51	0.64	0.72
	俄印	0.72	0.79	0.78	1.27	1.12	0.90	1.02	0.95	0.96	1.16
	俄中	5.28	5.98	6.29	6.69	7.77	8.46	8.45	8.34	8.90	9.42
	俄南	0.03	0.04	0.05	0.09	0.07	0.06	0.09	0.10	0.10	0.12

资料来源：《金砖国家联合统计手册（2016）》，中国海关数据。

俄罗斯与金砖国家货物贸易额占本国货物进出口总额的比重呈上升趋势，由 2006 年的 6.72% 上升到 2015 年 11.42%，提升了 70%。中国连续 6 年成为俄罗斯第一大贸易伙伴国（见表 8）。近年来，中俄双边贸易额大幅增长，2011 年中国已跃居俄罗斯第一大贸易伙伴。据俄罗斯海关统计，2016 年俄中贸易额 661 亿美元，同比增长 4%，中国继续保持俄第一大贸易伙伴地位，在俄外贸中占比 14.1%。据中国海关统计，2016 年中俄进出口贸易额 695.25 亿美元，同比增长 2.2%；其中，中国向俄罗斯出口 372.97 亿美元，同比增长 7.3%；自俄进口 322.28 亿美元，同比下降 3.1%。

印度对金砖国家的进出口呈上趋势，进口增速远远高于出口，出现较大逆差。据中国海关数据，2016 年中印贸易额为 711.8 亿美元，印度对中国出口 117.5 亿美元，自中国进口 594.3 亿美元，逆差 476.8 亿美元。据印度商业信息统计署与印度商务部统计，2016 年印度与中国双边货物进出口额为 696.2 亿美元，下降 1.7%。其中，印度对中国出口89.6 亿美元，下降 7.7%；自中国进口 606.6 亿美元，下降 0.8%。印度与中国贸易逆差 516.9 亿美元。印度是中国第七大商品出口国和第 27 大商品进口国，中国是印度第一大贸易伙伴和第一大进口来源地。2005 -2011 年以来，中国一直是印度第一大贸易伙伴，但 2012 年由于双边贸易额大幅下滑 10.1%，中国位居阿联酋之后，成为印度第二大贸易伙伴。2013 年之后再度成为印度第一大贸易伙伴。中国已位列印第一逆差来源国，2000 年，印中贸易逆差额仅有 2.1 亿美元，到 2015 年已激增至 526.7 亿美元，年均增速达 43%（见表 9）。

据印度商业信息统计署与印度商务部统计，2017 年 1~6 月，印度与中国双边货物进出口额为 395.9 亿美元，增长 21.2%；其中，印度对中国出口 58.5 亿美元，增长 42.5%；自中国进口 337.4 亿美元，增长18.1%。

表 9　印度与金砖国家货物进口和出口

单位：亿美元

	国家	2006	2007	2008	2009	2010	2011	2012	2013	2014	2015
进口	巴西	9.9	9.5	11.9	34.4	35.5	42.7	48.3	37.2	54.0	40.4
	俄罗斯	24.1	24.8	43.3	35.7	36.0	47.6	42.3	38.9	42.5	46.0
	中国	174.8	271.5	325.0	308.2	434.8	553.1	522.5	510.4	604.1	617.0
	南非	24.7	36.1	55.1	56.8	71.4	109.7	88.9	60.8	65.0	59.1
出口	巴西	14.5	25.3	26.5	24.1	40.2	57.7	60.5	55.5	59.6	26.5
	俄罗斯	9.0	9.4	11.0	9.8	16.9	17.8	23.0	21.2	21.0	15.9
	中国	83.2	108.7	93.5	116.2	154.8	180.8	135.4	148.2	119.3	90.3
	南非	22.4	26.6	19.8	20.6	39.1	47.3	51.1	50.7	53.0	35.9

资料来源：《金砖国家联合统计手册（2016）》，中国海关数据。

印度与金砖国家货物贸易额占本国进出口总额的比重有升有降，其中，印巴贸易额、印中贸易额、印南贸易额占印度对外贸易总额的比重均呈上升趋势，只有印俄贸易额占印度对外贸易总额的比重呈下降趋势（见表 10）。

表 10　印度与金砖国家货物贸易额及比重

单位：亿美元、%

国家＼年份	2006	2007	2008	2009	2010	2011	2012	2013	2014	2015
印度	2994	3645	4976	4432	5704	7639	7785	8027	7769	6551
印巴	24.4	34.8	38.4	58.5	75.7	100.4	108.8	92.7	113.7	66.9
印俄	33.1	34.2	54.2	45.5	52.9	65.4	65.3	60.2	63.5	61.8
印巴	258.0	380.2	418.5	424.4	589.6	733.9	657.8	658.6	723.5	707.3
印南	47.1	62.7	74.9	77.3	110.5	157.0	140.0	111.5	118.0	95.0
印巴	0.82	0.95	0.77	1.32	1.33	1.31	1.40	1.16	1.46	1.02
印俄	1.11	0.94	1.09	1.03	0.93	0.86	0.84	0.75	0.82	0.94
印中	8.62	10.43	8.41	9.58	10.34	9.61	8.45	8.20	9.31	10.80
印南	1.57	1.72	1.51	1.75	1.94	2.06	1.80	1.39	1.52	1.45

资料来源：《金砖国家联合统计手册（2016）》，中国海关数据。

南非与金砖国家货物贸易额占本国进出口总额的比重呈上升趋势。南中货物贸易额占南非对外贸易总额的比重由 2011 年的 18.17% 上升到 2015 年的 23.42%，南印货物贸易额占南非对外贸易总额的比重由 2006 年的 2.88% 上升到 2015 年的 4.83%，南俄货物贸易额占南非对外贸易总额的比重由 2006 年的 0.11% 上升到 2015 年的 0.43%。据南非国税局统计，2016 年南非货物进出口额为 1518 亿美元。

表 11　南非与金砖国家货物进口和出口

单位：亿美元，%

	国家	2006	2007	2008	2009	2010	2011	2012	2013	2014	2015
进口	巴	—	—	—	—	—	—	—	—	—	—
	俄	0.2	0.1	0.4	2.0	0.5	1.2	2.8	2.9	2.9	2.7
	印	22.4	26.6	19.8	20.6	39.1	47.3	51.1	50.7	53.0	35.9
	中	57.7	74.3	86.2	73.7	108.0	133.6	153.2	168.3	157.0	158.6
出口	巴	—	—	—	—	—	—	—	—	—	—
	俄	1.6	2.7	4.4	3.2	4.7	4.7	6.9	7.8	6.9	5.7
	印	24.7	36.1	55.1	56.8	71.4	109.7	88.9	60.8	65.0	59.1
	中	40.9	66.2	92.4	87.1	149.0	321.1	446.7	483.9	445.7	301.8
进出口		1638	1904	2092	1647	2101	2503	2414	2352	2254	1966

续表

进出口比重	南巴	—	—	—	—	—	—	—	—	—	—
	南俄	0.11	0.15	0.23	0.32	0.25	0.24	0.40	0.45	0.43	0.43
	南印	2.88	3.29	3.58	4.69	5.26	6.27	5.80	4.74	5.24	4.83
	南中	6.02	7.38	8.54	9.76	12.23	18.17	24.85	27.73	26.74	23.42

资料来源:《金砖国家联合统计手册(2016)》,中国海关数据。

据南非外贸秘书处统计,2017 年 1 ~ 6 月,南非对中国和印度的出口额分别为 37.6 亿美元、18.91 亿美元,同比分别增长 21.1%、21.9%;对中国、印度和巴西的进口额分别为 72.8 亿美元、18.98 亿美元、8.08 亿美元,同比分别增长 16.1%、12.2%、22.0%。

中国已连续 8 年成为南非最大的贸易伙伴,南非连续 7 年成为中国在非洲的第一大贸易伙伴。据南非国税局统计,2016 年南非与中国双边货物进出口额为 204 亿美元;其中,南非对中国出口 68 亿美元,下降 8.7%,占南非出口总额的 8.9%,减少 0.2 个百分点;自中国进口 136 亿美元,下降 13.2%,占南非进口总额的 18.1%;南非对中国的贸易逆差 68 亿美元,下降 17.3%。据中国海关统计,2016 年中南双边贸易额达 353 亿美元;其中,中国对南非出口 128 亿美元,自南非进口 225 亿美元。

金砖国家各国相互投资进一步增加。中国对金砖国家的直接投资(FDI)明显高于它们对中国的投资。中国对巴西直接投资最多,第二位是俄罗斯,第三位是南非,最后是印度。根据巴西 – 中国企业家委员会(CEBC)统计,2016 年中国对巴西投资金额为 83.97 亿美元,同比增长 13%。据迪罗基咨询公司统计,2017 年上半年中国对巴西投资已达到 61.76 亿美元。中国商务部、国家统计局、国家外汇管理局 2017 年 9 月发布的《2016 年度中国对外直接投资统计公报》显示,2016 年中国对俄罗斯的直接投资流量为 12.93 亿美元,占流量总额的 0.7%,2016 年末中国对俄罗斯的投资存量为 129.8 亿美元,占中国对外直接投资存量的 1%。2016 年中国对印度非金融类直接投资总流量为 10.63 亿美元,同比增长 643.4%,截至 2016 年 12 月底中国对印度非金融类直接投资存量为 48.33 亿美元。2016 年,印度对中国投资项目总数为 197 个,同比增长 40.7%；截至 2016 年 12 月底印度对华投资累计项目数 1289 个，累计投资金额 6.96 亿美元。

表 12　中国与金砖国家的对外直接投资

单位：亿美元

FDI	国家	2006 年	2007 年	2008 年	2009 年	2010 年	2011 年	2012 年	2013 年	2014 年	2015 年
流入	巴中	0.56	0.32	0.39	0.52	0.57	0.43	0.58	0.23	0.28	0.51
	印中	0.52	0.34	0.88	0.55	0.49	0.42	0.44	0.27	0.51	0.81
	俄中	0.95	0.69	0.26	0.41	0.66	0.13	0.16	0.11	0.06	0.02
	南中	0.67	0.52	0.60	0.32	0.35	0.31	0.30	0.22	0.41	0.13
流出	中巴	0.10	0.51	0.22	1.16	4.87	1.26	1.94	3.11	7.30	-0.63
	中印	0.06	0.22	1.02	-0.25	0.48	1.80	2.77	1.49	3.17	7.05
	中俄	4.52	4.78	3.95	3.48	5.68	7.16	7.85	10.22	6.34	29.61
	中南	0.41	4.54	48.08	0.42	4.11	-0.14	-8.15	-0.89	0.42	2.33

资料来源：《金砖国家联合统计手册（2016）》，中国海关数据。

　　建立金砖国家自贸区有利于巩固和扩大金砖国家领导人峰会取得的成果，为金砖国家间扩大贸易、投资、制造业、矿业、能源、农业、科技创新、金融、互联互通和信息技术合作提供制度保障。发达国家主导的 TPP、TISA、TTIP 都明显将中国、俄罗斯、印度、巴西和南非这些"金砖国家"排除在外。基于欧美巨大的经济总量和市场容量，TPP、TTIP 和 TISA 在"边境"和"边境后"议题上达成的高标准和新规则，将会对全球经贸规则产生示范效应，引发其他发达国家和一些中等收入国家的效仿，从而推高全球经贸规则和标准。如果按照高标准的贸易规则建立金砖国家自贸区，则各方利益更加难以协调，建立的难度将明显增加。中国作为金砖国家中经济体量最大的国家，应该积极倡导建立金砖国家自由贸易区，扩大彼此间的经贸合作，夯实金砖国家的共同利益基础，促进整体经济增长，优化经济结构，实现共同发展。考虑到金砖国家之间战略利益的复杂性，高标准的自由贸易区建设很难立即启动，可以采取逐步推进的方式，前期重点达成金砖国家自贸区早期收获计划。

　　金砖国家自贸区建设应坚持"两条腿"走路：一方面，要加快启动中印、中俄、中巴、中南等各双边自贸区谈判，通过双边自贸区的达成来促进多边自贸谈判的对接，中国在其中应发挥重要的领导和示范作用；另一方面，金砖国家自贸区谈判可从低标准做起，逐渐向高标准过渡，考虑到金砖国家总体发展水平与发达国家还有一定差距，初期谈判重点应放在贸易、投资和便利化机制建设上，如大幅降低区内贸易关税水平、减少各种形式的贸易壁垒、允许区内资本自由流动、推动投资审批和人员往来便利化等，而不适宜在初期采取类似于 TPP 和 TTIP 在知识产权、劳动、环保、仲裁等方面的高标准，这些标准对金砖国家而言普遍偏高且难以接受，未来随着金砖国家自贸区初期 1.0 版的启动和建设，可再进一步研究提高标准，形成 2.0 版。推动金砖国家自贸区建设要坚持循序渐进的原则，金砖国家发展水平接近，部分国家存在产业同质竞争的担心，自贸区建设又夹杂和关联着一些政治和安全议题，要注意回应各国关切，使各国都能认识到自贸区建设对其利远大于弊。中国也必须做好谈判过程艰难复杂的心理准备，应在与各金砖国家充分沟通的基础上，形成金砖国家自贸区建设的路线图和时间表，倒逼谈判进程，保证谈判进度。

（二）基础设施：建立陆海空大联通机制

金砖国家应下大气力发展互联互通，形成陆海空大联通机制，让各国实现联动增长，走向共同繁荣。

重点完善陆路联通机制。从地理分布上来看，在金砖国家中，中国和印度与俄罗斯陆路相邻，南非和巴西与中俄印三国的距离较远。因此，形成金砖国家陆海空大联通机制的重点是建立便利的陆路联通机制。目前，中俄之间已有两条亚欧大陆桥连接，特别是随着中国"丝绸之路经济带"建设的推进，各类"×新欧"不断推出，中国东部沿海、东北、华北、西北乃至西南地区可通过满洲里、二连浩特、霍尔果斯等口岸直接连通莫斯科乃至欧洲地区，形成了从太平洋到波罗的海和大西洋的大通道。中印之间陆上交通十分不畅，这是制约中印经贸往来的一个重要瓶颈，未来可在两个方向上推动中印陆路联通设施建设。一方面，推动青藏铁路延伸线建设，未来使青藏铁路从拉萨、日喀则进一步延伸到尼泊尔加德满都，再向南延伸至印度并与印度铁路网接轨。另一方面，打通从我国云南经缅甸、印度东北部、孟加拉国至印度广大内陆地区的孟中印缅大通道，具体而言，这一通道又由四条线路构成：北线从昆明经腾冲至缅北的密支那、经印度雷多口岸进入印东北部、再向南至孟加拉国的达卡和印度的加尔各答；中线从昆明经瑞丽口岸至缅甸曼德勒、再向西经印度东北部的英帕尔至达卡和加尔各答；南一线由昆明经曼德勒至皎漂港，再北上至吉大港、达卡和加尔各答；南二线由昆明至曼德勒后、向南至缅甸仰光，再至加尔各答。如果该通道打通，将会显著增强中印经贸联系，对于两国合作有重大意义。俄印之间目前也尚未形成通畅的交通通道，由于印度和巴基斯坦的传统矛盾、阿富汗地区的复杂局势，印度直接向北经巴基斯坦、阿富汗、中亚至俄罗斯的陆上通道很难打通。近期，俄、印、伊朗、阿塞拜疆联合提出"第二苏伊士运河计划"，即从孟买经海路至伊朗阿巴斯港，再从伊朗换铁路经阿塞拜疆至俄罗斯。总体上看，中俄印三国的互联互通除中俄两国通道建设具有较好基础外，中印、俄印通道建设仍处于设想阶段，如果这两大通道也能建成，未来将在欧亚大陆上形成一个以中亚为核心，连接东亚、南亚和俄罗斯的大三角形交通网络，这将彻底改变整个欧亚大陆乃至全球的地缘格局。

积极建立海上联通机制。推动海上丝绸之路向巴西、南非等国家拓展。在目前已公布的"一带一路"倡议中，俄罗斯、印度是沿线重点国家，而巴西、南非是不包括在其中的，"一带一路"是开放性、全球性的合作平台，随着"一带一路"建设的推进和深化，未来应该将巴西和南非纳入"一带一路"的覆盖范围，并使其成为"一带一路"沿线重要战略支点国，推进"一带一路"与其自身发展战略结合和对接，这对于增进金砖国家合作、深化完善"一带一路"具有重要意义。重点加强中、印、南、巴四国海上通道建设。目前中印之间主要海上航线是从中国沿海港口至印度西部孟买港和东部金奈港，但印度其他一些重要港口如加尔各答港等与我国联系并不十分紧密，我国可积极参与加尔各答港等港口基础设施建设，加强我国港口与加尔各答港等港口的对接合作。中国和巴西之间海上航线主要通过巴拿马运河，近期巴拿马运河将完成扩建，新一代大型船舶可通过该海峡，海峡吞吐能力也将翻倍，这对于中巴海上互联互通将会发挥积极作用。与此同时，我国应积极推进"两洋铁路"建设进程，为巴西打造西部出海口，这对于深化我国与巴西内陆地区经济合作具有十分重要的作用。中国与南非之间的海上通道是较为畅通的，作为发展中国家，南非的港口等基础设施也有扩建需求，这也是中国可以积极与之合作的领域。

打造金砖国家空中航线网络体系。目前，金砖国家之间已有一些连接干线机场的航线网络，但总体来看，航线仍然比较稀疏、航班密度也不高，特别是支线机场间空中联系较少，空中往来仍需通过干线机场转机，旅客十分不便。相比客运来说，金砖国家间的货运能力更是不足，部分金砖国家之间地理距离遥远，陆上海上交通均较为不便，空中货运能力对于各国经贸联系而言十分重要。随着各国经济合作的逐渐深化，未来支线机场之间的航线网络建设以及空中货运能力建设将会成为金砖国家空中互联互通的两大建设重点。

建立金砖国家间网络联通机制。互联互通不仅包括道路、航线等有形的联通，更包括信息等无形要素的联通。随着互联网技术的发展，依托信息技术的跨境电子商务 B2B、B2C、C2C 等新的经济形态不断涌现并在全球经济中占据越来越重要的位置。金砖国家具有消费市场规模大的优势，新经济发展潜力巨大，应该成为金砖国家合作的重要契合点。当前应尽快提升金砖国家间信息互联互通能力，加强 eWTP（电子世界贸易平台）的信息通信硬件建设，推动各国监管信息共享互认、跨境电子商务等新型贸易规则对接，真正实现金砖国家间信息的无缝连接。

（三）产业发展：建立金砖国家产能合作机制

金砖国家继续保持稳定发展，需要通过成员国间的沟通与合作促进内部调整，实现整体发展。在产业合作方面，金砖国家面临着广阔的前景，五个国家都有各自的强项与特长。中国是制造业大国，许多产品产量世界第一，被称为"世界工厂"。俄罗斯资源丰富，拥有丰富的石油和天然气资源，被称为"世界加油站"。印度是软件和服务外包大国，在计算机软件方面处于世界前列，被称为"世界办公室"。南非矿产资源占非洲的 50%，被称为"矿产波斯湾"。巴西农牧业发达，铁矿石、铜、铝土矿等矿产资源十分丰富，被称为"世界原料基地"。金砖国家要素禀赋各具优势，产业结构互补性强，产能合作前景十分广阔，应加快建立产能合作机制。

建立能源产业合作发展机制。在金砖国家中，俄罗斯、巴西、南非是重要的能源矿产品供给国，中国和印度是全球最重要的能源资源需求国，金砖国家内部的能源矿产品交易占全球市场较大比例，但无论是供方还是需方，金砖国家都不掌握国际能源资源产品的定价权，能源资源价格的大幅波动对供需双方的经济平稳运行都会产生重大不利影响。前些年能源资源价格高涨时，中印等主要需求市场的经济运行成本较高。近年来能源资源价格下跌，俄罗斯、巴西由于能源资源产业在国民经济中占比过高，经济结构过于单一，其经济大幅衰退。金砖国家应在石油、天然气、铁矿石等大宗产品的国际交易方面展开合作，可由供求双方协议根据供需情况确定基本价格，在此基础上建立金砖国家能矿产品现货、期货交易市场，通过市场调节形成实际价格，形成能与芝加哥期货交易相抗衡的定价体系，由于金砖国家内部的巨大供需量，这一价格将会对全球价格产生决定性影响。

建立基础设施建设合作机制。相比发达国家，金砖国家基础设施建设水平相对滞后，特别是印度、巴西等国的基础设施服务需求十分巨大，但现有基础设施服务供给水平还远远不能满足需求。中国基础设施建设能力和技术水平在全世界居于前列，可为其他金砖国家提供工程承包、建设、运营、设备供应等方面的服务，这也是中国优势产业"走出去"的重要机遇。当前，金砖国家基础设施建设还面临资金不足的难题，一些重大工程项目建设心有余而力不足，由中国主导或参与的亚洲基础设施投资银行、金砖国家新开发银行、丝路基金就是为了弥补现有国际多边金融机构在基础设施建设等方面能力的不足，这些机构可以向金砖国家基础设施建设投资进行倾斜。

建立高技术产业协同创新机制。金砖国家在工业化的进程中，各自形成了某些优势的部门和产业，如印度的无线电传输、软件技术，南非的运输设备技术和矿业开采技术，巴西的农业技术、支线飞机技术，俄罗斯的军工技术以及中国的制造技术、互联网技术等都具有一定优势，可以互相合作，取长补短。合作也有助于发挥各自的产业优势，形成优势互补的产业体系。同时，金砖国家也可在新能源、新材料、生物医药、信息技术、智能制造等前沿领域开展合作，突破发达国家在高技术领域的封锁，推动产业结构向高端迈进。全面落实《金砖国家创新合作行动计划》，加强公私伙伴关系在内的创新合作，鼓励开展金砖国家科技园区合作，建立园区合作定期交流机制；鼓励金砖五国开展技术转移转化合作，搭建产学研合作平台；推动建立青年创新创业合作伙伴关系，支持科技创新投资以及跨境投资；支持科技创新人才尤其是青年科学家、青年创业者之间的合作交流；强调共享研究基础设施和大科学项目合作。

建立农业合作发展机制。中印两国是世界上人口最多的国家，对农产品有巨大需求，而俄罗斯、巴西是农产品大国，有巨大的农产品供应能力和生产潜力，金砖国家在农产品领域合作空间巨大。应打破金砖国家农产品投资贸易壁垒，允许企业到其他国家从事农产品种植、加工和贸易，鼓励各国企业开展农业技术合作。

（四）货币金融：构建多层次大流通机制

金融合作是金砖国家合作的最大亮点。创建成立国际多边金融机构——金砖国家新开发银行；建立金砖国家应急储备机制；设立1000亿元应急储备基金，加强金融风险防范；中国与其他四国签署了3000多亿元的人民币互换协议，不断提升本币结算的比例和扩大货币互换协议规模等，标志着金砖国家合作机制从概念走向实体，充分证明了金砖国家合作的有效性和行动力。巴西驻华大使馆经济处一等秘书卡洛斯·桑塔纳认为，在金砖国家领导人第九次会晤中，巴西关注的核心议题依然是金融合作。《金砖国家可持续发展报告（2017）》显示，尽管金砖国家正在成为主要资本输出国，但金砖五国间的投资联系紧密度仍然有较大提升空间，发展潜力巨大。金砖国家之间能够切实提升金融市场，包括外汇市场、债券市场和信用市场等在内的更深层次的开放与合作。

推动金砖国家新开发银行取得新发展，积极发挥金砖国家重要合作平台作用。金砖国家新开发银行要进一步发挥好"为金砖国家以及其他新兴市场和发展中国家的基础设施建设、可持续发展项目筹措资金"的功能，制定更适合发展中国家的优惠贷款政策，以金砖国家经济发展和改善民生为原则制定贷款标准，不设置强制性政治附加条件，使新兴经济体和发展中国家可以通过新的金融平台和机制享有更多平等民主的获取资金的权利，从而减少新兴国家和发展中国家对旧有国际金融体系的单向依赖。可学习世界银行和我国国家开发银行的经验，在金砖国家新开发银行下设置若干有功能区别的相对独立机构，分别完成不同的职能，如保险、担保、评级、项目咨询、债券发行等功能，都可设立相对独立的附属机构，形成矩阵式功能实体结构，增强金砖国家新开发银行对成员国提供开发性融资服务的能力。推动金砖国家新开发银行加强同世界银行、亚洲基础设施投资银行等多边开发机构的合作，以协调调动资源，促进金砖国家基础设施建设和可持续发展。

发展和完善金砖国家应急储备安排机制。第二次世界大战后形成的发达国家主导的布雷顿森林体系迄今没有得到合理变革，尤其难以体现新兴经济体和发展中国家不断壮大的趋势，包括 IMF、世界银行、亚行等在内的国际金融体系改革推进缓慢，只有新兴经济体和发展中国家联合起来，才能改变根深蒂固的金融机制。金砖国家联合成立应急储备机制就是对原有体制的重要突破，不仅是金砖国家联合应对国际金融风险、构建共同的金融安全阀的需要，也是对现有全球金融安全网的补充和强化。未来，要进一步发挥好这一机制的重要作用，发挥金砖国家金融稳定器的功能，增强金砖国家共同抵御风险的能力。建立金砖国家应急储备安排宏观经济信息交换机制，进一步提高金砖国家应急储备安排研究能力，同 IMF 开展更紧密的合作。同时，应加强与欧洲稳定机制、清迈倡议多边化机制等全球重要稳定机制的合作，共同预防和缓冲可能发生的金融风险。

建立金砖国家金融市场互联互通机制。进一步就开展货币互换、本币清算和本币直接投资等货币合作加强沟通与协调。金砖国家应加强各国本币互换，增强各国货币在金砖国家的流动性，鼓励各国使用金砖国家货币结算，互相将对方货币纳入储备篮子，降低对美元的依赖度和借用美元换算的成本和汇率风险。推动股票市场互相开放，探索建设股票共同交易平台，如组建大宗商品共同交易平台，形成大宗商品的定价能力等。金砖国家债券市场之间可尝试开通类似中国大陆与香港"债券通"的债券互投通道。扩大成员国之间的双边本币互换，为参与国际产业合作的企业降低汇率风险提供便利。支持打造"银银平台国际版"，探索搭建新型的跨境金融服务平台，将平台客户范围从境内拓展至金砖国家，成为金砖国家金融同业之间密切合作的"连接器"。远期可视金砖国家内部多种货币流动互换程度，研究制定以五种货币中国际化水平最高的货币为结算货币，或推出与以五种货币为篮子相挂钩的共同货币为结算货币。落实金砖国家财政部长和央行行长就政府和社会资本合作（PPP）达成的共识，建立金砖国家 PPP 合作框架，成立金砖国家 PPP 工作组，分享 PPP 经验，就通过多种途径开展 PPP 合作进行技术性讨论，根据各国经验利用多边开发银行现有资源，探讨成立一个新的 PPP 项目准备基金。鼓励金砖国家会计准则制定机构和审计机关加强协调与合作，在充分考虑各国法律和政策的同时，探讨债券发行领域的会计准则趋同和审计监管领域的合作，为金砖国家债券市场互联互通奠定基础。促进金砖国家本币债券市场发展，致力于共同设立金砖国家本币债券基金，作为维护金砖国家融资资本可持续性的一种手段，通过吸引更多外国私人部门参与，促进各国国内和区域债券市场发展并加强金砖国家财政韧性。

建立金砖国家金融监管合作机制。当前国际金融监管领域的制度缺失较为严重，金砖国家必须在金融监管领域加强合作，共同提高金融监管水平。努力推动金砖国家金融监管体系对接，推进各国金融监管机构的合作，共同应对可能出现的不良风险。在巴塞尔委员会上，金砖国家也应以一个声音说话，提高金砖国家在国际规则制定领域的话语权。金砖国家应共同合作建设信用评级机制，目前国际信用评级话语权基本掌握在发达国家手中，评级机构通过不透明的评级过程和简单结论就能控制其他国家的融资成本和资金流向，这实际上反映了发达国家在金融领域的霸权。基于金砖国家整体的市场规模和国际影响力，可考虑共同研究建设能够与发达国家相抗衡的国际评级体系，保证金砖国家自身利益。推动金融机构和金融服务网络化布局，加强金融监管合作，进一步加强金砖国家金融市场的融合与合作。加强反洗钱和反恐融资合作，维护金砖国家金融体系安全。

（五）社会文化：建立多层次对话交流机制

丰富人文交流合作机制。文化凝聚着一个国家和民族的精神血脉，既需要薪火相传，也需要互学互鉴。金砖国家文化底蕴深厚，特色鲜明，是人类多元文明的杰出代表。文化多样性是金砖国家合作的宝贵财富，应发挥文化多样性对促进可持续发展的作用，鼓励金砖国家加强文明交流互鉴，在多元共享基础上培育共同价值理念。加强金砖国家人文交流合作，这对于增进五国人民传统友谊和相互了解、推动不同文明交流发展具有重要意义。金砖国家应该秉持开放包容、多元互鉴的理念，丰富人文交流合作机制，共同落实 2015 年签署的《金砖国家政府间文化合作协定》，制订相关行动计划。支持各国在文化、艺术、媒体、智库等各方面开展丰富多彩的合作活动，使参与主体更加多元，受益民众更加广泛，提升金砖合作的凝聚力、吸引力和感召力。多渠道开展人文交流，建立多层次对话交流机制，夯实民意基础。

完善教育合作机制。教育对促进经济社会可持续发展、加强金砖国家伙伴关系的意义重大。金砖国家发展阶段相近，教育领域互补性强，应不断丰富教育合作的形式与内容，在金砖机制平台上开展更为广泛深入的教育合作，把教育合作打造成金砖人文交流的重要支柱和闪亮名片。进一步完善金砖国家教育部长会议框架下的机制建设，进一步密切机制化交流，挖掘教育合作潜力，充实合作内涵，不断为金砖国家更紧密、更团结、更牢固的伙伴关系注入正能量。落实《第五届金砖国家教育部长会议北京教育宣言》，推动金砖五国的教育合作由高等教育向基础教育延伸，由单项向综合扩展，由教育向联合科研、信息分享、人文交流拓展。通过金砖国家大学联盟和金砖国家网络大学等平台加强教育和研究合作，共同致力于培养具有国际视野的创新型人才，就教育领域可持续发展目标分享实践经验。通过支持组织青少年夏令营、提供更多奖学金机会等方式促进青年交流。

建立体育合作发展机制。体育是社会发展和人类进步的重要标志，金砖国家均重视体育事业发展。加强金砖国家体育合作对推广五国传统运动项目、增进人民友谊具有重要意义。尽快签署金砖国家体育合作谅解备忘录，为促进五国体育合作提供更大助力。继续举办金砖国家 17 岁以下少年足球赛、金砖国家运动会。进一步加强体育合作，促进各国体育事业共同发展，积极参与国际体育赛事，增进人民友谊。

六　中国在建立和完善金砖国家合作机制中的策略选择

金砖国家合作机制为中国多边外交提供了新平台。党的十八大报告明确指出：积极参与多边事务，支持联合国、二十国集团、上海合作组织、金砖国家等发挥积极作用，推动国际秩序和国际体系朝着公正合理的方向发展。金砖国家合作机制尚处于初创进程中，仍存在一定的不确定性，但随着金砖国家经济实力的不断增强，这一机制无疑具有很大的发展潜力。自从金砖国家概念被提出后，中国的态度就十分积极。2009 年，在叶卡捷琳堡会议上，中国积极参与其中的磋商和筹备工作，成为金砖国家的重要缔造者。2010 年，作为主席国，中国推动南非加入金砖国家合作机制，扩大了金砖国家的阵容。2014 年，在中国的推动下，金砖国家宣布创立金砖国家新开发银行；在中国提出筹建亚投行的建议后，金砖国家积极响应，全部成为亚投行意向创始成员国。作为 2017 年金砖国家主席国，中国同各成员国一道，秉持互尊互谅、平等相待、团结互助、开放包容、互惠互利的金砖精神，进一步完善金砖国家合作机制，开启金砖国家合作第二个十年，构建更紧密伙伴关系，深化各领域务实合作，有效应对全球性挑战，努力为促进世界经济增长、完善全球治理、推动国际关系民主化做出更大贡献。中国应该推动金砖国家合作机制成为新兴大国之间的经济合作平台、代表发展中国家利益和推动多极化进程的战略力量，整体参与全球治理。

（一）探索建立常设机构，推动金砖国家机制化发展

金砖国家的合作不能光靠领导人峰会来推动、部长会议来解决，需

要一个常设性的机构来落实，设立一个秘书处十分必要。南非冲突解决研究中心执行董事 Tony Karbo 认为，要推动金砖国家合作关系继续深入发展，需要努力整合金砖国家，对接成员国在不同领域的合作。特别需要考虑建立一些新的具体机构，比如一个固定的联络处，以帮助金砖国家在全球治理中发出更坚实的声音，实现金砖国家合作与全球化进程的相互融合。在所有的国际机构里面，基本上都有一个日常运作机构，但是负责金砖国家正常运作的机构到现在还没有成立。中国应在金砖国家领导人峰会上提出设立金砖国家秘书处的议题，共同商讨用什么样的方式设立、采用什么样的级别、办事处设立的地点等内容。

推动金砖国家尽快解决金砖国家机制化问题，建立长效合作机制，增强金砖国家的稳定性。国家间合作可以采取硬机制（机制化）或者软机制（非机制化）两种方式，软机制的治理具有非正式性和低制度化的特色，更多强调的是国家间的协商、互动，不成立正式的组织，只是召开一些会议，有时是首脑会，也包括财长和外长会等。金砖国家合作机制目前来说，采用的是软机制的方式，具有非正式性，分为领导人峰会、外长会议和财长会议等几个层次定期或非定期会议，仅具有松散的论坛性质，至今还没有秘书处。在不同的治理情境下，各国对机制化的偏好具有差异。在环境变动大、对政策灵活性要求高、国家不愿意承担成本的情况下，软机制由于其约束力低，为国家行为体所青睐。软机制也意味着执行力低下、治理成效低。就目前的形势来看，金砖国家之间的合作将走向何种程度的机制化，仍未可知。经济合作是推动金砖国家发展的持久动力，金砖国家应继续致力于建设一体化大市场，制定经济合作长期规划，建立更紧密经济伙伴关系，建立金砖国家合作长效机制。金砖国家可以探索建立宏观经济政策沟通协调机制、危机应对机制、争端解决机制。这些长效机制形成之后，会使金砖国家的共振频率更大。

有效处理内部差异性与机制稳定性的问题。如何实现金砖国家合作机制的内部稳定，是从根本上对"金砖褪色论"进行驳斥的最有效手段。之所以会有对金砖国家合作机制稳定性的担忧，主要是因为金砖国家之间存在较大的差异性，具体表现在：发展阶段不同、经济结构不同、国情不同、地缘政治状况不同。如何在差异性的基础上开展合作，融合各成员国不同的利益诉求是最大的难题。同时，金砖国家各成员在贸易结构、产业结构及全球价值链上的位置存在着重合现象，难以避免彼此之间发生贸易竞争。但是，总体来看，金砖国家各成员之间的互补性大于竞争性，合作潜力巨大，积极探索共同利益是在内部实现金砖机制稳定的重要保障。在处理国际事务的时候，各成员国谋求更多的政策协调，寻找共同利益，也有助于建立稳定的合作机制。例如在金砖国家新开发银行的筹建过程中，金砖国家成员围绕前期资本投入额度、行长人员、组织架构、股东权责以及总部地址等实质性问题进行了有效沟通。特别是中国从合作大局出发，作为金砖国家新开发银行的主要发起国及出资国，在制度设计与安排上做出了牺牲和让步，为金砖国家合作机制的长期稳定性做出了重大贡献，推动金砖国家合作机制在政策落地方面迈出了重大一步。

（二）推动金砖国家扩容，提升代表性和影响力

2010 年，南非作为新成员正式加入金砖国家，这是金砖国家第一次扩容，标志着这一新兴国家的代表性合作机制已经涵盖了来自美洲、欧洲、亚洲和非洲的主要发展中大国。尽管金砖国家目前面临种种困难和挑战，但是不应停止适度扩容的步伐。据俄新社 2017 年 7 月 19 日报道，俄罗斯科学院经济研究所后苏联研究中心东亚国家处负责人格奥尔基·托洛拉亚认为，中国提出的打造拓展版"金砖国家＋"，意在吸纳最重要且经济极具活力的发展中国家，遵循的不是地区性而是全球性原则，墨西哥、尼日利亚、埃及、阿根廷和印度尼西亚应当成为金砖国家的亲密经济政治伙伴国，助力金砖国家在全球治理体系中占据更为重要的地位。

新兴经济体最有可能成为金砖国家的潜在成员。博鳌亚洲论坛 2010 年年会发布的《新兴经济体发展 2009 年度报告》首次提出"E11"（新兴经济体 11 国）概念，将 G20 国当中的阿根廷、巴西、中国、印度、印度尼西亚、韩国、墨西哥、俄罗斯、沙特阿拉伯、南非和土耳其十一个国家作为一个新兴经济体进行整体研究。

表 13　2010 年和 2016 年 E11 各经济体的 GDP

单位：亿美元

序号	国家	2016 年 GDP	2010 年 GDP	2016/2010
1	阿根廷	5451	3510	1.55
2	巴西	17986	20235	0.89
3	中国	112182	57451	1.95
4	印度	22564	14300	1.58
5	印度尼西亚	9324	6951	1.34
6	韩国	14112	9863	1.43
7	墨西哥	10460	10040	1.04
8	俄罗斯	12807	14769	0.87
9	沙特阿拉伯	6396	4344	1.47
10	南非	2941	3544	0.83
11	土耳其	8574	7291	1.18
	E11	222797	152298	1.46
	全球	752780	619634	1.21
占全球比重（%）		29.60	24.58	1.20

资料来源：国际货币基金组织。

除了金砖国家成员外，阿根廷、印尼、韩国、墨西哥、沙特和土耳其六国近 6 年经济表现突出。《新兴经济体发展 2017 年度报告》显示，在外需萎缩和内需低迷的双重压力下，2016 年 E11 的经济总量占全球的份额仍在提升，由 2010 年的 24.6% 上升到 2016 年的 29.6%，上升了 5 个百分点（见表 13）。阿根廷、印尼、韩国、墨西哥、沙特阿拉伯和土耳其 6 国近 6 年经济规模都在增长，其中，阿根廷增长了 55%，沙特阿拉伯增长了 47%，韩国增长 43%，印尼增长了 34%，土耳其增长了 18%，墨西哥增长了 4%。

表 14　2008～2018 年 E11 各经济体 GDP 增长率

单位：%

国家	2008	2009	2010	2011	2012	2013	2014	2015	2016	2017	2018
阿根廷	3.1	0.1	9.5	8.4	0.8	2.9	0.5	1.2	-2.3	2.2	2.3
巴西	5.0	-0.2	7.6	3.9	1.8	2.7	0.1	-3.8	-3.6	0.2	1.7
中国	9.6	9.2	10.6	9.5	7.7	7.7	7.3	6.9	6.7	6.6	6.2
印度	3.9	8.5	10.3	6.6	5.1	6.9	7.3	7.6	6.8	7.2	7.7

续表

国家	2008	2009	2010	2011	2012	2013	2014	2015	2016	2017	2018
印度尼西亚	7.4	4.7	6.4	6.2	6.0	5.6	5.0	4.8	5.0	5.1	5.3
韩国	2.8	0.7	6.5	3.7	2.3	2.9	3.3	2.6	2.8	2.7	2.8
墨西哥	1.4	-4.7	5.1	4.0	4.0	1.4	2.1	2.5	2.3	1.7	2.0
俄罗斯	5.2	-7.8	4.5	4.3	3.4	1.3	0.6	-3.7	-0.2	1.4	1.4
沙特阿拉伯	8.4	1.8	4.8	10.0	5.4	2.7	3.5	3.4	1.4	0.4	1.3
南非	3.2	-1.5	3.0	3.2	2.2	2.2	1.5	1.3	0.3	0.8	1.6
土耳其	0.7	-4.8	9.2	8.8	2.1	4.2	2.9	3.8	2.9	2.5	3.3
E11	6.2	3.9	8.5	7.2	5.4	5.5	5.1	4.5	4.4	—	—
世界	3.04	0.01	5.43	4.22	3.49	3.34	3.42	3.2	3.1	3.4	3.6

资料来源：国际货币基金组织历年发布的《世界经济展望》，E11各国经济增长率来自博鳌亚洲论坛授权发布《新兴经济体发展2017年度报告》。

新兴经济体经济增长出现分化，但仍高于世界平均水平。在外需萎缩和内需低迷的双重压力下，E11经济增速分化不断扩大。得益于较好的人口条件以及较为合理的宏观经济政策，印度经济已进入中高速增长的通道，2016年经济增长率达到6.8%。在美欧制裁、油价下跌、卢布贬值和地缘政治等多重因素的共同作用下，2016年俄罗斯经济继续萎缩，经济增长率为-0.2%。受外需不振以及国内需求严重萎缩等负面因素的影响，2016年巴西经济陷入大幅衰退，经济增长率为-3.6%。在金砖国家新成员备选的6国中，2016年，印度尼西亚、土耳其、沙特阿拉伯、韩国、墨西哥、阿根廷的经济增长率分别为5.0%、2.9%、1.4%、2.8%、2.3%、-2.3%，印尼的经济增速高于世界平均水平（见表14）。虽然2016年E11经济走势趋缓，但仍高于发达经济体和世界经济的平均增长率。

表15　2016年E11各经济体人均GDP

单位：美元

序号	国家	人均GDP
1	阿根廷	12503
2	巴西	8727
3	中国	8113
4	印度	1723

续表

序号	国家	人均 GP
5	印度尼西亚	3604
6	韩国	27539
7	墨西哥	8555
8	俄罗斯	8929
9	沙特阿拉伯	20150
10	南非	5261
11	土耳其	10743

资料来源：国际货币基金组织数据。

目前，印度尼西亚、土耳其、墨西哥等国家被认为是未来的热门
"金砖"候选国。金砖国家在当前的主要任务还是加深与夯实内部合
作及落实已经达成的共识，未来可采取"金砖+"的模式，在条件成
熟时适度吸收新成员。阿根廷、印度尼西亚、韩国、墨西哥、沙特阿
拉伯和土耳其六国的人均 GDP 除了印度尼西亚之外，都在 8000 美元
以上，远高于金砖国家的平均水平。2016 年，阿根廷人均 GDP 12503
美元，沙特阿拉伯人均 GDP 20150 美元，韩国人均 GDP 27539 美元，
墨西哥人均 GDP 8555 美元，土耳其人均 GDP 10743 美元（见表 15）。
同时，印度尼西亚和墨西哥的人口均超过 1 亿人，2015 年，印度尼西
亚人口为 2.58 亿人，墨西哥人口为 1.27 亿人，市场潜力较大。

金砖国家潜在成员国不仅具有经济优势，还具有人口优势。E11 人
口规模大，人口结构相对较轻。根据世界银行的统计数据，2014 年 E11
总人口达 36.4 亿人，占全球人口总量的 50.2%。除了中国、印度两个
人口大国之外，印度尼西亚、巴西、俄罗斯和墨西哥都是人口超过 1 亿
人的大国。根据 IMF 的估算，2016 年 E11 国家人口的年均增长率均值
为 1.02%，远高于 G7 国家的 0.44%；其中，沙特阿拉伯、南非、印
度、印度尼西亚、墨西哥、土耳其和阿根廷人口增长率均超过 1%。与
G7 国家相比，E11 国家相对更年轻，65 岁以上老龄人口比重 2014 年均
值为 7.78%，而 G7 国家平均高达 19.29%。

近几年，阿根廷、印度尼西亚、韩国、墨西哥、沙特阿拉伯和土

耳其六国的经济表现明显好于巴西、俄罗斯和南非，除了印度尼西亚之外五国的人均 GDP 都在 8000 美元以上，远高于金砖国家的平均水平。考虑到沙特阿拉伯和韩国人均 GDP 均超过 2 万美元，相对发达，明显高于金砖国家的平均水平，而阿根廷的经济体量较小，可选取人口较多的三个国家作为金砖国家扩容的首选成员：印度尼西亚（2.58 亿人）、墨西哥（1.27 亿人）、土耳其（0.79 亿人），经济水平与金砖国家接近，发展诉求与金砖国家相似。

吸纳部分发展中国家成为金砖国家观察员国。埃及、几内亚、墨西哥、塔吉克斯坦、泰国作为新兴市场和发展中国家代表，参加了在金砖国家领导人厦门会晤期间举行的新兴市场国家与发展中国家对话会。这五个对话国各有特色：埃及是阿拉伯世界的代表，是非洲人口第二大国，也是非洲大陆第三大经济体；几内亚虽然是小国，却是非盟（非洲联盟）轮值主席国，代表非洲大陆 50 多个发展中国家和不发达国家；墨西哥是拉美地区的代表，经济、文化影响力广泛；塔吉克斯坦是推动"一带一路"倡议在中亚地区落实非常重要的一个节点国家，同时是本地区的代表；泰国则是东南亚地区具有重要影响力的国家，是东盟的重要成员国。埃及、泰国两个发展较快的发展中国家可成为金砖国家观察员国，墨西哥属于新兴经济体，已在前面介绍过。

埃及位于北非东部，国土面积约为 100 万平方千米，疆域横跨亚、非两洲，人口 9000 多万人，是中东人口最多的国家，也是非洲人口第二大国，在经济、科技领域方面长期处于非洲领先态势。埃及是非洲大陆第三大经济体，2016 年，埃及 GDP 为 3363 亿美元，实际增长 4.3%。埃及是非洲地区重要的石油和天然气生产国，石油和天然气的探明储量分别位居非洲国家第五位和第四位，炼油能力居非洲大陆首位。埃及是非洲第二大生铁生产国，占非洲生铁总产量的 10%。埃及政府为促进经济发展，制定了 2015～2030 年长期经济发展规划，确定了未来经济发展政策的三大核心：一是保持国家宏观经济稳定，减少财政赤字；二是改善投资环境，大力吸引外资；三是在各领域实施类似新苏伊士运河项目的大型"国家项目"。预计到 2030 年，埃及经济将在世界经济中扮演活跃的角色，将有能力适应国际化发展要求，并在世界中等收入国家中占据一席之地。

泰国位于中南半岛中部，国土面积 513120 平方千米，是东南亚国家联盟成员国和创始国之一，同时也是亚太经济合作组织、亚欧会议和世界贸易组织成员。2016 年，泰国人口数量为 6886 万人，佛教徒占全国人口的九成以上。泰国在 20 世纪 90 年代经济发展较快，跻身成为"亚洲四小虎"之一。2016 年，泰国 GDP 为 4068 亿美元，人均 GDP 5908 美元。泰国是亚洲唯一的粮食净出口国，世界五大农产品出口国之一。泰国是世界最闻名的旅游胜地之一，据泰国旅游局统计，2017 年上半年，泰国旅游业增长了 4.3%，预计全年泰国将接待近 3500 万外国游客人次。世界经济论坛公布的全球 137 个国家参与的《2017－2018 年全球竞争力报告》显示，泰国全球竞争力排名第 32 位，比去年上升 2 位。彭博社根据全球 65 个经济体的通货膨胀率和失业率编制而成的国际痛苦指数排名显示，2015 年、2016 年和 2017 年泰国连续 3 年位居最不痛苦国家首位。

（三）构建贸易投资机制，扩大金砖国家的利益汇合点

从三亚峰会开始，每次金砖国家领导人峰会都会制订金砖国家行动计划，为"金砖"务实合作规划明确的路线图。近几年，金砖国家各成员国分别与其他经济体签署了很多自由贸易协定，如果在金砖国家框架下开展自由贸易协定谈判，则可能建立金砖国家自贸区，为金砖国家发展提供最强大的制度支持。目前中国已成为巴西、俄罗斯、南非和印度最大的贸易伙伴，研究建立金砖国家自贸区会推动金砖国家之间的合作朝着"一体化大市场、多层次大流通、陆海空大联通、文化大交流"的利益共同体方向迈进，为构建更加紧密的金砖国家发展伙伴关系打下坚实的基础。建立金砖国家自贸区有利于推动实质性合作，建设利益共享的价值链和利益融合的大市场，携手推进各成员国经济优化升级，共同应对各种经济下行的风险和挑战，并在促进世界经济发展中发挥重要作用。

如果把服务贸易和货物贸易一并考虑，中国对外贸易占金砖国家对外贸易总额的比重呈上升趋势，由 2006 年的 55.7% 上升到 2014 年 63.1%，其他金砖国家对外贸易额占金砖国家对外贸易总额的比重都有

所下降（见表16）。中国和俄罗斯是顺差国家，和巴西、印度和南非是逆差国家。

表16　金砖国家货物与服务贸易额

单位：亿美元、%

国家	2006	2007	2008	2009	2010	2011	2012	2013	2014	2015
进出口	31879	39686	48353	40115	52596	66799	69967	73739	75802	—
巴西	2767	3414	4476	3540	4757	5945	5849	6052	5829	4670
俄罗斯	5427	6741	8897	5903	7628	9835	10345	10631	9926	6746
印度	4302	5566	6470	6232	8261	10158	10176	9946	9935	—
中国	17745	22061	26418	22793	29849	38358	41183	44758	47858	44739
南非	1638	1904	2092	1647	2101	2503	2414	2352	2254	1966
货物与服务贸易占比										
巴西	8.7	8.6	9.3	8.8	9.0	8.9	8.4	8.2	7.7	—
俄罗斯	17.0	17.0	18.4	14.7	14.5	14.7	14.8	14.4	13.1	—
印度	13.5	14.0	13.4	15.5	15.7	15.2	14.5	13.5	13.1	—
中国	55.7	55.6	54.6	56.8	56.8	57.4	58.9	60.7	63.1	—
南非	5.1	4.8	4.3	4.1	4.0	3.7	3.5	3.2	3.0	—

资料来源：《金砖国家联合统计手册（2016）》，中国海关数据。

表17　金砖国家货物与服务贸易额

单位：亿美元、%

国家	2006	2007	2008	2009	2010	2011	2012	2013	2014	2015
进口										
巴西	1205	1580	2203	1743	2437	3020	3038	3256	3188	2431
俄罗斯	2095	2837	3662	2473	3210	4101	4447	4697	4290	2814
印度	2300	3031	3557	3484	4503	5675	5715	5287	5277	—
中国	7828	9490	11465	10296	13809	18269	19432	21202	22616	20447
南非	843	972	1069	818	1027	1234	1232	1218	1159	999
出口										
巴西	1562	1834	2273	1797	2320	2925	2811	2796	2641	2239
俄罗斯	3332	3904	5234	3430	4418	5734	5898	5934	5635	3933
印度	608	2002	2535	2913	2748	3758	4483	4461	4659	4658
中国	9917	12571	14953	12497	16039	20089	21751	23556	25242	24293
南非	796	932	1023	830	1074	1270	1181	1134	1094	967

续表

国家	2006	2007	2008	2009	2010	2011	2012	2013	2014	2015
经常账户差额/GDP(%)										
巴西	1.2	0.0	-1.8	-1.6	-3.4	-3.0	-3.0	-3.0	-4.3	-3.3
俄罗斯	9.3	5.5	6.3	4.1	4.4	5.1	3.5	1.6	3.2	5.0
印度	-1.0	-1.3	-2.3	-2.8	-2.8	-4.2	-4.8	-1.7	-1.4	—
中国	8.4	9.9	9.1	4.8	3.9	1.8	2.5	1.5	2.6	3.0
南非	-4.5	-5.4	-5.5	-2.7	-1.5	-2.2	-5.0	-5.8	-5.4	-4.4
出口/进口										
巴西	129.6	116.1	103.2	103.1	95.2	96.8	92.5	85.9	82.8	92.1
俄罗斯	159.1	137.6	142.9	138.7	137.7	139.8	132.6	126.3	131.3	139.8
印度	87.0	83.6	81.9	78.8	83.4	79.0	78.1	88.1	88.3	—
中国	126.7	132.5	130.4	121.4	116.2	110.0	111.9	111.1	111.6	118.8
南非	94.4	95.9	95.6	101.5	104.5	102.9	95.8	93.2	94.4	96.8

资料来源:《金砖国家联合统计手册(2016)》,中国海关数据。

联合国贸易和发展会议 2017 年 6 月 7 日发布的《2017 年世界投资报告》显示,中国 2016 年对外投资飙升 44%,达到 1830 亿美元,中国首次成为全球第二大对外投资国,相比之下,亚洲其他次区域和主要对外投资经济体的流出量却大幅下降;同时中国对外资的吸引平稳发展,2016 年 FDI 流入量 1340 亿美元,较上年微降 1%,仍居全球第三位。2016 年,印度对华投资项目总数为 197 个,同比增加 40.7%;2016 年,印度对华实际投资总额为 5181 万美元,同比减少 35.9%;截至 2016 年 12 月底印度对华投资累计项目数 1289 个,累计投资金额 6.96 亿美元。2016 年,中国对印度非金融类直接投资总流量为 10.63 亿美元,同比增加 643.4%;截至 2016 年 12 月底中国对印度非金融类直接投资存量为 48.33 亿美元。

尽管金砖国家做出了巨大的努力,但从国际投资和贸易便利化发展的总体水平来看,金砖国家的投资贸易便利化仍处于中等偏下水平。从金砖国家单个国家的贸易环境来看,根据世界经济论坛的《全球竞争力报告》,在 125 个国家中,金砖国家贸易便利化发展程度最好的是中国,但是在全球排名中也仅处于第 45 名,俄罗斯排在了 100 名之后。在投资贸易便利化合作方面,金砖国家仍处于起步阶段,合作的程度有待深化。2011 年，金砖国家银行合作机制成员签署《金砖国家银行合作机制金融合作框架协议》，研究在成员国之间扩大本币结算，并进行本币融资，金砖国家金融合作机制向前迈进一大步，有助于金砖国家间贸易和投资的便利化。2012 年，金砖五国开发银行共同签署了《金砖国家银行合作机制多边本币授信总协议》《多边信用证保兑服务协议》。2013 年，金砖国家通过《金砖国家贸易投资合作框架》。2014 年，金砖国家提出《贸易投资便利化行动计划》。在这些合作机制和规划的推动下，2014年金砖五国间贸易额近 3500 亿美元，较 7 年前增长了 2.5 倍。目前，中国与巴西、俄罗斯、南非和印度 4 国双边贸易额达 3000 多亿美元，累计直接投资额达到 350 多亿美元。事实证明，金砖国家之间投资贸易合作潜力巨大，需要促进金砖国家投资开放和贸易便利，开展双边和多边务实合作，增强互补性，为金砖国家的共同发展注入强劲动力。中国作为金砖国家贸易便利化发展较为领先的国家，应发挥更加积极的作用。一方面，可结合"一带一路"倡议推进与投资贸易便利相关的基础设施建设，为相互之间的贸易发展创造良好条件。另一方面，可推动建立金砖国家大通关机制，推动海关信息共享、互认，促进贸易便利化。

（四）推动宏观政策协调，增强金砖国家的包容性

推动金砖国家加强战略对接。金砖国家间新的利益交汇点正在不断涌现，推进结构性改革，创新增长方式，构建开放型经济，加强宏观经济政策协调，已经成为金砖国家抓住机遇、在国际舞台上发挥引领作用的当务之急。金砖国家存在基础设施投入不足、结构性改革滞后、对外部依赖度过高等风险因素，应结合落实 2030 年可持续发展议程、二十国集团领导人杭州峰会和汉堡峰会的成果，加强战略对接，拓展金砖国家的潜在增长空间，为合作发展注入新动力、开辟新空间。借助"一带一路"推动金砖国家基础设施互联互通，提高金砖国家贸易和投资合作水平，促进国际产能和装备制造合作。美国战略家帕拉格·康纳撰写的《超级版图》认为，中国提出的"一带一路"将改变全球版图，将把世界连成一个整体，将形成全球的超级版图。"一带一路"的重大倡议站在了人类道义的制高点上，体现了构建人类命运共同体的理念，通过软

联通和硬联通，可以实现世界的互联互通。"一带一路"可以与金砖国家其他成员的发展战略更好地结合起来，包括不接壤的巴西、南非这两个金砖国家成员。重点可与俄罗斯提出的"欧亚经济联盟"、印度提出的"季风计划"等战略进行合作对接，在增信释疑基础上，推进金砖国家形成宽领域、深层次、高水平、全方位的合作格局，使各成员在合作中实现共赢，使广大民众获得实实在在的好处，有力改善金砖国家民众的生活水准，给金砖国家带来共同的发展机遇和福祉，形成更具亲和力、感召力的互利共赢金砖国家发展格局。同时，中印两国可以链接"中国制造2025""创新驱动"与"印度制造""技能印度""清洁印度"等战略，形成互补互动互助的良性发展。

推动金砖国家加强在多边机制中的协调合作。作为国际社会的负责大国，中国应推动金砖国家坚定奉行多边主义，在二十国集团、联合国等重要国际机构及合作框架下加强沟通协调，完善全球经济治理，推动国际秩序朝着更加公正、合理、高效的方向发展。推动金砖国家共同落实2030年可持续发展议程，把可持续发展议程同本国发展战略有效对接，呼吁国际社会把发展置于宏观政策协调的重要位置，发挥联合国作用，利用好可持续发展高级别政治论坛，加快落实可持续发展议程。坚定支持多边主义和联合国在国际事务中的中心作用，致力于推动金砖国家在联合国及其他多边机构中，通过金砖国家常驻纽约、日内瓦和维也纳代表定期会晤等方式，就涉及彼此共同利益的领域加强协调合作，进一步增强国际舞台上的金砖声音。推动金砖国家通过安全事务高级代表会议、外长会晤等机制，定期就共同关心的重大国际和地区问题深入交换意见、协调立场。推动金砖国家在反恐、网络安全工作组等合作机制的基础上，不断增进战略互信，加强在重大国际和地区问题上的沟通协调，针对热点问题共同发声，为维护国际和地区和平稳定、维护国际公平正义发挥建设性作用。南非驻华大使多拉娜·姆西曼则认为，金砖国家合作机制在给各成员国带来切实经济利益的同时，还应追求建立一个有效和公平的世界秩序，未来在全球治理改革方面金砖国家可以贡献更多，全球经济面临更加错综复杂的挑战，我们每一个个人和每一个国家都不能独善其身，金砖成员之间必须进一步加强合作、共同发声。驻华大使馆公使衔参赞季诺维耶夫认为，金砖国家合作机制已成为五国关系中最有成效的领域之一，已从经济范畴延展到各个方面，金砖五国合作早就超越了经济范畴，在反恐、打击毒品和腐败、解决冲突和确保国际信息安全等问题上，都成功地协调了各自立场和行动。金砖五国未来应继续携手共同应对地区性和全球性的挑战与威胁，反对双重标准、单边制裁和非法的军事干预。印度驻华大使馆公使林凡表示，印度深信未来金砖五国的合作能够促进减贫和绿色发展等可持续发展目标的达成，印度将全面支持中国深化金砖国家的合作。

经济全球化正处在何去何从的十字路口，国际社会面临保持开放还是走向孤立的关键选择。多边贸易体制进展不畅，区域经济合作碎片化加剧，国际贸易和投资进入低迷期，对经济增长的拉动作用下滑。金砖国家应该共同建设开放型世界经济，坚定支持多边贸易体制，反对保护主义，引导经济全球化实现包容、普惠的再平衡，确保各国发展的权利平等、机会平等、规则平等。要加强立场协调，推动世界贸易组织第十一届部长级会议取得积极成果，推进多哈发展回合剩余议题，并为多边贸易体制发展明确方向。要努力提升新兴市场国家和发展中国家在全球经济治理中的代表性和发言权，推动形成更加公正合理的国际经济秩序。金砖国家应该继续推动布雷顿森林体系改革，提升新兴市场国家和发展中国家在全球经济治理中的发言权和代表性，推动国际货币基金组织扩大和增强特别提款权货币篮子的作用，继续推动世界银行投票权审议工作。特别是致力于推动国际货币基金组织于 2019 年春会、不迟于 2019 年年会前完成第 15 轮份额总检查，包括形成一个新的份额公式。

（五）扩展多元合作机制，提升金砖国家的认同感

开展多元合作对促进发展并增进金砖国家人民相互了解、友谊与合作具有重要意义。应深化文化、教育、科技、体育、媒体机构、地方政府等领域合作，打造金砖国家合作的第三支柱，巩固金砖国家伙伴关系的民意基础。

加强金砖国家工商理事会建设。经济合作是金砖国家合作的基础和重中之重，应借鉴 APEC 等国际组织经验，拓展工商理事会的合作范围

和形式。一是组织金砖国家 CEO 峰会，与领导人峰会同时举行，促进各国企业家交流。二是设立贸易投资委员会，负责研究交流金砖国家在关税、市场准入、标准一致化、知识产权、竞争政策、政府采购、争端调解、商务人员流动等方面的情况和问题，对促进金砖国家贸易投资自由化、经济技术合作以及创造有利的工商环境提出设想和建议，并向领导人和部长级会议提交咨询报告，提出政策建议。

建设金砖国家智库联盟和合作网络。支持金砖国家大学联盟和金砖国家网络大学开展教育和研究合作，推动教育智库合作，支持组织青少年夏令营、提供更多奖学金机会等方式的青年交流。支持共同开展联合研究，共同分享学术成果信息，共同培养学术人才，共同发布阶段性、专题性、有影响力的联合研究报告，共同举办不定期会议。逐步建立日常联络机制，搭建更多合作平台，开辟更多合作渠道，在规划对接、政策协调、机制设计上当好参谋和助手，在理念传播、政策解读、民意通达上做好桥梁和纽带。借鉴 OECD 等国际组织的经验，对金砖国际总体发展情况、国别情况、合作情况等进行定期研究和评估，为各国政府改善治理和政策制定提供建议。定期合作出版发展展望、年度综述和比较统计资料等出版物，传播成员智库的智力成果。发布《金砖国家经济展望》，评估成员国和主要非成员经济体的经济前景，提供比较指标和国家业绩评价。出版《金砖国家概况》，为经济研究与政策制定人员提供参考工具。开展《金砖国家经济调查》，提供单独的国家分析和政策建议。建立金砖国家智库与政府部门对话机制，促进智库研究成果向各国政策的转化应用。

建立金砖国家文明交流互鉴机制。推动金砖国家制定一份推进文化务实合作行动计划，成立金砖国家文化理事会、金砖国家图书馆联盟、博物馆联盟、美术馆联盟和青少年儿童戏剧联盟，为金砖国家加强文化合作提供必要平台。推动金砖国家相关部门签署体育合作谅解备忘录，继续举办金砖国家运动会，为促进五国体育合作提供更大助力。推动建立金砖国家研究与交流基金，促进金砖国家在媒体、智库、青年等各领域开展交流合作，举办金砖国家电影节、媒体高端论坛、友好城市暨地方政府合作论坛、青年论坛、青年科学家论坛等活动。推动金砖国家本着"互尊互谅、平等相待、团结互助、开放包容、互惠互利"的金砖国家精神，加强人文大交流，实现政治、经济、文化领域全方位合作，做到政治、经济、文化"三轮"驱动，增强认同感。既做世界经济动力引擎，又做国际和平之盾，还做人类文明使者，深化在国际政治、经济、文化和安全等领域的协调与合作，捍卫国际公平正义，促进人类文明交流互鉴。

加强与国际组织合作。一是建立"金砖+发展中国家国际组织"合作机制。未来较长一段时间内金砖国家作为一个整体开展对外合作的重点仍应是针对广大发展中国家。但考虑到发展中国家数量过于庞杂的特点，金砖国家与发展中国家适宜通过以其所属地区性多边组织为合作基点，按照由点及片、以点带面的方式推动金砖国家与遍布全球的发展中国家合作。根据发展中国家所在地缘板块划分，各个区域基本都已拥有能够整合地区力量的多边组织。如非洲地区的非盟、中东地区的阿盟、中亚地区的上合组织、南亚地区的南亚区域合作联盟、东南亚地区的东盟、拉丁美洲地区的拉共体和南美国家联盟等。同时，由于金砖国家在上述地区组织中大多扮演着主导性角色或发挥着关键性的影响，以各个地区组织对应的金砖成员国作为牵线"中介"，每当金砖某国轮值主持该年峰会时，由该国负责邀请对口联络的地区组织参会。即当金砖巴西峰会时，由巴西负责联系拉共体和南美洲国家联盟的代表参会，并具体设计、实施金砖与拉共体、南盟对话的详细内容和议题程序。以此类推，当中国主持峰会时联络阿盟、东盟，俄罗斯主持峰会时联络上合组织、独联体或欧亚联盟，印度主持峰会时联络环孟加拉湾经合组织、南亚区域合作联盟，南非主持峰会时联络非盟和南部非洲发展共同体等，推动金砖国家与更多发展中国家建立交流、合作途径。金砖国家还可通过"由点带片"促进全球合作治理与互利共赢，把金砖经验推广到东亚、南亚、非洲、拉美等其他区域。二是建立"金砖+主要国际组织"合作机制。积极推动金砖国家与国际货币基金组织、世界银行、世界贸易组织等主要国际组织建立合作机制。2017年4月10日，国际货币基金组织、世界银行和世界贸易组织联合发布报告指出，推动全球贸易一体化能有效提高生产率和竞争力，大幅降低产品价格，提高人类生活水平，呼吁各经济体采取措施降低贸易带来的负面影响，继续推动全球贸易一体化，呼吁各经济体改进劳工政策和教育培训体系，推进促进竞争和生产率提高的政策。金砖国家与国际货币基金组织、世界银行、世界贸易组织在推动全球贸易一体化、提高人类生活水平、推动可持续发展等方面存在巨大的利益共同点，加强双方合作有利于建立促进新兴经济体和发展中国家的贸易投资合作机制。通过与国际组织合作推动金砖国家在参与全球治理方面发挥更大的作用，重写全球的南北格局，推动发展中国家和新兴经济体成为推动世界经济增长和改变世界格局的重要力量。推动金砖国家在尊重彼此关切、照顾彼此利益的基础上，与联合国等主要国际组织深化在国际政治和安全领域协调与合作，捍卫联合国宪章宗旨和原则，维护国际关系基本准则，推动建设合作共赢的新型国际关系，营造和平稳定、公正合理的国际秩序，共同维护国际公平正义。推动金砖国家与主要国际组织加强反恐、能源安全、网络安全等领域务实合作，推动制定平衡反映各方利益和关切的国际规则。推动金砖国家结合《二十国集团落实 2030 年可持续发展议程行动计划》，积极构建新型全球发展伙伴关系，推动发达国家履行承诺，为发展中国家实现发展目标提供有力支持，加强南南合作，既做世界经济动力引擎，又做国际和平之盾。推动金砖国家新开发银行加强与世界银行和国际货币基金组织的合作，共同促进金砖国家发展。

表 18　历次金砖国家领导人峰会上的中国声音

时间	主办国地点	中国声音
第一次 2009 年 6 月	俄罗斯 叶卡捷琳堡	时任国家主席胡锦涛发表重要讲话，强调四国既面临新的发展机遇，也面临前所未有的挑战，应把握历史机遇，加强团结合作，共同维护发展中国家的整体利益。第一，增强政治互信；第二，深化经济合作；第三，推进人文交流；第四，提倡经验互鉴
第二次 2010 年 4 月	巴西 巴西利亚	时任国家主席胡锦涛在会上发表《合作　开放　互利　共赢》的重要讲话，强调要从战略高度明确四国合作方向、推动四国合作进程；以政治互信为基石，坦诚相待，相互尊重，相互理解，相互支持；以务实合作为抓手，重在行动，为合作注入新动力；以机制建设为保障，加大合作力度，拓宽合作领域；以互利共赢为目标，优势互补，最大程度分享合作成果；以开放透明为前提，增进同各方沟通和交流，体现合作的开放性

续表

时间	主办国地点	中国声音
第三次 2011 年 4 月	中国 三亚	时任国家主席胡锦涛主持会议,并发表题为《展望未来 共享繁荣》的重要讲话,为如何使人类拥有一个和平安宁、共享繁荣的 21 世纪这一重要问题提出四点建议:第一,大力维护世界和平稳定;第二,大力推动各国共同发展;第三,大力促进国际交流合作;第四,大力加强金砖国家共同发展的伙伴关系
第四次 2012 年 3 月	印度 德里	时任国家主席胡锦涛发表题为《加强互利合作 共创美好未来》的重要讲话,就加强金砖国家合作提出四点建议:第一,坚持共同发展,促进共同繁荣;第二,坚持平等协商,深化政治互信;第三,坚持务实合作,夯实合作基础;四,坚持国际合作,促进世界发展
第五次 2013 年 3 月	南非 德班	国家主席习近平发表题为《携手合作 共同发展》的主旨讲话,指出:求和平、谋发展、促合作、图共赢,是金砖国家共同的愿望和责任,金砖国家要坚定维护国际公平正义,维护世界和平稳定,始终坚持平等民主、兼容并蓄,不管全球治理体系如何变革都要积极参与,发挥建设性作用,大力推动建设全球发展伙伴关系,促进各国共同繁荣
第六次 2014 年 7 月	巴西 福塔莱萨	国家主席习近平发表题为《新起点 新愿景 新动力》的主旨讲话,强调要在总结经验的基础上,规划发展金砖国家更紧密、更全面、更牢固的伙伴关系的新的合作蓝图,金砖国家应该在四个方面做出努力:第一,坚定不移推动经济可持续增长;第二,坚定不移开展全方位经济合作;第三,坚定不移塑造有利外部发展环境;第四,坚定不移提高道义感召力
第七次 2015 年 7 月	俄罗斯 乌法	国家主席习近平发表题为《共建伙伴关系 共创美好未来》的主旨讲话,强调国际形势错综复杂,金砖国家机遇和挑战并存,为了加强金砖国家伙伴关系,提出四点建议:第一,构建维护世界和平的伙伴关系;第二,构建促进共同发展的伙伴关系;第三,构建弘扬多元文明的伙伴关系。第四,构建加强全球经济治理的伙伴关系
第八次 2016 年 10 月	印度 果阿	国家主席习近平发表题为《坚定信心 共谋发展》的重要讲话,强调当前金砖国家发展面临着复杂、严峻的外部环境,必须坚定信心,共同面对挑战,要贡献金砖国家的智慧和力量,携手寻找应对之道。第一,共同建设开放世界;第二,共同勾画发展愿景;第三,共同应对全球性挑战;第四,共同维护公平正义;第五,共同深化伙伴关系

时间	主办国地点	中国声音
第九次 2017 年 9 月	中国 厦门	国家主席习近平在金砖国家工商论坛开幕式上发表主旨演讲,提出四条希望:第一,深化金砖合作,助推五国经济增加动力;第二,勇担金砖责任,维护世界和平安宁;第三,发挥金砖作用,完善全球经济治理;第四,拓展金砖影响,构建广泛伙伴关系 国家主席习近平在金砖国家领导人厦门会晤大范围会议上的讲话提出,开启金砖合作第二个"金色十年",第一,致力于推进经济务实合作;第二,致力于加强发展战略对接;第三,致力于推动国际秩序朝更加公正合理方向发展;第四,致力于促进人文民间交流 国家主席习近平在新兴市场国家与发展中国家对话会上的发言提出,加强团结协作,共同构建开放型世界经济;加强团结协作,共同落实 2030 年可持续发展议程;加强团结协作,共同把握世界经济结构调整的历史机遇;加强团结协作,共同建设广泛的发展伙伴关系

专题报告一 金砖国家宏观经济政策协调机制研究

作为发展中国家和新兴经济体，在开放的经济环境下金砖各国面临着相似的国际国内经济问题，如提升国际经济治理的话语权、国内外经济波动、产业结构调整等，加强宏观经济政策协调有助于金砖国家对内创造良好发展环境，彼此间整合资源、优势互补，对外也能在世界上以"一个声音说话"，更好地维护金砖国家整体利益。金砖国家宏观经济政策协调主要是指金砖国家就财政货币政策、贸易投资政策和结构性改革政策等宏观经济政策进行磋商和协调，对宏观经济政策目标、政策工具和实施方法及其路径形成某种承诺和约束，实行某种共同或趋同的宏观经济政策和调控方式，或调整本国的国内政策，以减轻内外部冲击的影响，并且推动国内经济和世界经济平稳发展。金砖国家推动的政策协调不是与其他国家或国际组织对抗的工具，而是塑造公平、公正、平衡、合理的国际政治经济秩序的重要方式和途径，是谋求共同利益、实现全球和谐发展的平台。近年来随着金砖国家实力不断增强、彼此联系与合作日益加深以及应对国际形势变化的需要，金砖国家宏观经济政策协调取得了很大进展。

一 进展情况

(一) 金砖国家政策协调组织架构逐步建立

2006 年第 61 届联合国大会期间，中国、巴西、俄罗斯、印度举行首次金砖国家外长会晤，揭开金砖国家合作序幕。迄今为止，金砖国家合作稳步推进，政策协调的框架体系逐步建立。目前，已形成以领导人会晤为引领，以安全事务高级代表会议、外长会晤等部长级会议为支撑，以新开发银行、应急储备安排、工商理事会、智库理事会等为辅助的政策协商框架体系（如图1），并创造性地运用"小范围会谈""大范围会谈"等方式对成员国的利益相关问题进行协调。

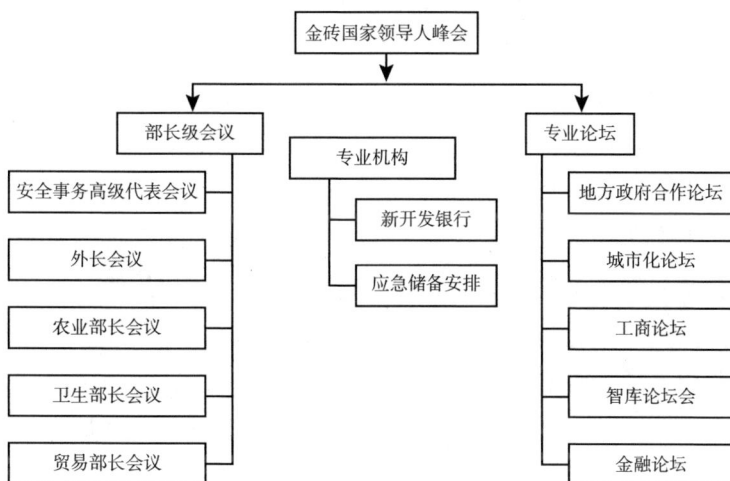

图 1　金砖国家政策协调框架体系

　　其中，首脑峰会是金砖国家开展宏观经济政策协调的首要平台和机制。从 2009 年俄罗斯叶卡捷琳堡举行首次会晤起，每年召开 1 次，由各成员国轮流承办，截至 2017 年中国厦门峰会，已举办了 9 次。金砖国家首脑峰会主要讨论两方面的问题，一是目前全球性的重大问题，如贸易投资、环境问题等；二是金砖国家自身建设以及成员国之间的合作等。首脑峰会具有连续性、灵活性的特点，这既保证了协调机制运作的稳定，也提升了效率。

　　如果说首脑会议的主要作用是就重大问题进行沟通、讨论和表决，那么部长级会议作用就在于落实和实施。部长级会议一般在首脑峰会之外独立举办，不同类型的部长级会议不仅落实首脑峰会期间达成的具体决议，同时也为首脑峰会提供决策支持。例如，2013 年 3 月，金砖国家领导人在南非德班举行第五次会晤，发表了《德班宣言》和行动计划，决定设立新开发银行和金砖国家应急储备安排。在德班宣言发布之前，金砖各国的财长和央行行长已经就成立金砖国家新开发银行的可行性和合理性进行了充分论证，并且在首脑峰会之后就着手实施。不同领域部长级会议的会晤也各具特点，外长会议一般在重大国际会议期间举行，如联合国大会；财长与央行行长会议主要在 G20 和其他重大多边会议期间举行，如世界银行和 IMF，这一安排有助于金砖国家间彼此加强沟通协商，从而协调对外立场，一致应对重大问题。

新开发银行、应急储备安排等是金砖国家开展经济政策协调的实施机构和组织。2015 年 7 月金砖国家新开发银行在上海开业，由中国、俄罗斯、巴西、印度、南非五个金砖国家发起成立，初始资本为 1000 亿美元，由 5 个创始成员平均出资，总部设在中国上海。新开发银行是金砖国家投资政策协调的成果，具体用途为对自身以及其他发展中国家境内的基础设施项目进行投资，它的成立不是对现有的国际金融体系的挑战，而是对其的补充和改进。2014 年 7 月，《关于建立金砖国家应急储备安排的条约》在巴西福塔莱萨签署，这体现了金砖国家加强货币金融政策协调，共同推动国际经济治理改革的共同愿望。应急储备安排补充和强化了当前由 IMF、区域金融安排、中央银行间双边货币互换协议及各国自有的国际储备构成的全球金融安全网。

金砖国家工商理事会、智库理事会等是金砖国家经济政策协调的交流、沟通和协商平台。这些专业论坛或理事会作为金砖国家政策协调的智囊和辅助决策组织，大多由金砖各国、各领域的专家和研究人员组成，他们为政策协调所涉及的专业问题提供理论支持和应用解决方案。涉及各方利益的政策在进入正式商讨前，可以在这里进行充分的沟通和协商。例如智库理事会自 2013 年南非德班会议决定成立以来，智库合作在金砖国家合作中扮演着越来越重要的角色，在促进政策沟通、推动思想创新、有效引导舆论、加深彼此友谊等方面发挥着越来越重要的作用。

（二）与既有政策协调平台的合作逐步深入

金砖国家推动的政策协调并不封闭保守，而是秉持了包容开放的态度，注重加强与国际传统政策协调机制和平台的合作，注意与发达国家联系互动、相互补充。金砖国家推动的政策协调不是对现有全球治理结构的替代和否定，更不是要推翻现有的国际秩序，而是进一步补充和完善全球治理结构，使之适应当前全球经济发展的新形势。金砖国家与联合国、二十国集团（G20）、世界贸易组织（WTO）、国际货币基金组织（IMF）、世界银行（WB）等重要国际组织开展了各种形式的合作，就一系列全球治理重大问题协调立场、共同发声。金砖国家的政策协调从会议设置的时间、场合来看，都注意与现有机制的衔接与融合。金砖国家外长会议一般都在重大国际会议期间举行，如联合国大会；金砖国家财长与央行行长则主要在会议和其他多边会议（世界银行和国际货币基金组织）期间举行会议。近年来，金砖国家加大了与 G20 的互动与合作。金砖国家重视 G20 在全球宏观经济政策协调中的作用，认为 G20 在应对国际金融危机中采取了前所未有的协调行动，发挥了核心作用，是国际经济协调与合作的主要平台，同以往机制相比，G20 成员更广泛，更具包容性、多样性、代表性和有效性。特别是在推进全球治理机制改革，金砖国家和 G20 有着相近的立场和诉求。在 2017 金砖合作"中国年"的各类成果文件中，如《金砖国家外长会晤新闻公报》中，能够看到金砖国家对共担 G20 政策方针的明确宣誓，金砖机制正在成为 G20 大政方针的共同承担者。金砖国家还不断加强与发展中国家和新兴市场经济体、以及其他国际和区域组织的合作，开展了同欧亚经济联盟成员国、上海合作组织成员国及观察员国国家元首和政府首脑的对话协商。

（三）金砖国家政策协调机制化建设稳步推进

总的来说，金砖国家政策协调机制逐渐从较早的随机、短期、松散向系统化、定期化、长期化、稳定化迈进。自 2009 年金砖国家领导人首次会晤以来，金砖国家在政策协调方面已达成多个共识，并以制度框架的形式予以确立，主要体现在历次会晤后发布的宣言与声明中。

金砖国家政策协调最初是金砖国家为了共同应对金融危机而开展的松散合作。2001 年美国高盛公司首席经济学家吉姆·奥尼尔提出了"金砖四国"（BRIC）的概念。随后，2003 年高盛公司发表了题为《与

BRICS 一起梦想：通往 2050 年的道路》的全球经济报告，正式使用了"金砖四国"的概念，报告预计，2050 年全球六大经济体将变为中国、美国、印度、日本、巴西和俄罗斯。"金砖四国"（BRIC）这一仅仅为资本投资建议而创造的概念，会在短短十几年的时间里获得巨大的生命力以及地缘政治意义。2008 年世界金融危机爆发后，欧美国家经济受到重创并且复苏乏力。与此形成鲜明对比的是，金砖国家的经济表现突出，引起了全世界的瞩目。在经济实力提升后，金砖国家在发展经济、推动世界经济格局变革等方面具有共同诉求，于是彼此相互吸引并逐渐走到一起。在 2009 年 4 月伦敦 G20 金融峰会上，金砖四国发表联合声明。随后应俄罗斯的提议，2009 年 6 月金砖四国领导人在俄罗斯叶卡捷琳堡举行首次高层会晤，这次峰会成为"金砖四国"作为一个整体在世界舞台上的首次正式亮相，从此开始，"金砖四国"从一个虚拟的单纯的经济指向的概念，逐步发展成为现实的具有实体的存在。俄罗斯峰会发表了《"金砖四国"领导人俄罗斯叶卡捷琳堡会晤联合声明》，包含 16 项四国合作内容，其中有 9 项是关于四国经济合作的内容，四国提出："承诺推动国际金融机构改革，……强烈认为应建立一个稳定的、可预期的、更加多元化的国际货币体系。"此时的政策协调主要目的是在各国受到金融危机冲击的世界经济环境下，加强四国在国际经济治理中的合作和立场的协调，如遏制贸易保护主义、推动多哈回合谈判、增加对发展中国家的经济援助等。此时的政策协调还是松散的合作关系，主要的场合和形式还是领导人会晤。

2010 年 4 月，金砖国家领导人在巴西首都巴西利亚举行第二次会晤，发表了《巴西利亚联合声明》，提出了金砖四国政策协调的具体措施和建议。四国除了表示继续在国际经济金融事务和全球治理展开合作外，还"要求四国财长和央行行长对有关区域货币机制的合作方式展开研究，包括四国贸易与投资的便利化、四国本币结算。加强四国在金融市场监管、机制和工具方面的合作"。共同倡议举行财长和央行行长会议、发展银行首次会议、首次商业论坛和智库研讨会，以促进四国在经济领域的合作，加强四国金融机构的协调，为四国的经济复苏和促进全球发展提供金融服务和智力支持。这些措施和建议为金砖国家在经济领域建立政策协调机制奠定了基础。

2011 年 4 月，在中国三亚举行第三次会晤，发布的《三亚宣言》制定了金砖国家开展宏观经济政策协调的"行动计划"，正式提出"金砖国家是各成员国在经济金融发展领域开展对话与合作的重要平台"。在《三亚宣言》的"行动计划"中，除了继续推进已经展开的经济合作外，还增加了"金砖国家事务协调人和副协调人会议"，以便更好地推进在经济合作领域的对话和沟通；计划在二十国集团框架下以及在国际货币基金组织和世界银行年会期间举办央行行长和财政部长会议；在每次领导人会晤前举行工商论坛并加强各成员国的智库合作，考虑建立金砖国家各成员国研究中心网络；2011 年 9 月在中国举行了国家统计局局长会议，对金砖国家做整体的经济统计调查，极大增进了各成员国对彼此经济发展情况的了解，有助于联合开展经贸研究，加强金砖国家发展银行间金融合作，探讨在诸如绿色经济领域的合作可行性。从以上进展来看，金砖国家宏观经济政策协调的机制化建设初步成型。

2012 年 3 月，金砖国家领导人第四次会晤在印度首都新德里举行，发表的《德里宣言》提出"金砖国家合作是在多极化、相互依存、日益复杂和全球化的世界中为促进和平、安全与发展开展对话与合作的平台"。此次会晤在宏观经济政策协调方面的进展主要有两方面，一是在国际上要求加快对国际货币基金组织份额和治理结构的改革，提高新兴市场和发展中国家的发言权和代表性；并根据需要，金砖国家财长与央行行长在国际会议（世界银行国际货币基金组织）期间或单独举行会议以便在国际经济事务中协调立场；共同制定"非洲发展新伙伴计划框架"。二是在各成员国内部举行专家会议讨论建立一个新的开发银行，签署了《金砖国家银行合作机制多边本币授信总协议》和《多边信用证保兑服务协议》，共同发表"金砖国家经济研究报告"。这些制度性的安排以文件的形式确定下来，大大推动了各成员国之间的贸易往来，使成员国之间的经济合作机制向更深层次扩展。

以上所提出的措施和建议大多还是宏观经济政策协调机制化建设的设计和构想，从 2013 年《德班宣言》开始，政策落实取得较快进展。《德班宣言》是"将金砖国家发展成为就全球经济和政治领域的诸多重大问题进行日常和长期协调的全方位机制"的标志性文件。德班会晤决定设立新开发银行为金砖国家、发展中国家和其他新兴市场的可持续发展项目和基础设施筹集资金。设立金砖国家应急储备安排，用以维护各成员国的金融稳定和金融安全。同时签署了《可持续发展合作和联合融资多边协议》和《非洲基础设施联合融资多边协议》。《德班宣言》还为各成员国间企业的合作提出了制度性安排。

（四）金砖国家政策协调的地位和作用明显上升

金砖国家已成为多极世界中的非西方为中心的利益协调核心，在全球多边贸易谈判陷入僵局、国际货币基金组织和世界银行改革进程缓慢、G7集团代表发达国家利益的背景下，金砖国家协调机制的地位和作用不断上升。一是携手应对经济危机。在全球经济陷入衰退、西方发达国家陷入主权债务危机和国内财政赤字的情况下，金砖国家凭借自身的经济稳定发展，与各国加强宏观经济政策协调，共同启动全球救市行动，为全球经济复苏和发达国家走出困境提供了巨大的帮助。2012年，巴西、俄罗斯、印度、中国和南非的领导人在20国集团墨西哥峰会前举行会议，共同协商对IMF增资。在G20峰会上，中国增资430亿美元，俄罗斯、印度、巴西分别增资100亿美元，南非增资20亿美元。金砖国家的注资大大提高了IMF放贷和救灾能力，为世界经济走出困境做出了贡献。二是金砖国家的政策协调打破了发达国家的垄断，成为参与国际政策协调的重要力量。当前国际形势正在发生重大变化，全球治理结构正在从发达国家一方垄断向着发达国家和发展中国家互动博弈转变。同G20一起，金砖国家政策协调成为全球经济治理的重要平台。如果说G20是发达经济体与新兴经济体共同参与全球经济治理的核心机制和首要平台，那么金砖国家合作机制则是新兴经济体在全球经济治理中加强政策协调的重要代表。从具体安排来看，金砖国家领导人一直在G20会期内举行非正式会晤，注意与G20的互动和衔接，取得了相互促进、相互支持的良好效果。三是推动全球治理结构改革。2012年金砖国家向IMF注资增资的前提就是，IMF主要成员国推进该机构治理结构改革，赋予发展中国家更大的权力和话语权。2013年3月，金砖国家决定设立新开发银行和金砖国家应急储备安排，这不仅是金砖国家在政策协调方面取得的又一重大合作成果，也是对全球现有经济治理体系的优化。在金砖国家推动下，IMF、世界银行通过治理机构改革决定，大大提升了新兴市场国家和发展中国家的代表性和发言权。四是"金砖＋"概念的提出进一步扩大了金砖朋友圈，提升了影响力。2017 年厦门峰会正式提出"金砖＋"这一概念，并邀请墨西哥、泰国、塔吉克斯坦、埃及和几内亚等新兴国家，举行新兴市场国家与发展中国家对话会。借助这种机制化的工作，金砖合作朋友圈和影响力得到大幅提升。

（五）政策协调的内容和领域不断丰富

近年来，金砖国家政策协调领域不断拓展，涵盖了世界政治经济的方方面面。一是共同推动全球经济治理改革。建立金砖国家开发银行，打破了美欧对国际金融秩序的垄断，让新兴市场国家在世界舞台上拥有更多话语权；建立规模达 1000 亿美元的金砖国家应急储备基金，有效缓解了金砖各国的短期流动性压力，化解潜在的金融危机；推动 IMF 改革，IMF 成员国基础份额扩大一倍，约 6% 的份额转移到新兴市场和发展中国家。其中，中国的份额从原来的 3.996% 上升到 6.068%，成为仅次于美国和日本的第三大成员国。印度、俄罗斯和巴西的份额也跻身前十；对于国际秩序改革和治理机制完善，金砖国家共同发声，努力提升发展中国家应有的制度性话语权，全球治理体系的代表性、平等性、实效性得到加强。二是推动贸易投资自由化。迄今为止，金砖国家已举办了六次经贸部长会议，协商全球经济形势、协调金砖国家多边立场、推进经贸领域务实合作，在服务贸易、知识产权、单一窗口、中小企业、贸易促进、标准化等方面达成了多项重要成果。三是共同推动农业合作。自 2010 年首届金砖国家农业部长会议在莫斯科召开，金砖国家就开始加强沟通协调，完善合作机制，推动农业合作。先后形成了《金砖国家农业合作工作规程》《金砖国家农业合作行动计划（2012 － 2016）》，并成功举办多次农业部长会议和系列活动。在多双边机制下，金砖国家保持密切沟通，在促进全球粮食安全治理、应对气候变化、消除贫困、实现联合国千年发展目标等方面取得了重要成果。同时，作为全球农业大国的中国、印度、巴西和非农业大国的俄罗斯以多种形式推进全球农业贸易问题的解决，尤其是多哈回合谈判。在农业问题上，金砖国家代表发展中国家利益，成为带动发展中国家农业贸易进一步自由化的领头人。金砖国家在推动多哈回合贸易谈判的同时，内部也积极加强农业合作发展，以此给其他国家农业合作问题提供发展的借鉴和经验。四是深化能源领域的合作。据统计，金砖国家能源生产和消费均占全球的 36% 左右。金砖国家在能源的生产和消费方面具有很强的互补性，中国、南非、印度三国对能源进口的依赖性较大，而俄罗斯、巴西国内能源储存较为丰富，其主要面对的是能源出口的压力。金砖国家在能源领域的合作，对发展中国家乃至世界的能源转型、应对气候变化和可持续发展具有重大影响。早在 2010 年俄罗斯就提出了成立金砖国家能源合作机制的倡议。此外，在 2014 年第六届金砖峰会上，俄罗斯总统普京再次提议金砖国家建立能源联盟，并进一步细化了这个合作机制的内容。包括成立金砖国家能源政策研究所和燃料储备库，并组建能源领域的专家培训中心。2016 年 4 月，金砖国家新开发银行首批总额为8.11 亿美元的贷款，就是用于支持巴西、印度、中国和南非的绿色能源项目。迄今为止，金砖国家已举行了两次能源部长会议，在能源政策方面达成了一系列共识。

（六）中国在金砖国家政策协调中发挥了积极作用

中国一直是金砖政策协调的坚定支持者和重要参与者。中国在金砖国家中实力最强，目前是全球第二大经济体、第一货物贸易大国、第三服务贸易大国、第三大对外直接投资国，在主导金砖国家合作、参与全球经济治理方面，中国发挥着黏合剂的作用。一是推动金砖国家经贸合作。2011 年 4 月，中国成功地在三亚举行了第三次金砖国家领导人会晤，对国际形势、国际经济金融、发展问题、金砖国家合作等进行了深入讨论，并发表《三亚宣言》和行动计划。其间，还举行金砖国家经贸部长会议、智库会议、银行合作机制年会暨金融论坛、工商论坛等配套活动。2016 年 9 月杭州峰会期间，金砖国家领导人还举行非正式会晤，就共同关心的国际和地区问题交换意见。2017 年，中国接任金砖国家轮值主席国，并于 2017 年 9 月在福建省厦门市举办金砖国家领导人第九次会晤。二是主导金砖国家金融合作。中国主导倡议建立的金砖国家开发银行强化了金砖国家的金融稳定，同时也是国际金融体系的补充。在旨在向陷入经济危机的国家提供援助的金砖应急储备安排基金中，中国提供 410 亿美元，位居首位，远远高于俄罗斯、巴西和印度分别提供的 180 亿美元，以及南非提供的 50 亿美元。中国引领金砖国家金融合作，如向国际货币基金注资、提升金砖国家相应份额等，发挥着越来越重要的作用。三是积极倡导推动更加公正合理的国际经济秩序。2017 年厦门峰会上，中国强调要加强沟通协调，完善经济治理，建立更加公正合理的国际经济秩序。提高金砖国家及新兴市场和发展中国家在全球经济治理中的发言权和代表性，推动建设开放、包容、均衡的经济全球化，以促进新兴市场和发展中国家发展，为解决南北发展失衡、促进世界经济增长提供强劲动力。

二　存在的问题

（一）金砖国家重大战略衔接有待加强

为了发展本国经济以及应对国际政治经济新形势，近年来金砖国家均调整了各自的对外经济合作战略，并提出了一系列对外经济合作倡议。这些战略规划各有侧重，但对金砖国家战略对接缺乏明确的思路和措施。例如，2013 年中国先后提出共同建设"丝绸之路经济带"和"21 世纪海上丝绸之路"倡议，并将其作为中国经济外交的顶层设计。"一带一路"贯穿亚欧非大陆，金砖五国均涵盖其中。2014 年在印度政府换届后，莫迪政府将"季风计划"纳入国家发展战略，规划了一个由印度主导的海洋世界，涵盖东非、阿拉伯半岛，经过伊朗南部到整个南亚，向东则通过马六甲海峡和泰国延伸到整个东南亚地区。2015 年 1月，俄罗斯主导的欧亚经济联盟正式启动，计划到 2025 年实现联盟成员间商品、服务、资金和劳动力的自由流动，并最终建立一个类似于欧盟的统一市场。除了俄罗斯，欧亚经济联盟还包括白俄罗斯、哈萨克斯坦、亚美尼亚和吉尔吉斯斯坦。巴西与南非也致力于推动所在区域的经济一体化。由此可见，作为区域大国，金砖国家都在致力于构建以本国为主导的区域一体化模式，但对于如何相互连接与融合则考虑较少。尤其对于同在欧亚大陆的中、俄、印三个大国，战略重点并不一致，如何协作融合是未来需要关注的问题。

（二）金砖国家间的互信和共识有待加强

有效的政策协调要建立在高度政治互信以及对重大问题取得共识的基础上。由于历史原因以及各国间的差异化需求，各国间的利益诉求并不完全一致，甚至在某些问题上还存在着纷争。这就在某种程度上影响了成员国之间的政策协调与合作，在重大问题上容易出现立场不一致的现象。以《三亚宣言》为例，宣言中 32 个条款中多数用的是"我们承诺""我们支持""我们愿意""我们强调""我们呼吁"等模糊措辞来表达宏观而又抽象的态度和意愿。迄今，金砖国家之间的合作象征性意义居多，实质性进展较少，其根源就在于彼此的互信和共识有待加强。如 2012 年金砖国家在世界银行新行长的人选问题上，各成员国就没能达成一致意见，选择了不同的候选人。此外，由于历史因素和地缘政治的影响，金砖国家成员国之间关系也很微妙，彼此之间的政治信任度还有待提升。例如，中印关系复杂多变，随着两国经济合作的深化，近年来中印关系已有所改善，但边界争端、"藏独"问题以及中国同巴基斯坦关系等因素的存在，依然阻碍着两国关系的进一步发展。并且，中印都是亚洲屈指可数的大国，人口规模相当，印度一直把中国视为其潜在的竞争对手，对于作为竞争者的中国的逐渐壮大心存疑虑，在一定程度上把中国实力的增强当作一种潜在的威胁。金砖国家的发展道路选择、意识形态等各不相同。中国属于社会主义国家，和西方的所谓民主自由制度并不相同。俄罗斯是从共产主义制度转变而来，虽然进行了市场化改革，但不可避免还遗留着传统影响；巴西、南非和印度则是坚持西方的意识形态。

（三）各国经济利益诉求不同增加了协调难度

虽然金砖国家之间具有坚实合作基础，但金砖各国经济社会状况迥异，利益诉求各不相同。并且，金砖国家从生产结构、消费结构到贸易结构，甚至在全球产业链和价值链中的地位都较接近，在某些领域还存在着激烈竞争，这些都增加了政策协调的难度。从地域来看，金砖国家分布在亚洲、非洲、欧洲和南美洲广阔的地域范围内，各成员国政治制度、文化传统、发展方式以及宗教信仰都各不相同。从要素禀赋来看，人口密度和资源配置相差甚远，中国和印度是世界上人口数量最多的两个国家，而俄罗斯和南非却相对人口稀少。相应地，中国和印度是资源、能源需求大国，而俄罗斯、南非和巴西则是资源能源储备丰富，属于供给方。从产业发展来看，金砖各国在一二三产业上各具优势，竞争力各不相同。各国利益诉求的差异增大了金砖国家经济政策协调的难度。甚至在某些领域的竞争导致政策冲突。金砖国家都是处在快速上升期的新兴发展中国家，在某些领域具有相同的诉求，如对各种自然资源能源的需求、对国际市场份额的占有、对国际政治经济话语权的争夺等方面，在某些方面不可避免地会表现出不协调甚至是政策冲突。中印两国资源要素禀赋相似度很高，劳动力的成本都很低，在国际贸易中的优势都集中在劳动密集型产业上，贸易摩擦和竞争就难以避免。比如，印度对中国出口的主要产品手机、无线通信设备等设置了进口限制，还对中国含奶制品、玩具产品、电力设备等设置进口禁令。中俄同为军事大国，在国际军火市场上彼此竞争，能源贸易中分别处于进口和出口国地位的中俄，在石油价格方面的纠纷也时有发生，两国天然气出口价格谈判已经进行十年之久但进展缓慢。俄罗斯和巴西作为能源出口国，可以从能源价格上涨中获益，而印度和中国作为商品和外包服务生产国，则希望能源价格下降。在多哈回合谈判中，金砖各国利益关注点的差异表现得尤为突出。巴西的注意力在出口原材料上，印度关注的是信息产业和技术，俄罗斯考虑的是石油天然气资源，而中国将工业和金融放在首要位置。总的来看，"金砖国家"在全球产业链中处于较低的位置，相似的经济发展阶段使得"金砖国家"在产业结构、贸易结构以及世界生产分工链上所处的环节都非常相似，这使得"金砖国家"之间面临相当程度的直接竞争，加大了政策协调的难度。在金砖国家内部，利益冲突导致彼此的贸易投资等政策协调存在不小困难。同样，对于全球化，每个国家的关注点也有所不同，这就很难在政策上协调一致，难以形成紧密的"政策联盟或卡特尔"。

（四）政策协调努力受到西方大国的制约

金砖国家加强政策协调，推动全球经济治理结构变革，谋求更大的话语权，必然会影响到国际旧格局中处于优势地位西方大国的利益。西方发达国家利用七国集团、国际货币基金组织和世界银行集团等传统国际治理机制压制新生的金砖国家共同的经济治理改革诉求。现有国际经济组织的制度设计往往赋予发达国家过大的权力，在人事安排、重大事项投票表决制度等方面倾向于维护发达国家利益。金砖国家共同推动改革的努力取得了部分进展，但远远没有达到预期效果。以 IMF 为例，2007 年美国次贷危机引发了全球金融危机，西方发达国家经济面临严重困难，而新兴市场国家则经济发展良好。IMF 需要新兴市场增资以强化对欧洲国家的救助，在金融危机的特殊背景下，2010 年在 G20 会议上艰难通过了 IMF 改革方案，这一方案反映新兴市场地位和增加新兴市场发言权。但因为具有否决权的成员国美国的不配合，IMF 份额改革一再延迟。2013 年金砖国家领导人圣彼得堡会晤期间就对 IMF 改革进程停滞提出了批评，重申了实施 IMF 份额和管理改革的紧迫性，要求在 2014 年 1 月前完成 IMF 份额评估。2015 年 12 月 18 日，美国国会通过了"国际货币基金组织份额和治理改革方案"。按照 IMF 份额改革方案，IMF 成员国的基础份额（也代表着投票权）扩大一倍，从 2385 亿 SDR，增加到 4770 亿 SDR，约 6% 的份额向新兴市场和代表性不足的发展中国家转移，以增强基金组织的代表性、合法性和有效性。但是，此次份额改革后，美国的份额只是从原来的 16.75% 降低到 16.5%。按照 IMF 章程规定，重大决策需要成员国中超过 85% 的投票权支持才能通过，改革之后美国依旧保持了超过 15% 的重大决策一票否决权，这表明 IMF 依旧是美国控制下的"国际组织"。以金砖国家为代表的新兴市场国家不得不另起炉灶，寻求在 IMF 之外建立新的多元化国际金融框架，金砖国家新开发银行和应急储备安排应运而生。

三 总体思路

（一）总体思路

坚持互尊互谅、平等相待、团结互助、开放包容、互惠互利的金砖精神，秉持五个"共同"理念，尊重彼此利益关切，积极应对全球化新变化、新趋势、新挑战。充分利用好现有平台和机制，积极培育新平台新机制，以多边机制为主渠道，以国际组织为重点，积极融入国际经济治理体系。以全面落实《金砖国家经济伙伴战略》为契机，以贸易投资、制造业、能源、金融等8大领域为重点，着力推进结构性改革政策协调，着力推动国际经济治理结构改革，着力提升金砖国家在全球经济治理中的制度性话语权，为推动世界经济平衡、健康发展发挥更大的作用。

（二）主要目标

构建开放型世界经济。当前全球化遇到逆流，世界经济正处在何去何从的十字路口，国际社会面临保持开放还是走向孤立的关键选择。金砖国家要通过加强经济政策协调，继续推动多哈回合谈判，推动多边贸易体制向前发展，坚定维护多边贸易体制的主渠道地位，共同建设开放型世界经济。

实现各国经济战略对接。通过加强宏观经济政策协调，实现各国重大战略对接，避免负面溢出效应损害金砖国家经济合作，并通过战略对接，最大限度地寻求各自发展战略的利益契合点，充分挖掘利用经济的互补性，从而发挥战略的聚合效应和规模效应。

推动国际金融货币体系改革。在2010年国际货币基金组织改革方案实施的基础上，继续推动布雷顿森林机构改革，提升新兴市场国家和发展中国家在全球经济治理中的发言权和代表性。更好发挥新开发银行的作用，提高应急储备安排的可操作性。

提升重点领域的政策协调水平。按照《金砖国家经济伙伴战略》的要求，将贸易与投资、制造业与矿产加工、能源、农业合作、科技与创新、金融、互联互通、信息和通信技术八个领域作为金砖国家加强政策协调的重点。这些领域构成了金砖国家经济合作的主要内容，也为金砖国家经济合作奠定了坚实基础。提升政策协调的水平和层次，进一步推动合作取得务实成果。

推动国际经济治理结构完善。依托现有国际经济组织和机制，以多边机制为主渠道，推动全球经济治理体系变革。顺应新兴市场国家和发展中国家力量上升的历史趋势，继续提升发展中国家在国际事务中的代表性和发言权。

提升政策协调机制化水平。经过多年努力，金砖国家政策协调已经形成以领导人会晤为引领，以安全事务高级代表会议和外长会晤等部长级会议为支撑，在数十个领域开展务实合作的全方位、多层次政策协调架构。要在当前基础上，进一步加强政策协调机制建设，提升政策合作延续性和协调性。

（三）路径

1. 以多边机制为主推进协调合作

作为国际社会的负责任成员，金砖国家一贯坚定奉行多边主义。金砖国家应该在二十国集团、联合国、世界银行、国际货币基金组织、世界贸易组织等重要国际机构及合作框架下加强沟通协调，完善全球经济治理，推动国际秩序朝着更加公正、合理、高效的方向发展。

2. 将创新作为金砖国家结构性改革政策的核心支柱

创新是经济中长期增长和可持续发展的重要推动力，加强创新政策协调具有重要的意义，这是金砖各国协调推进结构性改革的核心支柱。金砖国家正在相继进入中等收入国家行列，面临着相同或相似的任务，即发展模式要从依靠要素投入向依靠劳动生产率提高转变，发展理念要从侧重速度向注重质量和效益转变，创新是顺利实现这一转变的关键。

3. 把双边政策协调作为当前重点

当前多边主义进程进展缓慢，逆全球化思潮在多个国家有所抬头，

"英国脱欧"就是这一思潮的体现。金砖各国国情也各不相同，从整体上协调各方利益具有相当难度。对此，可以考虑把双边政策协调作为今后一段时期内的重点推进方向。完善、丰富金砖国家内部双边战略与经济对话机制，围绕投资、贸易、产能等重大问题，加强沟通，在双边机制的基础上向多边机制拓展。

4. 以贸易便利化为目标构建贸易优势互补机制

金砖国家的产业结构与贸易结构具有较强的互补性，贸易空间潜力巨大。通过构建金砖国家之间贸易信息共享平台，完善深化金砖国家之间金融服务体系，逐步探索构建自由贸易区，形成金砖国家间的贸易互补机制，发挥贸易潜力。

5. 加强对话沟通，完善制度合作框架

通过加强了解与沟通，深化金砖国家之间对话，逐渐化解基于不同的政治、经济、文化背景而存在的分歧。搭建多领域对话平台，构建包容性发展的对话合作机制，就彼此利益相关的问题深入交换意见。加快构架制度化、机制化的合作框架，通过提升对话机制的有效性深化合作，更加妥善地解决国家间的冲突与摩擦，不断提升合作层次。

6. 对接全球经济治理思路，构建多层面参与治理机制

G20 作为当前全球经济治理的首要平台，在国际社会发挥着重要作用。金砖国家均是 G20 成员，应当借助和利用 G20 多边对话、凝聚共识的作用，创新治理思路，推动经贸领域全球性问题的解决，为全球公共产品提供资金与智力支持，从而形成金砖国家与 G20 的联动经济治理机制。协调"一带一路"等各国主导的全球治理战略框架，做好对接与协作，倡导包容性合作，提升对全球公共物品的供给能力，为金砖国家参与全球经济治理提供有力支持。

四　具体建议

当前全球化进入新阶段，世界经济的不确定性日益增大，金砖国家间要加强彼此合作，加强政策协调，"以一个声音说话"，努力掌握全球贸易投资的规则优势、制度优势，提升在全球价值链中的地位，带领全球经济实现强劲、包容、可持续增长。同时，还需要在政策协调中更加关注发展问题，推动供给侧结构性变革，为完善全球治理结构做出新的贡献。

（一） 加强"一带一路"倡议与金砖各国发展战略对接

金砖五国都地处"一带一路"沿线，近年来印度经济的快速增长为金砖国家的贸易与投资带来了新的机遇，俄罗斯在欧亚经济联盟上面与"一带一路"的对接与合作也存在经贸投资的重大合作机遇。而南非和巴西矿产资源丰富，随着"一带一路"建设的推进，国际上对应基础设施建设所需资源的需求必将出现增长，同样存在大量经贸投资机遇。因此，金砖国家应当加强经贸投资合作，共同推动"一带一路"建设，加强经济发展规划与"一带一路"对接，发挥合力，共同推动经济一体化发展。

（二） 加强与 G20 的合作

金砖国家一直认同并强调 G20 作为中心性的国际经济合作论坛进行政策协调和国际经济、金融事务的政治对话的重要地位。近年来，金砖国家领导人一直在 G20 会期内举行非正式会晤，成功地塑造了金砖合作与 G20 相伴而行的"一致行动人"的形象。如果说 G20 是发达经济体与新兴经济体共同参与的全球经济治理的核心机制和国际经济合作首要平台，那么金砖国家合作机制则是新兴经济体在全球经济治理中加强政策协调的合作平台。这两个平台一直在互动，从而取得了相互促进、相互支持的成果。2016 年 G20 杭州峰会通过了首个 G20 全球贸易增长战略及 G20 全球投资指导原则等。金砖国家作为 G20 成员应当积极落实这些贸易增长战略和投资指引，率先垂范，并带动 G20 和全球经贸投资增长。

（三） 共同推动完善全球经济治理

通过各种场合引导各方对金砖国家发展形成合理预期。要看到金砖国家经济增速虽然有所放缓，但新兴市场国家对世界经济增长的贡献超过50%，仍然是世界经济增长的重要引擎。展望未来，全球经济复苏仍然需要新兴市场国家提供后劲和动力。金砖国家应该在二十国集团框架内加强合作，推动各方加大宏观经济政策协调力度，重点防范短期金融风险，避免货币战、贸易战。同时加快推进金砖国家新开发银行和应急储备安排的机制建设，共同维护国际金融稳定。金砖国家应该加强在国际货币基金组织、世界银行、世界贸易组织等机制内的协调和配合，着力提升发展中国家和新兴市场国家在国际治理体系中的代表性和发言权。2016年10月1日，人民币正式加入SDR货币篮子，是人民币国际化的重要里程碑。人民币初始权重为10.92%，超越日元与英镑，紧随美元和欧元，成为其中第三大储备货币。人民币"入篮"有利于完善国际货币体系，维护全球金融稳定，将是一个共赢的结果。

（四）深化能源政策合作

金砖国家支持通过开展战略储备、可再生能源、能源效率、技术研发以及项目融资等方面的联合研究，进一步加强能源安全合作。金砖国家支持探索建立金砖国家能源研究合作平台。在此基础上，金砖国家可以通过共同开发能源技术及商讨高效的能源综合利用方案等，来建立新的能源合作机制，开展能源合作潜力的联合研究，充分利用各个国家的资源、市场、资金、技术和能力优势，以期促进合作、实现可持续发展、消除贫困和缩小发展差距。此外，还根据各国的能力和优先事项，分享各自在能源安全领域的经验和专业知识，探索互利双赢的合作模式。

（五）加强可持续发展议程下的政策协调

从联合国千年发展目标的落实情况来看，金砖国家成效显著，其中，中国更是做出了巨大贡献。不仅提前完成多个发展目标，在消灭极端贫穷和饥饿、普及初等教育、降低儿童死亡率等领域发挥了举足轻重的作用。并且，在推动南南合作方面，还帮助了120多个发展中国家实施千年目标。2030年可持续发展议程是国际发展合作的纲领性文件，新的可持续发展目标是千年目标的继承和升级，作为新兴市场国家和发展中国家的代表，金砖国家应该继续高举发展旗帜，在全球落实 2030 年可持续发展议程中发挥引领和示范作用，进一步巩固和提高在可持续发展方面的话语权。金砖国家不仅要加强彼此之间在可持续发展方面的合作，还应将更多的发展问题纳入全球议程。在减贫、教育、卫生等传统基本议题之外，金砖国家还应携手将更多的发展问题纳入国际宏观经济政策协调，推动解决世界经济因贫富两极分化带来的结构性问题，进而实现全球的联动发展。

（六）加强金砖国家智库的合作与交流

当今世界的制度性话语权并不是全部存在于政府或政府间国际组织中，相当一部分宏观经济政策协调要通过智库等民间力量来完成。智库既是政策研究机构，又是重要的对外政策交流、宣传和协调平台，既体现了国家的意志，也代表了企业、商会以及民间的利益。在国际政策协调中，智库的民间身份更容易淡化政策诉求的国家色彩，赢得广泛国际认同，提升政策主张的渗透力和影响力。2013 年南非德班会晤后成立的金砖国家智库理事会，已成为各国专家交流观点的重要平台，在促进金砖国家政策沟通、推动思想创新、加深彼此友谊等方面发挥着越来越重要的作用。要加快形成智库参与金砖国家政策决策咨询的制度性安排。围绕金砖国家的核心利益，开展前瞻性、针对性、储备性的政策研究，提出专业化、建设性、切实管用的政策建议，着力提高智库对金砖国家重大国际战略的综合研判、战略谋划和辅助实施能力。特别是要针对国际关注的财政、货币等重大经济问题，建立长期跟踪研究、持续滚动资助的长效机制。鼓励金砖国家智库间建立多层次的学术交流平台和成果转化机制，拓宽成果应用转化渠道，提高转化效率。

（七）加强与已有国际经济组织的合作

金砖国家的经济增长和快速发展，离不开西方主导的国际体系和经济贸易规则。并且，从组织形态来看，"金砖国家"既不是一个国际组织，也不是一个政治联盟，金砖国家自身也无力推动国际金融体系改革取得实质进展。要顺利实现金砖国家内部或者是外部的政策协调目标，还需要加强与当前国际经济治理体系中各组织的沟通与合作，包括联合国、WTO、IMF、世界银行、G20 等国际政治、经济组织。加强与联合国中机构和项目的合作，以集体的力量去争取更多的对外经济援助，更好地推动对发展中国家援助政策和计划的实施。加强与世界银行的合作，推动改革改变世界银行的决策机制，改变发达国家控制的世界银行援助体系的局面，为发展中国家争取更多的援助资金；"金砖国家"需要在 WTO 中精诚合作争取更多的话语权，为本国经贸发展创造有利的制度环境。

（八）中国的态度和对策

中国既是开放的国际经贸体系的重要受益者，也是当前不公正的国际政治经济秩序的利益受损者。"金砖国家"合作机制的形成和发展，为包括中国在内的新兴经济体提供了改革现有国际游戏规则、建设多极化世界的良好契机。中国是"金砖国家"合作机制的重要成员，必须站在合理的立场上为该机制的发展完善做出贡献，同时也应该采取有力的措施通过该机制促进全球问题的解决，以实现国家战略发展目标。中国首先要基于经济互补的认识促进金砖国家之间的经贸合作，只有经贸合作有实质成效，金砖国家的合作基础才能扎实，合作机制才能巩固。其次，中国要与其他国家一道坚持多边合作，反对贸易保护主义。第三，中国的全球治理新方案，包括"一带一路"倡议，要与金砖合作精神有机融合，与当今国际世界的全球治理新理念有效衔接，成为能够凝聚广泛共识的国际治理新标准。

（九）加强金融货币政策协调合作

应进一步加强以下金融领域合作：一是推动新开发银行取得新发展，积极发挥金砖国家重要合作平台作用。二是强调推动金砖国家本币债券市场发展的重要性，一致同意促进相关领域合作。三是建立政府和社会资本合作（PPP）领域合作框架，为金砖国家开展 PPP 合作打下坚实基础。四是推动金融机构和金融服务网络化布局，加强金融监管合作，进一步加强金砖国家金融市场融合与合作。五是同意就会计准则趋同和审计监管等效开展合作，为金砖国家债券市场互联互通提供制度保障。六是发展和完善金砖国家应急储备安排机制（CRA），提高 CRA 的研究能力。七是进一步就开展货币互换、本币清算和本币直接投资等货币合作加强沟通与协调。八是完善国际税收协调机制，提高政策协调的及时性和有效性。九是加强反洗钱和反恐融资合作，维护金砖国家金融体系安全。

（十）当好"发展中国家的领头羊"

从现实来看，加强政策协调能够促进成员国在能源安全、环境问题、联合国气候谈判、国际金融体系改革、扶贫和促进发展、裁军和不扩散核武器等问题上共同维护新兴经济体和发展中国家的利益。正如习近平主席在 G20 工商峰会开幕式致辞中所指出的那样，发展中国家参与全球经济治理，不是对现有国际治理结构的替代和否定，而是一个与发达国家长期互动、相互补充的过程。以往金砖国家在各种国际场合公开发声，为新兴国家及发展中国家争得更多的发声机会，成功影响了国际金融秩序的改革，包括提升新兴国家在世界银行的份额，提升特别提款权（SDR）的作用等。今后还要坚定站在发展中国家阵营中，积极在国际舆论场上设置更多的发展中国家关心的议题，通过设置议题影响国际关注、引导世界发展，维护发展中国家的话语权。

专题报告二　金砖国家产能合作机制研究

近年来，金砖国家之间特别是我国与其他金砖国家之间的产能合作取得积极进展，合作规模不断扩大，合作方式多种多样，合作机制逐步完善。我国"走出去"的产业既有传统优势产业，又有新兴产业。在国有企业主导产能合作的同时，民营企业的国际产能合作也在蓬勃发展。但由于金砖国家间产能合作尚处于起步阶段，还存在规模小、难点多、风险大等问题，需要在今后的实践中逐步解决。根据对产业互补性的综合分析，未来金砖国家具有广阔的产能合作空间。为促进金砖国家产能合作持续深入发展，需要发挥政府、企业和社会力量三方面的积极性并形成合力。本报告首先对中国与金砖国家产能合作的进展及问题进行了分析，进而重点分析"十三五"时期中国与金砖国家产能合作的总体思路，并从多方面对金砖国家产能合作提出建议。

国际产能合作是中国政府近年来提出的一项重大决策和倡议，其概念源于 2014 年 12 月李克强总理出访哈萨克斯坦时与哈总理马西莫夫的一次早餐会谈，这次会谈不仅是中哈产能合作的起点，而且也成为此后中国政府全面推行"国际产能合作"政策的起点。2015 年 5 月 13 日，国务院印发《关于推进国际产能和装备制造合作的指导意见》，成为中国推动国际产能合作具有里程碑意义的指导文件。近年来，中国国家领导人遍访亚洲、拉美、欧洲、非洲的重点国家，就国际产能合作发表重要讲话并形成了系列双边合作框架。随着中国国际产能合作政策的逐步推进，其合作内容在不断丰富，合作范围也在不断覆盖全球更广阔的区域。

国际产能合作是指两个或多个存在意愿和需要的国家或地区之间进行产能供求跨国或跨地区配置的联合行动。产能合作可通过两个渠道进行：既可以通过产品输出方式进行产能位移，也可以通过产业转移的方式进行产能位移。我国提出的产能合作超越了传统的资本输出，它既是商品输出，也是资本输出。但是，国际上主流的产能合作主要指产业转移，即通过投资建厂、建设生产线、基础设施等方式，将产业作为整体对外输出。李克强总理在出席达沃斯论坛开幕式上曾指出，开展国际产能合作是一举多得、三方共赢之道，如同"凸透镜聚光"，能够把各方供给与需求聚焦，把各方利益交汇，从而凝聚起全球经济稳定增长的新动能。

国际产能合作，核心是产业与投资的合作，一般是指我国与东道国合作建设基础设施、生产线，我国提供技术、管理、资金等支持，与东道国一起开发当地市场，也包括与发达国家一起开发第三方市场。从对外经济发展阶段看，是从产品输出到产业和资本输出的转变。回顾国际产业和投资理论，比较有代表性的有美国学者维农的产品生命周期说、英国学者邓宁的投资发展周期理论和国际生产折中论、日本学者小岛清的比较优势论。从这些理论出发，推进国际产能合作，有助于延长我国产品的生命周期，形成利用外资和对外投资双驱动的发展格局，发挥我国装备性价比高的比较优势。从实践情况看，大规模的产业转移符合国际经济的发展趋势，

开展国际产能合作是中国主动适应经济新常态的一项重要战略举措，也是中国企业积极适应经济全球化的变化趋势，参与国际产业分工，利用两个市场、两种资源的一种必然选择。李克强总理曾指出：推动国际产能和装备制造合作，是新阶段下以开放促进发展的必由之路，既有利于顶住经济下行压力，实现中高速增长、迈向中高端水平，也是与全球经济深度融合，在更高层次上嵌入世界产业链条，实现优势互补、合作发展的共赢之举。

近年来，我国将国际产能合作作为保持我国经济中高速增长和迈向

中高端水平的重大举措，推动新一轮高水平对外开放、增强国际竞争优势的重要内容，不断加强政府引导推动，出台一系列财税、金融、投融资、保险等促进政策，一批重要项目陆续开工，很多务实合作取得积极成效。我国企业立足自身，主动作为，不畏艰难，勇于开拓，促进提升了我国企业的国际竞争力，有效拓展了我国经济发展空间。

一　我国与金砖国家产能合作现状

近年来，作为新兴市场发展的"风向标"，推动世界经济增长的生力军，金砖国家主动适应环境变化，积极调整经济策略，坚定推进结构改革，努力提升发展内生动力，抗击外部震荡能力和经济韧性不断增强。乌法会晤后，金砖国家深化产能投资合作，为金砖国家更加光明的合作前景奠定了坚实基础和创造了新的机遇，并且对其他国家也产生了积极影响，为保持新兴市场国家整体较快增长、促进世界经济复苏注入新的动力。

当前，金砖国家各国发展面临一些挑战，但发展潜力巨大，合作上升与深化的趋势不会改变。近年来，中国政府大力推进国际产能合作，合作的对象主要是工业体系健全且具有一定规模的国家。从这个角度来说，金砖国家应该是中国产能合作的优先伙伴，因为中国是一个新兴发展中国家，在工业产能领域和以金砖国家为代表的新兴国家实现合作对接的可能性更大一些。

随着中国经济进入新常态、印度经济开始复苏，金砖五国经济互补性越来越突出，各方也都意识到，中国的资本和优势产能、印度潜在的制造能力以及其余三国的丰富资源，只有通过互联互通、一体化的大市场才能最大化地开发利用。

就产能投资合作而言，金砖国家的合作空间巨大。中国经过多年发展，积累了大量优势产能和丰富的资本，实现了从"引进来"到"走出去"的转变。钢铁、水泥、汽车等200多种工业品产量居世界首位，这些产能是先进、绿色、低碳、有很强竞争力的优势产能，具备走向全球的雄厚实力。金砖国家正是中国开展国际产能投资合作的优先领域。近年来，随着"一带一路"倡议的提出，国际产能合作成为我国企业实施"走出去"战略的主要内容，主要是通过投资建厂，建设生产线、建设基础设施、建设产业链、建设产业集聚区来实施国际产能和装备合作，不是将国内的落后产能淘汰出去，而是让富裕的产能"走出去"。虽然当前我国国际产能合作取得积极进展，但也存在不少问题和障碍，需要进一步采取相应措施，促进国际产能合作顺利进行。

（一）产能合作规模不断扩大，合作方式多种多样

近年来，国际产能合作日益成为我国政府工作的重点内容、企业发展的重要选择、社会关注的热点话题。中国企业对外投资合作不断增长，带动了纺织、服装、轻工、家电等优势传统行业部分产能向境外转移。中国企业与金砖国家产能合作的方式日益多样化。在轨道交通和基础设施建设方面，逐步探索"建设—移交"（BT）、"建设—运营—移交"（BOT）等方式，探讨利用资源和能源换项目，由此建立长效合作机制，保障双方权益。电力行业参与国际市场的方式，从最初的设备供货，发展到目前的"设计—采购"（EP）、"设计—采购—建设"（EPC）、"独立电站"（IPP）、"建设—拥有—运营"（BOO）、BOT、公私合营（PPP）、融资租赁、并购等多种形式，中国电力企业"走出去"的水平不断提高。在对外承包工程方面，中国承包企业在发挥传统承包优势的同时，充分发挥技术、资金优势，积极探索开展"工程承包＋融资""工程承包＋融资＋运营"等方式的合作，有条件的项目多采用BOT、PPP等方式。

境外经贸合作区是推进国际产能与装备制造合作的有效平台，已成为促进中国和东道国经贸合作的载体，在推动中国企业"抱团出海"、形成海外产业集聚、维护企业合法权益等方面发挥了积极作用。中国企业建设境外经贸合作区涉及服装、轻工、食品、家电、机械、电子、建材、化工等行业。

（二）产能合作政策逐步完善，合作机制逐渐形成

2015年5月16日，国务院印发了《关于推进国际产能和装备制造

合作的指导意见》（以下简称《产能合作指导意见》），提出要坚持企业主导、政府推动，突出重点、有序推进，注重实效、互利共赢，积极稳妥、防控风险等原则，立足国内优势并结合当地市场需求开展优势产能国际合作，就国际产能和装备制造合作提出了 7 大部分共 41 条指导意见，要求将钢铁、有色金属、建材、铁路、电力、化工、轻纺、汽车、通信、工程机械、航空航天、船舶和海洋工程等共 12 大产业作为重点，明确产能合作的任务和领域。以《产能合作指导意见》为基础，近年来中国政府出台许多与产能合作相关的政策文件，从金融服务、中国制造走出去、"一带一路"等多个角度提供产能合作的政策支持，标志着国际产能合作成为中国对外经济合作的重中之重。

2015 年以来，中国着力建立三方面的产能合作机制：一是与国外商谈建立双多边产能合作机制。国家发改委牵头与 17 个国家开展了机制化的双边产能合作；对接东盟、非盟、欧盟等区域组织，借助多边舞台推动产能合作；与法国、韩国等发达经济体建立第三方合作机制。二是建立中央地方协同联动机制。国家发改委与河北、江西等 10 多个省份分别签署合作协议，通过委省协同联动机制，上下合力推进国际产能合作。三是建立央企、民企、协会协同推进机制。国家发改委分别会同国资委、全国工商联、各行业协会建立协同机制，推动央企、民企走出去，发挥行业协会桥梁纽带作用，全面推进国际产能合作。

（三）"走出去"产业既有传统优势产业，又有新兴装备制造优势产业

中国当前在金砖国家开展国际产能合作的产业，既有以轻工、家电、纺织服装为主的传统优势产业，也有以钢铁、电解铝、水泥、平板玻璃为主的富余产能优势产业，又有以电力设备、工程机械、通信设备、高铁和轨道交通为主的装备制造优势产业。中国实施国际产能合作，带动了中国铁路、电力、通信等优势行业的相关技术和标准"走出去"，有利于提升中国在全球产业链和价值链中的地位。

中国铁路"走出去"项目不断增加，电力装备行业步伐迈得更大。从发电种类看，涵盖了火电、水电、风电、太阳能、核电和生物质能等

领域，其中，火电、水电是我国电力企业开拓国际市场的主要领域，新能源是我国电力企业"走出去"的新增长点。从产业链看，包括了电站的设计、咨询、融资、建设、采购和运营等全产业链。从行业配套看，既包括电站建设，也包括电网建设。

钢铁行业对外投资合作侧重于上游环节。多数企业集中在上游开采环节，中游冶炼环节投资相对较少。水泥等行业利用出口、承包工程和对外投资等多条腿走路方式推进国际产能合作。

（四）国有企业占主导地位，民营企业异军突起

企业是产能合作的主体。目前，中国对外非金融类投资，国有企业占一半以上，尽管仍处于主导地位，但同前些年相比持续下降；非国有企业同前些年相比稳步提升，投资主体结构持续优化。

在国有企业中，中央企业是"走出去"的主要力量。比较有代表性的央企包括中国石油、中国石化、中国海油、中国移动、中国电网、南方电网、中国建材集团、中国电建等。

众多民营企业近年来也纷纷参与国际产能合作。事实上，当前许多境外经贸合作区是由民营企业作为境内实施主体运营的。2014 年 8 月，由全国工商联发起成立的中国民生投资股份有限公司（简称"中民投"）在上海正式成立，主要服务于民营企业参与产能合作。

（五）产能合作机制逐步形成，海外布局已显雏形

近年来，我国着力建立三方面的产能合作机制：一是与国外商谈建立双多边产能合作机制。国家发改委牵头与其他国家开展了机制化的双边产能合作；对接区域组织，借助多边舞台推动产能合作；与有关国家建立第三方合作机制。二是建立中央地方协同联动机制。国家发改委与 10 多个省份分别签署合作协议，通过委省协同联动机制合力推进国际产能合作。三是建立央企、民企与协会协同推进机制。国家发改委分别会同国资委、全国工商联和各行业协会建立协同机制，推动央企、民企走出去，发挥行业协会桥梁纽带作用，全面推进国际产能合作。

二　我国与金砖国家产能合作面临的挑战与问题

近年来，经济增长的放缓与分化增加了金砖国家经济合作的不稳定性和不确定性因素。一方面，经济增速总体放缓使其对发达经济体的赶超步伐随之放缓；另一方面，经济增长的分化格局也将使金砖国家的政策目标和措施随之出现分歧。同时，受一些外部因素的影响，金砖国家经济合作面临的挑战日益加大。目前，中国与金砖国家开展产能合作还处于起步阶段，存在规模小、难点多、风险大等问题，因此需要在今后的"走出去"实践中逐步解决。

（一）各国合作定位与战略考虑不尽相同

为了应对国际政治经济新形势，近年来金砖国家均调整了各自对外经济合作战略规划，并提出了一系列对外经济合作倡议。例如，2013 年中国先后提出共同建设"丝绸之路经济带"和"21 世纪海上丝绸之路"倡议，并将其作为中国经济外交的顶层设计。"一带一路"贯穿亚欧非大陆，金砖五国均涵盖其中。2014 年在印度政府换届后，莫迪政府将"季风计划"纳入国家发展战略，规划了一个由印度主导的海洋世界，涵盖东非、阿拉伯半岛，经过伊朗南部到整个南亚，向东则通过马六甲海峡和泰国延伸到整个东南亚地区。2015 年 1 月，俄罗斯主导的欧亚经济联盟正式启动，计划到 2025 年实现联盟成员间商品、服务、资金和劳动力的自由流动，并最终建立一个类似于欧盟的统一市场。除了俄罗斯，欧亚经济联盟还包括白俄罗斯、哈萨克斯坦、亚美尼亚和吉尔吉斯斯坦，塔吉克斯坦目前是该联盟的候选国。巴西与南非也致力于推动所在区域的经济一体化。在此背景下，金砖国家合作在各自对外经济战略中的定位也不尽相同。相比而言，中国的"一带一路"倡议更具包容性，但如何实现金砖国家合作与"一带一路"倡议对接还有待探讨。

（二）各国经济合作的优先选项各有侧重

金砖国家的资源禀赋、产业优势和经济体制各不相同，地理分布也较为分散，加之经济增长速度的分化，五国对经济合作的利益诉求存在差异。在合作的议题和领域的选择上，各国政策的优先程度排序因此也不尽相同。在金砖国家中，中国拥有雄厚的资金实力和丰富的劳动力资源，工业制造能力强，是能源和矿产资源的主要需求国，但产能过剩问题较为突出。印度拥有较为发达的计算机、软件产业，以信息技术为基础的服务业占其经济总量的一半以上，但在惠及民生方面的产业基础薄弱，资金存在较大缺口。巴西农牧业发达，石化、矿业、钢铁、汽车等产业较为发达，拥有丰富的矿产资源，但政局不稳、财政枯竭和社会矛盾激化制约了经济增长潜力的释放。俄罗斯有强大的航天产业和军事工业，拥有极为丰沛的石油和天然气资源，但经济过度依赖能源资源相关产业。南非的金融、电力、电信、建筑、农业等行业在非洲都具有举足轻重的地位，但严重的贫富分化、教育发展滞后以及长期的高失业率不利于经济的可持续发展。为此，在经济合作上，中国一直致力于推进金砖国家产能合作、基础设施互联互通、货币金融和资源能源领域的合作等。尽管其他金砖国家出于资金和技术等方面的需求，对这些领域的合作都持支持态度，但往往赋予其不同的考虑和安排。例如，巴西和俄罗斯担心金砖国家合作变成能源资源生产国与消费国之间的合作关系，在产能合作上不希望接受他国的淘汰产能；印度与南非十分注重绿色发展，因而对环境标准、创造就业等要求较高。

（三）深化各国传统领域合作的难度加大

随着时间的推移和合作的深入，在贸易、投资和金融等传统经济合作领域继续取得重大突破的难度随之增加。在一些有着共同利益和需求、容易达成共识的议题领域，金砖国家已取得非常重要的进展。例如，在银行合作上，金砖国家进出口银行和开发银行达成《可持续发展合作和联合融资多边协议》，五国还达成《非洲基础设施联合融资多边协议》，以满足非洲大陆基础设施资金方面的巨大需求。在开发性金融合作上，金砖国家成立新开发银行，为金砖国家以及其他新兴市场和发展中国家的基础设施建设、可持续发展项目筹措资金。在危机救助上，金砖国家建立初始资金规模为 1000 亿美元的应急储备安排协议，以通过货币互换提供流动性来应对实际及潜在的短期收支失衡压力。尽管金砖国家都处在金融快速发展的阶段，互补合作潜力巨大，但剩下的议题领域往往分歧相对较大、协调也更加困难，要继续取得重大突破，难度无疑会加大。与此同时，外部世界一些新的不利因素正在干扰金砖国家的经济合作进程。一方面，由于一些既得利益国家和国家集团的阻挠，金砖国家在国际经贸合作中的地位和作用难以有效发挥；另一方面，以美国为代表的发达经济体主导的一些新的大型排他性经贸协定冲击多边贸易进程，从而给金砖国家经贸合作带来负面影响。

（四）各国制度环境和技术标准不兼容

企业"走出去"要面对与国内迥异的制度环境，但我国企业在这方面应对准备不足，由于不熟悉国外商业习惯、法律环境，以及缺乏国际项目经验等，往往发生项目落地困难、企业被罚等事件。目前的国际产能合作具有比较明显的 G2G 的特点，即"政府对政府"。G2G 的合作方案重点关注了政府（或者说执政党），但对各国的市场、对各国老百姓的好处有时并没有体现在明处，容易遭遇各国反对党的阻击以及社会层面的抵制。我国过去在不少国家都遭遇到类似的事件，一些重大投资项目因受到抵制而被迫停止。制度环境差异还表现在合同不规范方面，有些合作国家未采用国际通用的合同条款，随意性较大，增加了中资企业执行合同的风险。

产能合作技术标准不对接。有的国家虽然自身技术能力较弱，但是推崇欧美的工业技术和标准，中资企业进入面临巨大压力。有的国家长期执行欧洲标准，特别是电力、石油炼化、交通运输及其他基础设施建设领域，已经形成固定渠道来源的欧洲技术标准体系和庞大既得利益集团。一些国家电力项目甚至明确规定不能使用中国标准，而是采用日韩或欧美标准。

由于国外的制度环境和技术标准与中国相去甚远，使中国企业在国际产能合作各环节均面临困难，包括海外项目投建阶段的土地、矿产、交通设施等主体及配套设备的建设问题，运营阶段的税收缴纳、员工身份、劳工纠纷等属地化的管理问题，以及退出阶段的项目清算和投资退出的机制安排问题，等等。

（五）境外各类风险将长期存在

金砖国家总体上看仍属发展中国家，经济发展水平和工业化程度不高，多数国家主权信用状况不佳，且近年来部分国家存在主权级别下调的风险。与此相联系，也存在政治、经济、社会、环境和医疗卫生等方面的各类风险。

政治风险。金砖国家涉及全球多个高风险地带，地区局势紧张、恐怖主义、极端主义势力及跨境犯罪等问题在部分国家较为集中。同时，有的国家对内还面临领导人交接、民主政治转型、民族冲突等多重矛盾。由于其国内局势动荡，致使中国部分企业停产甚至撤资；或因国内政治原因而重新审核中国公司收购计划，甚至撤销中国公司中标结果。在中国企业"走出去"失败案例中，既有政治因素所致，也有投资项目在审批环节因东道国政治派系的阻挠而失败，还有在运营过程中因东道国政治动荡、领导人更替等而遭受损失。

经济风险。对大多数金砖国家来说，资金不足仍是首要问题。有的国家贸易保护主义抬头，关税及非关税壁垒、零部件本地化生产政策、本地工厂生产的产品享受银行特别贷款优惠利率成为阻止外来投资者的常用手段。俄罗斯、白俄罗斯、哈萨克斯坦三国成立了海关联盟，凡属于俄（俄罗斯）白（白俄罗斯）哈（哈萨克斯坦）海关联盟认证范围内的产品，强制申请 CU – TR 认证，三国同时停止签发旧的 GOST 证书，改为申请签发 CU – TR 证书，CU – TR 证书认证成为进军这些国家市场的羁绊。

社会风险。金砖国家的多民族、多文化、多语言和多宗教信仰，对中国企业的海外项目建设和运营构成挑战。有的国家媒体时常渲染"中国威胁论"，有意制造敌对意识，极大地增加了中国对外产能合作的交易成本。

环境风险。尽管中国"走出去"过剩产能都是优质产能，并非淘汰的落后产能。短期内我国一些高耗能、高污染的钢铁、水泥、建材、化工等产业，转移到工业化程度较低的国家受到欢迎，但是长期下去有着巨大的环境保护风险。这些国家法律制度尚待完善、经营环境不成熟、生态环境脆弱、环保意识较差，中国重化工业跨国产能合作需警惕因侥幸心理引发的环保纠纷。

（六）促进产能合作的体制机制和支持服务体系不健全

发达国家早已形成了较为完善的促进对外投资体制机制、政策支持体系、公共服务体系，而中国才刚刚起步，各方面都很不完备，有的做法还处于试错阶段。多年来，我国对企业进行海外投资采取比较谨慎的限制体制，行政审批体制过于复杂，缺乏效率和透明度，在投资审批、外汇管理等方面存在诸多制约。近几年，国家发改委、商务部已经对境外直接投资管理体制进行不少改革。2014 年 5 月国家发改委发布了《境外投资项目核准和备案管理办法》（国家发改委第 9 号令），逐步放松了境外直接投资管理体制，除少数敏感投资国别的投资项目必须经过审批之外，其他境外投资一律取消项目核准，实行备案管理体制，取消束缚对外投资的各种不合理限制和收费。但是，除了简化前置审批之外，事中事后监管体制机制却没有及时建立起来。国际产能合作要采取政府推动、企业主导、市场运作、项目化管理的合作机制，仍有待构建和健全。目前促进跨国产能合作的政策分散且不成体系，政策支持力度严重不足，已有的政策执行效果也较差。特别是涉及国有企业的海外投资管理体制机制一直处于"放"与"管"的摸索之中，至今仍既不清晰也不健全。此外，对外产能合作的信息服务网络、统计监测系统等支持服务体系建设严重滞后，不利于政府对产能合作进行总体部署和调整，难以及时发布风险预警；不能适应复杂多变的市场和产业环境，难以服务企业对外投资决策。

（七）企业国际化能力不足

我国有的企业对国外市场的特征和规则尚待深入了解，在品牌形象维护、知识产权保护、外方违约责任追究、反倾销诉讼等方面自我保护能力不足，"走出去"举步维艰。我国工程机械在海外市场竞争，不但关键技术和关键部位依赖发达国家企业，售后服务亦成为明显的制约因素。而钢铁企业由于技术水平不高、国际商务谈判能力差，在国际钢铁市场饱和的情况下被迫挤在狭窄的市场内，主要集中在上游矿产资源开发环节，中游冶炼环节对外投资很少。

我国企业在跨国产能合作中遇到的问题，很大程度上与具有国际化视野的人才队伍，尤其是中高级经营管理人才和技术人才匮乏有关。跨国产能合作涉及各国法律、汇率、财会制度及各种复杂因素，而企业只有拥有完备的熟悉国际市场分析、商务规则、法律法规、投融资管理、项目管理等人才队伍，才能在错综复杂的国际市场中做出正确的投资决策。

企业尚未形成合力，部分领域存在同业竞争。我国企业"走出去"尚未形成有效的对外投资网络和相互需求网络，没有形成合力。金融业国际化进展缓慢、覆盖范围有限，难以有效支持中国企业"走出去"；境外施工的中国企业对国外品牌的偏好和依赖，不利于本国工程机械技术装备企业开拓国际市场。另外，中国企业在部分领域存在盲目竞争的情况，损害了整体利益。例如，曾出现一个电力项目有六七家中国企业投标，或者母公司与子公司、众多子公司之间相互竞争的情况。

（八）金融支撑体系仍未形成

总体看，我国目前各项国际产能合作支持政策还没有形成促进体系，尤其金融支持没有形成合力。我国金融领域长期受利率、汇率、资本项目等管制，开放程度偏低，国内金融机构并没有太强意愿开拓海外市场，虽然近年来改革步伐加快，但总体看仍然跟不上实体企业的步伐。企业普遍反映银行融资成本高、股权融资门槛高、离岸金融服务滞后、海外市场融资不便等，缺乏金融支持成为制约企业推进国际产能合作的突出短板。

银行融资成本高。从世界范围看，我国的贷款利率相对欧美日等发达国家1%～2%的低利率依然偏高，2016年，大型国有企业中长期贷款利率普遍高于4%，民营企业贷款利率普遍高于6%。而对于开展国际产能合作的大多数企业来说，还存在三个方面的困难：一是推进国际产能合作的企业一大部分属于钢铁、水泥、玻璃、能源等重资产行业，这类企业在国内属于"产能过剩"行业，银监会制定了信贷控制政策，企业从银行获得贷款的难度更大、利率更高。二是投资海外的资产难以作为国内银行的抵押物，也难以作为海外银行的抵押物，导致海外投资的资产融资变现困难，提高了资金使用成本。三是国开行和进出口银行虽然有政策性贷款，但这类贷款资金规模小、审批程序多，一般企业难以获得。比如"两优"贷款（援外优惠贷款和优惠出口买方信贷）中，"优贷"每年为300多亿人民币，而我国对外投资规模每年已高达上千亿美元。

股权基金门槛高。国际产能合作以项目为标的，投资项目企业首先要筹集资本金。资本金的筹集主要依靠企业自筹和股权投资。由于很多产能富余行业企业负债率偏高，资本金缺乏，一般需要寻找股权投资基金支持，目前主要存在两方面困难。一是中非基金、中拉基金、中阿基金等主权投资基金市场化程度不高，规模偏小。基金运行过程中受到的监管较为严格，支持的项目多是政策性项目，而且审批程序相对烦琐，合作条件和流程都不透明，一般企业难以获得支持，很多企业甚至没有听说过这些基金。中非基金总规模只有50亿元，目前已支持了80多个项目，最大的项目只有3亿元，对于动辄几十亿的项目来说，主权基金的撬动作用有限。二是国内投资基金虽然发展非常迅速，但投资海外项目的基金并不多。长期以来，我国投资基金更多聚焦在国内市场，或者服务海外投资者投资国内，主动投资海外的基金较少，海外投资经验不足，加之海外市场环境不确定性大、回报期较长，基金投资格外谨慎。

离岸金融服务发展滞后。相对于传统制造业，我国金融领域开放程度较低，金融机构垄断属性较为明显，开拓国际市场明显不足。因此，国内制造业企业纷纷在竞争压力下开拓海外市场的时候，国内金融机构并没有及时跟进。一是我国商业银行海外布局集中在发达国家，而开展国际产能合作的金砖国家位于亚非拉和东欧地区，在这些国家商业银行机构数量少，比如中国银行在海外有620多个分支机构，但在非洲只有南非和赞比亚两个分行，其余都是没有经营资格的代表处。二是既有的海外银行主要从事存取款、结售汇等最基础业务，为企业提供融资的能力不足，海外资产评估、抵押担保等业务没有展开。三是离岸证券、保险、信托、金融租赁等业务非常缺乏。比如海外保险主要以国家出口信用保险为主，针对性的人身、财产保险产品很少。出口信用保险也存在产品僵化、费率偏高等问题。

缺乏有效区域金融市场。2014 年，我国海外投资规模首次超过吸引外资规模，产业全球化布局程度越来越高，而在利用全球资源抵御金融风险、获取融资支持方面的能力还不足。一是汇率波动的风险对企业影响较大，尤其是亚非拉很多国家汇率波动很大，但并没有相应的对冲工具，人民币兑换东道国货币投资当地不但汇兑成本高，而且面临着较大的汇率风险。尤其近年来美元汇率政策变动较大，也使我国的海外资产保值变得被动。二是海外项目建设仍主要依靠本国资金，还没有充分利用全球金融市场进行融资。亚非拉等国家金融市场普遍发展程度低，利用当地金融市场融资非常困难，同时我国企业的国际金融人才也普遍欠缺，在国际资本市场上推介项目的能力不足，难以获得融资支持。

国际金融合作还处在起步阶段。为更加有效地推进国际产能合作，我国联合相关国家共同推动建立亚洲基础设施投资银行、金砖国家新开发银行、丝路基金、中国—东盟银行联合体、中国欧亚经济合作基金等金融合作平台，这将为我国国际产能合作发挥较大作用。但是，要真正做到金融市场的融合还有很长的路要走，未来还需进一步释放合作与发展的潜能。金砖国家多为发展中国家，与我国的双边金融合作尚处于初级阶段，范围与规模都比较有限，在货币金融稳定体系、投融资体系、信用体系等方面还存在较多现实问题。同时这些国家金融市场的发达程度和金融资源的调动能力远不如欧美金融市场，还很难有效应对高附加值、高风险的金融行业发展。国际产能合作的一个重要基础便是合作国双方金融发展的一致性和匹配性，如果双方金融发展水平相差过于悬殊，就会阻碍双方国际产能合作的进一步发展。

三　开展金砖国家国际产能合作的总体思路

经过几十年的发展，中国已经成为全世界工业体系最为健全、制造能力最强的国家之一，拥有大量优势产业和优质产能。中国钢铁、水泥、汽车等 220 多种工业品产量居世界首位，机床产量占世界的 38%，造船完工量占 41%，发电设备产量占 60%。中国国际产能合作已经成为中国对外经济合作的一张亮眼的"新名片"。产能合作是金砖国家国际合作的重要领域，也是促进金砖国家产业合作与发展的重要途径。中国开展国际产能合作，向金砖国家输出优势产能、先进产能、绿色产能。这既符合世界经济发展的规律和趋势，也有利于金砖国家分享中国发展机遇带来的新契机。

在发达国家推进"再工业化"和发展中国家加快工业化的情况下，中国既要努力实现自身工业的转型升级，又要考虑工业化的国际合作。历史上发达国家工业化的受益面相对有限，前几次工业革命是区域性的，仅仅实现了十多亿人口的现代化和工业化。金砖国家合作推进的工业化进程，可让亚欧大陆以及非洲的主要发展中大国在国际合作进程中大体同步推进工业化。中国有能力为金砖国家的工业化提供"公共产品"，分享经验，共谋发展。中国在产业园区、特区方面经验非常丰富，其他金砖国家则刚刚起步，缺少相关人才和经验，热切期待与中国合作。中国在基础设施建设方面积累了丰富的经验，在铁路、公路、核电、电力等领域有竞争优势。产能合作的基本路径主要依靠就地取材，可以促进当地国的工业化进程，最终实现合作工业化和共同现代化。从外部来看，当前全球产业结构加速调整，基础设施建设方兴未艾，金砖国家大力推进工业化、城镇化进程，推进国际产能和装备制造合作。金砖国家产能合作作为一项公共产品，将带动金砖国家市场大联动，为金砖国家以及更多的国家带来看得见的增长机遇，也为包括欧美发达国家在内的世界各国提供了全新的投资与合作选项。

（一）金砖国家国际产能合作的基本原则

在开展金砖国家国际产能合作中，要遵循 2015 年 5 月国务院印发的指导国际产能合作的基本原则。第一，义利并举。要考虑目标国的实际需求，有的放矢，在追求经济效益的同时，帮它们解决实际困难。另外，在追求最大经济效益的同时，应该保证生态平衡，生态良好，要以长远利益为目标，不能只看眼前，拒绝掠夺式的开发。第二，合作共赢。合作除了要建立在平等自由的基础上，还要追求互利，中国除了得到自己的利益外，还应该切实帮到目标国，完善他们的基础设施，扩大就业。第三，开放包容。在合作的过程中，坚持平等，不区别对待，合作过程完全透明，不搞恶性竞争。第四，市场运作。鉴于市场在资源配置中起决定作用，任何企业要想在国际市场上生存，都需要接受市场的检验，适者生存，因此企业要充分发挥能动性，实现主体地位的价值，当然，政府在国际合作过程也要积极发挥引导作用。

总之，中国产能参与国际合作的过程中，要坚持互利共赢的合作原则，不靠蛮力参与国际市场的合作，而是依靠中国质优价廉的产品及丰富的经验，接受国际市场的选择，通过政府引导，双边谈判，寻求利益契合点，在共同的利益基础上开展合作。特别是要尊重企业的主体地位，发挥市场在资源配置中的决定性作用；严格遵循市场原则，奉行国际通行规则，坚持企业自主决策、自负盈亏；同时充分发挥政府在引导、协调、管理、服务等方面的职责，进一步完善健全鼓励和支持中国企业"走出去"的体制机制、法规政策和金融服务。

（二）金砖国家国际产能合作的主体

开展金砖国家国际产能合作是一项系统工程，其战略目标的实现绝非靠一己之力和一夕之功能够完成。从宏观到微观，国际产能合作的主体大致可分为国家、行业和企业三个层面。

国家主体：国家实力很大程度上体现为技术创新能力、工业生产能力以及各种生产性要素的有效配置。随着中国工业产能数十年来的持续快速提升，它比以往更加迫切地需要加入国际经济体系来开展跨境、跨区域的国际分工合作，并实现本土产业能力升级和再平衡。目前，中方在全球范围内开展的各种双边、多边经济合作新机制及新平台的构建，均与产能合作有直接关联。国际产能合作不仅考验中国政府运筹能力，而且也在考验那些产业对接国家能否把握与中国开展合作的重大机遇。

行业主体：2015 年国务院出台的推进国际产能和装备制造合作指导意见中，重点提到了鼓励"走出去"的 12 类行业领域，即钢铁、有色、建材、铁路、电力、化工、轻纺、汽车、通信、工程机械、航空航天、船舶和海洋工程。上述行业代表了中国政府最关注、最具市场竞争力的那些产业领域。但上述行业并非中国产能走出去的全部领域，而且行业的权重高低也绝非一成不变。目前，国内相关行业的商会、协会、咨询单位、中介机构及法律财会类专业机构的海外市场辐射能力相当有限，它们为"走出去"中资企业提供的服务支撑不足，这突出体现为中国企业在海外市场的单打独斗、恶性竞争以及诸多行事鲁莽的海外投资失败案例。未来，这些行业组织及社会社团需要通过搭建各种"共同体"来有效共享、整合各种专业服务资源。

企业主体：企业是微观层面具体的市场执行者，也是国家推行国际产能合作政策的出发点和归宿。中国的大型企业在"走出去"过程中一直处于优势地位，它们凭借雄厚行业积累在国内外可以更便捷地获得政策、金融、人才及其他各种资源的支持。但中国的中小企业更多代表了中国经济的未来发展方向，它们是最具有创新活力和发展潜力的群体。但这些企业在面对海外具有极大差异的陌生市场时，在信息、资金、人才、风险等方面都遇到重大瓶颈。在这方面，中小企业需要通过更为灵活多样的方式进行协同合作。比如，这些企业如果能够通过集约方式落地于境外工业园区或经济特区，那将可能是一个理想路径。可以预见，在中国企业千帆相竞的"走出去"时代大潮下，会有一批具有创造力、领导力和国际视野的明星企业脱颖而出。

（三）国际产能合作的核心竞争力

近年来，尽管国际经济增速放缓，国内经济下行压力加大，但中国企业海外投资热度一直不减。中国对外直接投资连续14年增长，年均增幅高达33.6%。中国的国际产能合作目前正处于蓬勃发展的初始阶段，下一步在"走出去"过程中要特别关注以下事关国际产能合作核心竞争力的五大要素。

技术：中国企业要"走出去"，必须拥有自身核心的竞争力，其中最重要的就是技术实力以及背后的科技研发能力。如今是一个技术为"王"的时代。像华为公司之所以能够在全球市场所向披靡，其成功秘诀正是在于持续的科技创新和技术积累。

品牌：市场上的顾客消费的不仅是产品和服务，从更深意义上说他们消费的是品牌。品牌代表了一个产品及企业在消费者心目中的全部形象，荷载了该企业的全部信息。一个名牌的诞生，一定是来自严苛的品质管理和持之以恒的市场努力，并成功历经了时间考验。在目前世界知名品牌排行榜中，中国品牌还不多。除了华为、联想、海尔、百度、阿里等屈指可数的企业为非国有企业之外，其他大多都是金融、能源、电信等战略垄断领域的国有企业。这也侧面说明，中国品牌尤其那些拥有自主知识产权民族品牌的国际化之路还很漫长。

创新：创新是民族进步的灵魂，国家兴旺发达的源泉。从我国产业发展现状看，抢占国际竞争制高点，迫切需要提升科技和产业的创新能力。进入后国际金融危机时期，世界经济格局深度调整，新一轮工业革命方兴未艾，主要大国都在强化创新。比如，美国推出再工业化战略，德国实施工业 4.0 战略。而发展中国家奉行低成本战略，我国低端制造业市场面临极大压力。我国只有通过科技创新，向产业中高端攀升，才能突破双重挤压，赢得竞争主动权。2015 年，李克强总理在政府工作报告提出的"大众创业，万众创新"，更是突出了创新在国家发展中的战略作用。

经验：中国企业走向海外面对的是一个全新和陌生的市场，尽管如今的跨境商务交往更加便捷频繁、信息资讯的获取更为丰富多元，但整体而言，中国企业关于海外市场拓展的一线知识和经验仍然明显匮乏。中国改革开放近 40 年，是境外资本和国际产能不断输入的一个时期；如今，中国的产能输出又构成了一个逆向循环。中国企业以这些一流的海外跨国企业为师，快速积累起国际从业经验，少走一些不必要的弯路。海外商务经验的积累，不仅对企业提出了更高要求，同时也对我国的智库、教育、培训类社会机构提出了更高要求，这些机构需要为我国大批高素质国际人才的储备和培养发挥重要作用。

绿色：绿色意味着生态、环保、可持续发展，在我国"十三五"规划中可以看出，生态环境正成为全面建成小康社会的短板和瓶颈制约，绿色已成为"十三五"的主色调，处处体现绿色发展、生态文明建设和环境保护的要求。在海外，绿色环保的理念一直被发达国家和很多发展中国家所看重，这些国家在环评和惩戒等方面的实施力度非常大。在国际产能合作过程中，绿色原则应成为中国所有"走出去"企业所秉承的基本理念，这也是新形势下对中国国际产能合作的新要求。

　　总之，中国的国际产能合作是时代发展的大趋势，是中国企业进入全球市场的主要载体和通道。国际产能合作大道需要一砖一瓦的建设，中国企业唯有依靠自身真功夫才能去打拼天下。在可见未来，许多有志向、有作为的中国企业将在国际产能合作进程中完成由本土企业向国际企业的嬗变。

　　现阶段，我国开展国际产能合作面临的国际环境、所处的发展阶段和产业结构高度、拥有的资源要素禀赋优势以及重点合作的对象和范围等，都与 20 世纪 80 年代的日本迥然不同。这就决定了我国的国际产能合作模式和思路，不宜简单沿袭或套用日本当年带动亚洲"四小龙"和新兴市场经济依次起飞的"雁行"模式。由于目前我国产业整体水平还不高，在国际产能合作的具体过程中更多还只是发挥着一种承上启下、协同带动、优势互补的作用，因此，其合作模式与思路应有所突破和创新。

（四）开展金砖国家国际产能合作的模式内涵

　　国际产能合作这一概念由我国首次提出。就国际产能合作而言，我国应当发挥"领头羊"的带动和引领作用，形成具有中国特色的"领头羊"模式。随着我国资源要素条件变化以及资本和技术优势聚集，逐步推动与金砖国家乃至全球各主要区域经济体进行产业转移和产能合作，并起着"领头羊"的重要牵引作用，进而培育形成市场新需求和发展新动力的一种趋势性全球经济现象。其主要内涵特征主要表现在：

　　一是国际产能合作中虽然我国还不能成为"雁行"模式的领头雁，但却可以成为新兴经济体和广大发展中国家的"领头羊"。21 世纪头十多年，世界经济格局最引人注目的变化是以金砖国家为代表的新兴经济体群体性崛起，我国的发展成就尤为引人注目，与其他国家的经济关系也从原先的"一竞争一互补"转向"两竞争两互补"。

　　所谓"一竞争一互补"，是指过去我国比较优势的产业结构与其他发展中国家存在较强竞争性，但与发达经济体则呈现高度互补性。所谓"两竞争两互补"，是指一方面我国的劳动密集型产业与其他发展中国家仍存在较强的竞争，而在船舶、新能源、通信设备、运输设备等资本和技术密集型产业方面与发达国家的竞争日趋明显。另一方面，我国与发达国家要素禀赋和产业结构总体仍呈互补大于竞争态势。同时，我国充裕的资本、完整的工业体系、强大的制造能力和素质不断提高的人力资本，又与大多数发展中国家形成明显互补。

在当前世界经济面临深度调整、发达国家经济增长普遍放缓的背景下，我国作为世界制造业中心，积极开展以我为主导的国际产能合作，不仅能够促进国内产业转型升级和迈向全球中高端水平，也能够促进相关国家经济增长和世界经济持续稳定复苏。而在此过程中，通过大力推动产能、装备、技术、服务、品牌走出去，我国可以充分发挥重要的带动和引领作用，而成为新兴经济体和广大发展中国家的"领头羊"。

二是国际产能合作中注重产能、装备技术输出和资本输出相结合，积极推动国内富余优势产能对外转移。我国开展国际产能合作，既不是推动国内传统技术含量低、附加值低的劳动密集型产业对外转移，也不是推动国内高耗能、高污染、高排放的资源密集型产业对外转移，这些低端产能主要是通过国内"去产能"和淘汰"僵尸"企业加以处置和消化解决。相反，我国推动的是国内富余优势产能和先进装备与技术及充裕资本共同对外转移或输出，并主要集中于一些传统产业领域和部分新兴产业领域。例如，劳动密集型产业和钢铁、冶金、建材和石化等重化工领域以及工程机械设备、轨道交通设备、汽车、航天航空、通信等领域。这种合作理念和实践与发达国家推行的国际产业转移有着明显的不同。

三是国际产能合作中既注重与周边重点国家的合作，也注重与全球各重点国家和地区的合作。未来一段时期，我国主要推动产能、装备、技术和资本向新兴经济体和发展中国家输出。以"领头羊"模式开展的国际产能合作，并非仅仅局限于某一特定区域、依据资源要素禀赋比较优势、由发展水平高的向发展水平低的国家进行的产业梯度转移，而是面向全球各大区域，聚焦于重点国家、重点产业和重点企业。

四是国际产能合作中既注重发展战略相互对接和产业互补衔接，也注重将"输血"和"造血"予以紧密结合。事实上，发达国家的跨国公司推进产业转移，通常从其全球战略部署出发，以实现全球范围内资源要素高效配置和追逐利润最大化为目标，很少考虑东道国自身产业发展及其调整布局的需要。而我国开展的国际产能合作，倡导共商、共建、共享原则，注重加强与东道国发展战略对接和产业互补衔接，尊重和照顾各方切身利益诉求，是通过签署双边国际产能合作协议共同加以推进的。特别是在与相关国家开展双边重点产能合作过程中，不仅注重"输血"转移产业，同时也注重帮助其培育、形成"造血"功能，发展有竞争力的产业集群，从而为该国经济发展和产业结构升级提供重要助力。

五是国际产能合作中既注重加强与新兴经济体和广大发展中国家的务实合作，也注重加强与发达经济体的全方位高水平合作。一方面，积极推动与新兴经济体和广大发展中国家开展产能务实合作，有效发挥自身承上启下、协同带动、优势互补这些独特而重要的作用，不断推动双边产能合作上规模、上水平。另一方面，以绿地投资、并购等形式同美日欧等发达经济体进行全方位高水平的双边重点产能合作，着力培育和提升我国产业合作竞争新优势。同时，还可与发达经济体联合开展第三方合作，共同开发第三方市场。比如，可围绕能源化工、基础设施、汽车、工程机械、船舶和海洋工程装备等重点领域，加强与美日欧等发达国家在"一带一路"沿线国家以及非洲、拉美地区的广大发展中国家开展双边重点产能合作。

综上，这些重要的内涵特征是日本主导的"雁行"模式和西方发达国家推行的国际产业转移所不具有的。可以预言，我国"领头羊"模式的初具雏形和进一步确立，是当前经济全球化和区域经济一体化深入发展、大国和平崛起的客观规律和历史必然，也是当今世界经济发展的一大重要产物，具有鲜明的时代特征和浓厚的中国特色。

（五）开展国际产能合作的总体思路

推进金砖国家产能合作，首先要建立政府间、企业间的合作机制；

其次要有框架方案，明确最近这一年或者两三年做什么、怎么做；再次是要有比较明确的项目清单，包括早期收获项目清单和愿景项目清单。此外，要做出融资安排，为产能合作提供资金保障。

中国与金砖国家具有广阔的产能合作空间，未来国际产能合作的重点方向集中在以下几方面：与自然资源丰富的国家开展原料型产品的合作，并衍生出与按原料分类的制成品的合作；与劳动力资源丰富的国家开展劳动密集型产业产能合作；与油气资源丰富的国家开展油气产品生产合作；与工业化水平比中国低的国家开展初级产品生产、机械及运输设备、杂项制品制造产能合作。

在促进和保障金砖国家产能合作上，要加强金砖国家经济发展战略对接，提升重点领域的合作水平，构建开放性的合作平台，进一步建立和完善投资的合作机制，加快推进金砖国家金融体系的建设。

一是加强国家经济发展战略对接。在国内层面，近年来金砖国家都启动了新一轮的改革进程。例如，2013 年中国宣布内容涵盖 15 个领域、60 项具体任务的全面深化改革的战略部署；2014 年印度新总理莫迪上台后启动了以"经济增长"为目标的大规模经济改革计划，内容包括降低通胀、简化征税、创造就业和招商引资等；巴西、俄罗斯和南非也出台了一系列应对经济下滑刺激经济增长的改革计划和政策措施。在国际层面，金砖国家也相继推出了"一带一路""季风计划"和"欧亚经济联盟"等区域和跨区域经济合作安排与计划。在这些发展战略规划中，存在很多目标趋同的方面，但也在一定程度和范围上构成竞争，并可能在部分区域和领域发生对立。为此，金砖国家要加强宏观经济政策协调和发展战略对接，避免负面溢出效应损害金砖国家经济合作，并通过战略对接，勠力同心，最大限度地寻求各自发展战略的利益契合点，充分挖掘利用经济的互补性，从而发挥战略的聚合效应和规模效应。

二是提升重点领域的合作水平。2015 年 7 月，金砖国家领导人制定了《金砖国家经济伙伴战略》，并将贸易与投资、制造业与矿产加工、能源、农业合作、科技与创新、金融、互联互通、信息和通信技术作为金砖国家经济合作的 8 个重点领域；果阿会晤将这些领域的合作推向了新的高度。这些重点领域的合作既构成金砖国家经济合作的主要内容，也为金砖国家产能合作奠定了坚实基础。今后，金砖国家要继续秉持互尊互谅、平等相待、团结互助、开放包容、互惠互利的金砖精神，在认真落实《金砖国家经济伙伴战略》的过程中创造机遇，不断提升重点领域的合作水平和层次，把握新兴领域的合作机遇，进一步推动合作取得务实成果。在此基础上，共同开创贸易投资大融合、货币金融大流通、基础设施大联通、人员文化大交流的新局面，并形成优势互补、增长联动的产能合作强大合力。

三是构建开放性的合作平台。尽管金砖国家合作机制目前只包括五个国家，但金砖合作一直秉持开放性原则。未来，金砖国家可以在开放性建设上再向前迈出重要步伐，通过机制创造创新合作的新动能。一方面，巩固金砖国家对话机制，扩大金砖国家经济合作的辐射圈。2013年以来，金砖国家分别同非洲国家领导人、拉美国家领导人、欧亚经济联盟、上海合作组织成员国和观察员国以及同"环孟加拉湾多领域经济技术合作倡议"成员国领导人举行了对话会，并探讨了双方市场对接以及合作机遇和实现路径。这种"BRICS＋N"的开放合作模式的进一步拓展和巩固，将会在更大范围产生联动效应，并为金砖国家经济合作注入新的活力。另一方面，适时推动金砖国家再次扩员，吸收经济有活力、发展有潜力的国家加入金砖国家合作机制。长远来看，只有适当扩大规模，将小团体做大，金砖国家才能在国际社会发出更有力的声音，并为深化经济合作提供更多的选择和更大的舞台。金砖国家应该努力构建更具包容性的共同努力机制，促进更具包容性的全球经济治理体系建设。金砖国家和其他发展中国家需要进一步提高解决全球经济问题的能力，在全球治理体系改革中发出更强的声音，提出更切实有效的建议，积极推动全球治理结构向着更具有包容性、更加民主、更加公平的方向发展。

四是进一步建立和完善投资的合作机制。一是在平等参与的基础上，加强交流沟通与相互谅解，推动定期磋商和争端解决机制的建立，完善金砖国家官方和民间的投资合作对话机制。二是成立透明、便利、高效、规范的投资促进机构，包括民间的促进团体，设立共同的投资服务园区，加强投资区域的基础设施建设。三是协调各国与投资相关的财税、金融、外汇管理等政策制度，实现投资机制的程序化、规范化和制度化，夯实软性基础设施，就是投资的软件。为投资合作的健康稳定发展打造坚实的后盾。

五是加快推进金砖国家金融体系的建设。目前，金砖国家的新开发银行和应急储备安排、亚洲基础设施投资银行、丝路基金等，都已开始投入运营。特别是新开发银行不只是面向五个金砖国家，而是面向全部发展中国家，这是发展中国家和新兴市场国家金融合作的重要成果，也是国际金融体系的重要完善和补充。

在产能合作具体运作中，要积极推进以我主导的国际产能合作。一方面，要着力打造我国参与国际产能合作的"领头羊"模式主体构架，努力开创以我为主导的国际产能合作新格局。另一方面，要有效发挥金砖国家产能合作的支撑功能，着力推动国际产能合作，有效构筑国际产能合作和对外经贸投资合作的重点支撑平台。要注重发挥金砖国家国际产能合作的拓展延伸和牵引拉动功能，不断彰显新时期我国在开展国际产能合作过程中的主导地位和"领头羊"角色。

一是推动能源资源产业合作。加大对俄罗斯等国资源的引进和合作开发力度，重点推动天然气、石油、页岩气、煤炭、有色金属等资源投资合作，鼓励企业以成套设备出口、投资、收购、承包工程等方式建设炼铁、炼钢、钢材等生产基地。在市场需求大且资源条件好的国家，开展能源资源上下游精深加工，延伸产业链。鼓励具有产业优势的光伏、风电、生物质能、智能电网等产业"走出去"，加强在金砖国家布局新能源研发和产业基地。

二是推动劳动密集型产业合作。发挥轻工纺织业国际竞争力较强的优势，在劳动力资源丰富、生产力成本低、规模效益高、建设周期短且靠近目标市场的金砖国家，依托当地畜牧业和农产品等资源建立加工厂，重点投资化纤、棉纺织、毛纺织、丝绸、纺织品以及印染业等轻纺行业项目。在中俄现代农业产业合作区等生产经营条件较好的境外经贸合作区，形成上下游配套、集群式发展的轻纺产品加工基地。

三是推动资本密集型产业合作。加大对金砖国家资源的开发利用和合作力度，推动石油、化工、冶金、机械制造等重点行业的企业"走出去"开展产能合作，建立产业园区或开办工厂。在市场需求大、资源条件好且配套能力强的国家建设钢铁生产基地。结合东道国资源分布，开展铜、铅、锌、铝等有色金属冶炼和深加工，有序建设石化、化肥、煤化工等生产线及开展上下游精深加工，不断提升资本密集型产业国际市场占有率。

四是推动技术密集型产业合作。扩大与金砖国家在高铁、核电、航空航天等领域的务实合作。对于投资需求大、营商环境好、规模效益优的国家，加强技术密集型产业的全产业链合作，按照产品→标准→技术→资本→服务"走出去"的实施路径，构建"以我为主"的产业生态链。大力创新投融资方式，根据金砖国家经济社会发展的实际情况，选取 TKP、BT、BOT、BOOT 等方式进行扩融资，对于能源自然资源丰富但资金实力相对薄弱的国家，可探索推行"高铁"（或核电、航空航天等）换"资源"的灵活方式加以推动。在基础设施相对落后的国家共建物流园区，积极发展物流产业，加快构建"三大通道"，即便捷高效的路上运输大通道、安全经济的海上运输大通道、快捷畅达的空中运输大通道。

五是推动科技领域合作。顺应科技要素流动的新趋势，创新科技合作新机制，通过与金砖国家进行合作研究、委托研发和联合开发等方式，加快实现重大关键技术突破。加强信息通信、装备制造、电子信息等重点领域合作，推进先进技术及科技成果的引进、输出和转化。坚持科技需求和市场需求导向，积极与金砖国家共建和联建工程研究中心、产业技术研究院、企业技术中心、实验室等研发机构，注重推进"产学研"有机融合。加强与金砖国家著名大学和科研机构的沟通联系，促进各方资源、人才、技术、信息的交流与合作。

六是推动第三方市场合作。遵循互利、合作、开放、包容的原则，按照国际法、国际惯例、商业原则的基本要求，结合各自产业互补优势，鼓励和支持企业组建联合生产、联合体投标、联合投资等新型合作模式开展第三方市场合作。将能源化工、基础设施、装备制造等行业作为第三方市场优先合作领域，加强上下游整合力度，开展全产业链深度合作，助推产业合作迈上中高端，实现"互利三赢"。发展联合融资、平行贷款、股权投资及风险参与等方式，积极利用亚投行、丝路基金等多边金融开发机构以及合作基金支持方式等多个渠道向第三方市场合作提供融资支持。

四 开展金砖国家国际产能合作的政策建议

当前，利用我国优势产能，突出重点领域，推动国际产能合作，条件具备，机遇难得。各级政府与各类企业要善于抓住和对接境外需求，坚持创新合作模式，坚持市场导向和商业运作原则，更加注重质量信用品牌服务提升，更加注重装备标准技术管理共进，更加注重自身发展与造福当地并重，推动形成优进优出格局，促进新一轮高水平对外开放，为我国发展增添新动能、实现经济提质增效升级做出更大贡献。

"十三五"乃至更长时期，推进金砖国家产能合作具有十分重要的意义，既有利于促进国内经济发展和产业转型升级，也有利于推动新一轮高水平对外开放和增强国际竞争优势，还有利于深化与金砖国家互利合作。为深入实施金砖国家国际产能合作，调动政府、企业和社会力量三方面积极性并形成合力，防范合作风险，提高合作效益，提出如下对策建议。

（一）建立完善促进产能合作体制机制与支持服务体系

在新形势下，推进金砖国家产能合作需要政府深化改革，加强制度创新。尽快把对外投资体制从审批制转变为备案制为主、审批制为辅且落到实处，并在此基础上构建对外投资和国际合作的促进体制。中国政府要主动出面，尽快与有关国家达成投资保护双边和多边协定，积极参与多边投资贸易协定谈判和签署，使中国企业在金砖国家的投资更方便、更安全。推动与有关国家已签署的共同行动计划、自贸协定、重点领域合作谅解备忘录等双边共识的尽快落实。

要制定相应的促进与支持政策措施。包括：对公司开展海外投资与合作项目可以给予所得税优惠和关税优惠鼓励；制定相应的金融、保险促进与支持政策措施；制定相应的外贸和外援促进与支持政策措施；积极动员各方力量，搭建以政府为主体的跨国产能合作的信息平台与信息网络体系，如由商务部牵头在投资国设立专门的"中国驻外商业服务机构"，负责为中国对外投资企业和机构提供相关服务；研究建立跨国产能合作重大项目库，向相关企业提供境外项目信息。加强与相关国际组织的合作，优先与亚洲基础设施投资银行、金砖国家新开发银行和丝路基金等金融机构开展合作；等等。

从国际经验来看，会计师事务所、律师事务所、投资银行以及证券公司、征信、评级机构等中介机构在跨国产能合作中起着十分重要的作用。我国要加大支持力度，培育相关中介机构，并推动中资会计师事务所、律师事务所、投资银行以及证券公司、征信、评级机构等中介机构"走出去"，为中国企业"走出去"提供相关服务。

（二）坚持合作共赢，积极实施本土化策略

企业"走出去"，应做好东道国市场、行业、金融、法律、税务等方面的调查研究工作，面对东道国陌生的法律法规、经营习惯、劳工素质、人文环境等问题，若中国企业和人员直接出面处理，可谓困难重重，而若善用外部力量去解决，则事半功倍。要坚持合作共赢理念，重视与当地有实力的企业、经验谙熟的国际公司、相关金融机构等合作，对相关投资项目做出有针对性的系统分析与评估，从而达到规避政治风险、法律风险、经济风险、外汇风险、治安风险的目的。要增强企业社会责任意识，提高本土采购力度，尽可能地雇用当地员工，带动当地中小企业和配套产业发展，争取当地民众与社会舆论的支持。加强与相关国际组织合作，优先与亚洲基础设施投资银行、金砖国家银行和丝路基金等知名金融机构合作。同时，加大对海外项目安全、质量、环保等因素的投入力度，使企业声誉、信誉通过良好的安全记录和高质量的项目标准而得到提升。

（三）创新商业运行模式，提高产能合作经济效益

一是应当注重加大股权直接投资力度，获取境外资产的所有权或长期经营权，以长期稳定的现金流回报，自然对冲一些周期性风险（例

如：汇率、外国政府换届等）。股权安排要有流动性，以便满足企业或投资者的股权转让和退出需要。二是应当注重全产业链布局和资源整合，积极发挥协同效应和集群效应。譬如：应注重打造产业链联动的产融投资合作平台，关注多双边产业园区或自贸区建设，在做好项目总承包商的同时要努力成为项目业主，既带动上下游企业、国内大型成套装备"走出去"，也推动国内设计和技术标准、运营管理和人才走向国际市场。三是重大境外基础设施建设应积极推广公私合营的合作模式，既减轻外国政府提供主权担保的压力，也可推动国内企业参与股权投资和投后经营管理。四是应当尽快研究推广融资租赁的合作模式，在中国购买或生产制造大型设备，租赁给外国政府或企业使用，收取设备的使用费，以此来推动中国装备"走出去"。

建设高水平的境外经贸合作区。建议我国与相关国家进一步完善双边或多边合作框架，将税收、金融、产业、科技、人才、技术标准等方面列为政策协调的重点，争取促成一批含金量高、可操作性强的优惠政策，使高水平海外产业园区成为特殊政策的优先实施平台。总结提高中马"两国双园"建设经验，积极推进"两国双园"模式，以及"两国多园""多国多园"模式。

创新运用 PPP 模式开展基础设施投资和产能合作。中国企业要充分发挥资金、技术优势，积极探索开展"工程承包＋融资""工程承包＋融资＋运营"等方式的合作，有条件的项目更多采用 BOT、PPP 等方式。借鉴国开行在国内设立"城市建设基础设施平台公司"的成功经验，发起设立金砖国家基础设施投融资平台，由中资公司以美元和人民币投资、相关国家授权企业以矿产资源入股的形式，把相对高收益的资源产业开发与低收益的基础设施建设结合起来，解决基础设施项目建设周期长、回报低、融资难的问题，进而促进产能合作。

积极实施基础设施建营一体化。以往中国企业参与国际基础设施建设的主要业务是施工总承包或 EPC 总承包，不仅没有全面满足国际市场的需求，也使自己居于基础设施和产能合作价值链的底端，利润微薄。今后，要将"基础设施建营一体化"作为重点工作来推进。"基础设施建营一体化"，重点是加大生产性服务的投入，将以工程建设为主体的对外工程承包业务链前伸后延，提升中国企业在国际基础设施产业分工体系中的地位，进而在价值链体系中实现从"汗水建造"向"智慧创造"的转变。

（四）增强企业国际竞争力，培养和延揽国际化人才

在国际产能合作中，企业面临各种风险和障碍，如何在海外生存，关键要增强国际竞争力。日本跨国公司"母子工厂"体系为我国企业增强国际竞争力提供了一种可借鉴的思路。所谓"母子工厂"体系，就是将中国在金砖国家投资的产能作为承载一般产品和技术的"子工厂"，而将中国国内的工厂建设成为具有技术支援、开发试制、先进制造技术应用和满足高端市场需求功能的"母工厂"，通过"母子工厂"体系建设，既有序推进中国过剩产能的输出和转移，又通过提高本土的生产效率提升竞争能力，解决要素成本快速上涨的问题。

建立多元化海外用人机制，实施"中高级管理人才国际化，基层管理人才及操作人员本土化"的人力资源战略。中高级人才国际化即引进一些具有国际经营能力、熟悉国际运营模式的高级人才，利用外籍雇员的语言和管理经验上的优势，推动跨国产能合作。在中高级国际化人才的开发上，要采取内部培养和外部延揽两方面相结合措施。

（五）完善金融支持，形成多样化的金融支持体系

应加强国内金融政策资源的统筹安排和布局，解决金融机构各自为政的现状。抓紧设计包含对外援助、政府补贴、政策性金融、商业资本等在内的，最优的金融支持组合方案，降低整体融资成本，减少企业"走出去"的套利行为。抓紧推动并完善丝路基金、亚洲基础设施投资银行、金砖国家开发银行等多边金融机构的建设和运营。

企业融资能力直接决定国际市场竞争力。国际产能合作项目大都属于资金密集型，投入大、周期长，企业能否得到融资支持直接影响企业的投资决策。在项目初始阶段，由于前景并不明朗，企业资本金有限，能否得到股权融资就是企业投资考虑的重要因素；在项目推进阶段，企业直接或间接融资情况是保障项目顺利推进的血液；项目即将完成时，

项目资金退出又是决定企业最终收益的关键一跳，要保障这些环节高效运行，需要相对完善的金融服务支持。另外，优惠融资条件需要金融支撑体系才能实现。国际产能合作的金砖国家，大多财力有限，对利率高低、贷款额度、还款周期都比较敏感，优惠融资条件往往是国际产能合作项目谈判的焦点和成败的关键。要获得优惠的融资条件，必须有效利用国际国内两个市场、两种资源，综合发挥政策性、开发性和国际优惠贷款作用，实现不同资本形式、融资方式和金融市场之间的有效链接，这些都需要一个高效的金融服务体系。

金融创新需要以金融支撑体系为基础。金融服务包括融资投资、储蓄、信贷、结算、证券、保险、评估、征信和咨询等多个方面，这些领域相互关联、相互作用，金融创新也孕育在不同金融服务的交叉作用之中。推进国际产能合作，需要全方位的金融服务，还需要考虑不同国家的金融环境，情况更加复杂，需要更有针对性的创新思路方式，构建各方联动、信息共享的金融支撑体系就是培育创新动能的良好土壤。

要重点从以下五个方面构建金融支撑体系推进国际产能合作。

第一，发挥政策性、开发性金融的引领撬动作用。国际产能合作根本上是企业自发的市场行为，但由于涉及各国不同政治、文化、社会、经济情况，面临的不确定因素多、风险大，在推进初期进行必要的政策引领，有助于发挥我国外汇储备规模大、与金砖国家友好等独特优势。未来，政策性、开发性金融应继续在推进国际产能合作中发挥重要作用：一是将部分储备投向产能合作等实体经济领域，扩充主权投资基金，以资本金形式撬动大型示范项目，既提升资本的长期经营能力，也增强相关产业的综合竞争能力。二是以亚投行、国开行和进出口银行为领头金融投资机构进行战略引领，完善政策性、开发性金融与民间资本之间的利益分配机制，激发民间资本活力。三是完善 PPP（政府与社会资本合作）、合资、特许经营等合作模式，通过政策性、开发性金融为项目前期配置一定资本金，吸引民间资本参与投资，把政策性、开发性资本与民间资本更好地结合起来。

第二，发挥民间资本机制灵活的探索作用。我国基础设施大规模投资的时期已经过去，国内投资回报率趋势性下降，长期积累的大量民间资本迫切希望寻找回报率高的项目，应引导民间资本的探索需要，发挥其机制灵活、渠道广泛、资源丰富的优势，努力在海外寻找项目机会，鼓励其与政策性、开发性金融合作开发项目。一是结合混合所有制改革，支持民间资本与国有资本合作，鼓励以民间资本为主运营管理项目，国有资本、主权基金等可以投资人身份参与项目。二是鼓励龙头企业、金融集团等牵头产业链上下游企业组成产业联盟"抱团出海"，发挥不同领域企业的比较优势，共同开拓海外市场。三是鼓励民间资本参与海外信息、咨询、设计等领域投资，增强海外生产性服务能力，为资本和产业输出提供专业化、市场化支持。

第三，发挥商业银行的融资支持作用。要充分利用商业银行现有的海外网点资源和经营管理经验，尽快增强我国银行业对国际产能合作项目的融资支持能力。关键是要继续坚定不移地推进金融改革，加快利率、汇率市场化步伐，稳步放开资本项目管制，鼓励民营银行发展，鼓励银行业"走出去"，在国际竞争中提升行业竞争力。具体看，一是配合人民银行建设人民币跨境支付系统，加强东道国市场研究，与我国制造业企业一道"走出去"，加快布点海外市场，增加海外银行机构的商业存在。二是扩展海外银行机构业务范围，提升海外资产评估和授信能力，积极开展"外保内贷""内保外贷"等多种业务，使企业可以更方便地利用国内外资产融资，提高资产变现能力。三是顺应我国金融领域市场化改革的趋势，鼓励银行业开展"投贷结合"业务，发挥商业银行链接资本市场和实体企业间的桥梁纽带作用，鼓励商业银行与投资银行合作，提升海外金融资产经营能力。

第四，发挥综合金融服务的离岸保障作用。除了传统商业银行的融资支持外，还要发展证券、保险、信用担保、融资租赁、互联网金融等离岸市场，为国际产能合作提供综合性金融保障。一是在保险方面，要进一步加强出口信用保险的支持，引入市场化机制，降低保险费率，扩大保险范围，设计更加灵活的保险品种。同时，要鼓励商业保险机构"走出去"，开发针对性的商业保险，为海外人身、财产、项目建设提供保障。二是在证券业务方面，鼓励国内证券机构在海外重点国家建立分支机构，为企业提供全面的投资银行业务支持，为合作项目提供债权、股权等多种直接融资服务。三是在信用担保、融资租赁等业务方面，鼓励金融集团加大投入，可以与商业银行合作，为海外重资产项目提供配套服务支持。四是在互联网金融方面，利用网络"扁平化、无国界、快沟通"的优势，鼓励相关企业参与国际产能合作项目，主要为难以获得低成本资金的民间资本开发高风险溢价项目提供资金支持。

第五，发挥区域金融市场的货币融通作用。推进国际产能合作也是产业资本全球化配置的过程，需要有国际视野和开放心态，要配合好国家战略，也要利用好全球资源。一是配合人民币国际化战略的深入推进，鼓励国际产能合作项目人民币结算，充分发挥人民币跨境支付系统作用。在推进金融业双向开放中，大力发展人民币离岸市场，扩大海外主权债务规模，逐步构建更加市场化的人民币指数，为国际产能合作提供强有力的货币支持。二是在推进我国多层次资本市场建设的过程中，在我国股票交易市场中探索设立国际产能合作板块，鼓励开展国际产能合作的企业进行针对性的直接融资支持，在稳步提升我国企业融资能力的同时，也可以提升我国资本市场的全球影响力。三是与东道国联合建立完善的当地金融市场，为当地的合作项目提供直接融资支持，也可以加强我国金融市场与东道国的联系，提升我国金融控制力和影响力。

（六）加强对金砖国家的研究，降低产能合作风险

为应对和降低产能合作可能存在的各种风险，要加强对金砖国家世情、国情、社情、民情研究。科学评估投资风险，谨慎选择合作方，应作为金砖国家产能合作的前置条件。

当前我国正在加强智库建设。实施国际产能合作需要动员智库力量，加强对合作方政治、经济、文化、产业、环境等方面的分析研究，规划好产能合作方式，提升合作效率，为"走出去"实施产能合作科学决策服务。

注重发挥行业协会等中介机构的桥梁作用，政府可以借助行业协会的信息平台和沟通渠道，及时将对外产能合作的相关工作部署和政策信息准确传达给企业。另外，以协会联合企业的形式开展海外调研、数据

统计和形势分析，掌握行业产能规模和分布情况，并明确重点国家的市场需求和资源禀赋，为企业决策提供支持。

企业在发挥市场主体作用的同时，也离不开政府政策的支持，政府和市场需要有机衔接和配合，企业方能借国家政策的东风顺利出海。政府搭台帮助企业登台唱戏，组织各种会议，让中国企业家与外国政府主管官员和企业家见面，直接交换意见和建议，找到更多商机，鼓励中国的企业家在大型国际会议上培植人脉、推广品牌、参与有关规则的制订。

专题报告三　金砖国家投资贸易机制研究

一　金砖国家投资贸易机制建设现状与问题

（一）金砖国家相互贸易主要采取 WTO 机制，部分金砖国家针对其他金砖成员国过多运用反倾销、贸易壁垒等手段

金砖国家都是世界贸易组织（WTO）成员国，由于金砖国家间尚未建立更加自由的区域贸易安排、签订更加便利的相互贸易协定，因此目前金砖国家间的相互贸易仍主要采取 WTO 机制，在关税、贸易壁垒、争端解决等方面主要遵照 WTO 的有关规定。因此，各金砖国家之间的相互贸易并不享有较金砖国家与集团外国家贸易更多的优惠政策。相比欧盟、东盟、北美自由贸易区等自贸区而言，金砖国家间贸易的自由化、便利化程度还相对偏低。

由于 WTO 贸易机制给予发展中国家更大的特许权，以及 WTO 争端解决机制效率不高，部分金砖国家在与其他金砖成员国开展贸易时较为普遍地应用反倾销、贸易壁垒等手段。如印度、巴西对中国都存在较为突出的贸易摩擦与争端，其中印度对中国的反倾销调查最为严重，目前已成为对华开展反倾销最多的国家，涉及钢铁、化工、纺织等各个行业。俄罗斯、印度等在原产地规则、往来人员签证方面对我国也设置了一些贸易壁垒，对扩大中俄、中印贸易规模形成制约。

（二）金砖国家间并未建立特殊的投资制度安排，部分金砖国家有针对性地利用外资审查政策限制其他金砖成员国对本国投资

金砖国家集团并未签订整体的投资协定，集团各成员国之间也未签订两两的双边投资协定（BIT），因此金砖国家相互投资仍主要遵照各国外商投资的相关政策。由于各国对外商投资的友好程度、各国经济保护主义程度不同，金砖各国对外商投资的政策也大相径庭。总体来看，中国、巴西、南非的外商投资政策相对开放，印度、俄罗斯的外商投资政策相对保守。

同时，部分金砖国家对来自不同国家的外资采取差异化政策，如印度对欧、美、日资的接纳程度较高，对中国等国的外资较为保守。印度对华投资有较为严重的投资安全审查问题，印对外商赴印投资有自动获准和政府审批两种方式，大部分国家和行业的投资项目都可通过自动获准的绿色通道，但对来自中国、巴基斯坦、阿富汗、伊朗、斯里兰卡、孟加拉国六个"存在安全风险国家"的投资还主要采取政府审批方式，且审批方式流程不透明、审批时间没有限制，常以影响国家安全为由拒绝投资申请。这些相对保守和歧视性的外资政策限制了金砖国家间相互投资规模的扩大。

（三）金砖国家目前已建立金砖银行和应急储备机制两大金融机构，但产业金融领域的机制化安排还较为薄弱

2014 年 7 月，在巴西举行的金砖国家领导人第六次峰会上，决定成立法定资本为 1000 亿美元的金砖国家新开发银行。目前金砖国家银行已正式组建完毕并投入运作，主要定位于为金砖国家提供基础设施投融资服务。为应对国际流动性风险，金砖国家于 2013 年德班峰会上，共同达成建设 1000 亿美元应急储备基金的意向，目前应急储备基金已经成立并投入运作，主要定位于规避汇率急剧变化和外汇储备波动对金砖国家经济造成的冲击，防范各国国际收支危机或外汇危机。这两大功能性金融机构标志着金砖国家合作已从论坛式的务虚层面走向机制化的务实层面。

基础设施和应急储备固然是金砖国家金融合作的两个重点领域，但金砖国家间开展投资合作的最重要领域——国际产能合作目前尚无机制化、实体化的金融制度安排。目前金砖国家已通过在外银行分支机构贷款、重大项目政策性贷款、出口换贷款、采购换贷款等多种形式对一些重要国际产能合作项目提供了信贷支持。但总体看，这些方式仍然分散、零碎、不成系统，总体信贷规模也不大，远远难以满足规模巨大、前景广阔的金砖国家间国际产能合作的需要，亟须建立一个专业化、国际化、规模化的产业合作基金，对重大产能合作项目落地、吸纳财政资金和社会资金发挥支撑和引导作用。

（四）已初步建立起债券、证券、股票市场的合作框架，但总体规模仍然不大

2010年4月巴西金砖峰会上，中国国家开发银行、俄罗斯开发与对外经济活动银行、巴西开发银行、印度进出口银行签订了旨在为金砖国家经济技术合作和贸易发展提供多样化金融服务的《"金砖四国"银行合作机制备忘录》，这标志着金砖国家金融合作机制初步成立。2011年4月三亚金砖峰会上，中、俄、巴、印四国开发性银行及后加入的南非南部非洲开发银行又共同签署了《金砖国家银行合作机制金融合作框架协议》，提出要积极开展资本市场合作，包括发行债券、企业上市等。自此以后，金砖国家开始在债券、证券、股票等市场探索合作。如2011年，巴西证券交易所、莫斯科银行间外汇交易所、印度孟买证券交易所、中国香港交易及结算所、南非约翰内斯堡证券交易所成立联盟，将各成员交易所的基准股市指数衍生产品在各自的交易平台上互挂互卖，开发代表金砖国家的新股市指数相关产品。2013年，中国与南非储备银行签署了《中国人民银行代理南非储备银行投资中国银行间债券市场的代理投资协议》，俄罗斯政府和俄罗斯VEB银行也在2016年在中国内地发行人民币债券等。

金砖国家在债券、证券、股票市场合作可以为企业提供多元化的投融资渠道，十分有利于金砖国家间开展相互投资。但由于各国在跨国资金往来、跨国发行债券审批、企业跨国上市等方面存在较多的政策和壁垒限制，目前金砖国家间债券、证券、股票市场的合作总体仍停留在部

分典型项目上，规模较小，真正无障碍、便利化、自由化、大规模的金融合作尚未开展。

（五）金砖国家间已开始了货币互换和本币结算安排，但总体仍处于起步或待启动阶段

目前金砖国家间贸易仍主要采取美元结算，美元流动性、利率、汇率的变化极易对金砖国家间贸易产生冲击，为规避该风险，金砖国家间已开展了货币互换和本币结算。总体上看，由于中俄贸易量最大，本币结算运行时间也较早，已形成一定规模，其他金砖国家间的本币结算还处于起步或待启动阶段。早在2002年中俄两国本币结算就已开始试点运行，2010年人民币和俄罗斯卢布就已经开始相互挂牌交易，2011年中俄两国央行又签订新的双边本币结算协议，将本币结算范围由原来的边境贸易扩大到一般贸易。2014年，中俄两国签署《中俄关于全面战略协作伙伴关系新阶段的联合声明》，提出要继续扩大中俄贸易、投资和借贷中本币直接结算规模。2015年6月，俄罗斯石油天然气集团公司开始以人民币来结算石油出口。近些年来，中国与南非、巴西、印度之间的本币结算也在陆续启动。2006年开始，中国和印度在边境贸易中开始有一定量的本币结算，是人民币、美元和卢比并用。从2009年开始，中国和巴西之间也开始使用本币特别是人民币进行结算。从2010年开始，中国和南非之间的跨境贸易开始使用本币进行结算。除中国外的其他金砖国家的本币结算计划也在酝酿中。但总体上，金砖国家间的本币货币结算尚处于起步阶段，据估计其潜能利用尚不足10%，有很大的发展空间。

二　完善金砖国家投资贸易机制的总体思路

贸易投资是金砖国家合作的主要领域，当前金砖国家贸易投资合作主要受制于相关合作机制尚未建立或不健全、不完善，为推动金砖国家间相互贸易与投资形成规模，必须机制先行，形成有利于深化投资贸易的制度框架。

完善金砖国家投资贸易机制要坚持立足当前，巩固好已经取得的合作成果，已建设形成的合作机制要进一步充实完善；要坚持着眼长远，面向经济自由化、一体化的发展大势，共同努力提升贸易投资的便利化水平；要坚持统筹兼顾，充分照顾各金砖国家的利益诉求和关切；要坚持共商共建，对于各国的矛盾和分歧要坚持在对话、谈判和协商中解决，共同建设能够最大限度凝聚共识、能够极大程度团结各方利益的制度框架。

完善金砖国家投资贸易机制应具体着眼于四个方向：贸易领域以开展多种形式的自贸区建设和推进大通关制度为抓手，着力提升贸易自由化便利化水平；投资领域重点推进投资安全审查机制建设和重大建设项目机制建设，加快推进金砖国家双边和多边投资协定谈判；金融领域在巩固提升现有金融合作机制的基础上，进一步完善债券市场合作机制，共建金砖国家评级机构、产业合作基金、出口信用保险公司等若干新型金融合作机构；税收领域以推动签订多边税收协定为指引，力争在所得税征收原则、共同打击逃税、税基侵蚀和利润转移（BEPS）合作方面形成对接性制度安排。

完善金砖国家投资贸易机制要注意循序渐进。近期可聚焦贸易谈判、投资安全审查、债券市场开放、货币互换与本币结算等具体领域，力争在现有基础上，谈出一批实质性合作成果，形成务实合作机制；中期可抓住时机，推动各国共同筹建金砖国家信用评级结构、金砖产业合作基金、金砖国家出口信用保险公司等金融合作机构，在金砖银行和应急储备两大机制的基础上，进一步扩大合作增量；远期要共同推进金砖国家投资协定谈判和自贸区谈判，可以采取两国双边、三国或四国多边、五国多边同步推进的方式，互相促进，形成倒逼机制，最终建成金砖五国自贸区，未来也可考虑逐渐接纳新成员国，并与之开展自贸区谈判，将其纳入其中。

三 完善金砖国家投资贸易机制的具体方向

（一）贸易领域

1. 金砖国家合力推动 WTO 多哈回合进程

WTO 仍是全球最为重要的贸易体系和框架，是在金砖国家间贸易机制尚未完全建立和完善前，五国开展贸易合作的最主要平台。五国在多哈回合谈判中具有很多利益共同点和相似的发展诉求，通过结成联盟、捆绑利益，形成步调一致的战略和策略取向，携手推进多哈回合进程，符合五国共同利益。金砖五国应积极支持 WTO 在多边贸易体制中的核心和基石作用，推动世界各国以尊重发展授权原则、锁定多哈已有谈判成果、采取一揽子谈判方式的基础上结束多哈回合，彻底解决以往谈判回合遗留的发展赤字和利益诉求无法弥合的问题，增强金砖五国在 WTO 中的影响力和话语权，更好地发挥 WTO 在金砖国家经贸合作中的基础性作用。

2. 相互督促各国提高本国开放程度和对外经济开放水平

金砖国家总体投资贸易便利化水平不高，在全球普遍处于较为靠后水平，特别是印度、俄罗斯等国对外商投资还有很多限制政策，对货物进口还存在较多贸易壁垒，推进本国开放型经济水平提升是深化金砖国家投资贸易合作的基础，合作要从做好自己的事情开始。金砖五国应相互督促各国进一步提升本国经济开放程度，在 WTO 的基础上进一步削减贸易关税，取消各种不合理的贸易保护和贸易壁垒，取消对外资的各种歧视性和限制性政策，提升金融流动的便利化程度，等等。如果各国对全面放开国内经济保护存有疑虑，可先从对金砖国家内部开放做起，形成针对金砖国家集团的差异化开放制度安排。

3. 推动开展金砖国家自贸区谈判

自由贸易是全球经济发展的大趋势，尽管当前全球化进程遭遇逆风，TPP、TTIP 等大型自由贸易区被废除或停摆，跨国大型自贸区建设进入一个停滞期，但长期来看，逆全球化之风将会过去，自由贸易仍然是世界经济发展的主流。金砖国家均被 TPP、TTIP 等大型自贸区排除在外，当前金砖国家应趁 TPP 和 TTIP 暂停之期抓紧合作启动金砖国家自贸区谈判，提早进行战略布局。如果金砖国家自贸区能够建成，在人口规模、经济规模、经济潜力和活力等方面完全可以和 TPP、TTIP 相匹敌。一旦未来美国重新启动 TPP 和 TTIP，金砖国家自贸区是金砖国家保证自身不被世界经济潮流排除在外、保障各国在全球经济利益的主要平台；即便未来美国不会启动 TPP 和 TTIP，金砖国家自贸区也是增强金砖国家全球竞争力和影响力，形成相对发达国家集团先发优势的重要机制。由于各金砖国家经济开放程度不同、对各行各业的具体诉求也不尽相同，开展金砖国家自贸区谈判具有一定复杂性，但当前可从标准较低的金砖国家自贸区 1.0 版开始谈起，最大限度地凝聚共识，形成早期收获，随后逐步提高谈判标准，进一步聚焦敏感领域，打造开放程度的更高的 2.0 版甚至 3.0 版，循序渐进把金砖国家自贸区推向落地。

4. 推动金砖国家开展两两自贸区谈判

在推动开展金砖国家自贸区谈判的同时，可同步开展金砖各国内部两两之间的双边自贸区谈判。目前，中国已与东盟、瑞士、新加坡、巴基斯坦、澳大利亚、新西兰、韩国、秘鲁、智利、冰岛等国家开展了双边自贸区谈判。中国在双边自贸区建设方面经验丰富，未来应在金砖集团中发挥表率和示范作用，要加快启动中印、中俄、中巴、中南等各双边自贸区谈判，同时也鼓励俄、印、巴、南四国间开展双边自贸区谈判，以双边自贸区的达成来促进多边自贸谈判的对接，形成以金砖国家自贸区为统领、各国双边自贸区为支撑的金砖国家自贸区网络体系。

5. 各国在国内选择部分地区建设自由贸易开发特区并建立特区对接机制

目前中国已在上海、广东、福建、天津等地开展了一批自由贸易区建设试点，实际成效明显，在开放型经济管理方面取得了丰富经验。中国可将自由贸易开发特区建设的试点经验向其他金砖国家分享，欢迎金砖各国结合自身国情，在国内选取一些园区、开发区或专门划定一片地区，开展自由贸易开发特区试点，先行先试实行高标准自由贸易规则和负面清单投资管理方式，搭建新的开放平台，各国自由贸易开发特区之间实行对等开放、制度对接，这对于各国逐步探索适合自己的开放模式、提升开放型经济管理水平具有重要意义。

6. 推动金砖国家自贸区建设与多种地区合作机制对接

除金砖国家机制外，金砖各国也在推进其他各类开放性地区机制建设，要推动金砖国家自贸区建设与这些机制进行对接。如推动金砖国家自贸区与"一带一路"对接，俄罗斯、印度分别位于中蒙俄和孟中印缅经济走廊上，是"一带一路"沿线重要成员国，中俄、中印自贸区建设可与"一带一路"经贸合作机制结合起来。要推动"一带一路"与中非合作机制、中国—南美合作机制对接，把南非和巴西也纳入"一带一路"合作中来。推动金砖国家自贸区与俄罗斯欧亚联盟、印度"季风计划"对接，满足俄印两国区域经济合作诉求。推动金砖国家自贸区与区域全面经济伙伴关系（RCEP）、南亚区域合作联盟、环孟加拉湾经合组织、南部非洲发展共同体、南方共同市场等区域经贸合作计划对接，进一步扩大金砖国家自贸区的市场空间和经济影响力。

7. 建立金砖国家大通关制度

金砖各国应以一体化通关为重点，改革海关监管体制，优化作业流程，合作建立金砖国家大通关机制。各国海关应加强信息互换、监管互认、执法互助合作及检验检疫、认证认可、标准计量、统计信息互认。应推进建立统一的全程运输协调机制，推动口岸操作、国际通关、换装、多式联运的有机衔接，形成统一的运输规则，达到"一次通关、一次查验、一次放行"的便捷通关目标。加强沿线国家出入境管理和边防检查领域合作，积极开展扩大双向免签范围谈判，方便沿线国家人民友好往来。对以跨境电子商务、数字经济为代表的 E 国际贸易，金砖国家应共同探索通关监管方式创新，促进金砖国家间新经济、新贸易、新业态的发展。

（二）投资领域

1. 敦促个别国家放松投资安全审查政策

金砖国家对外资开放程度相比发达国家偏低，特别是个别金砖国家还存在较为突出的安全审查限制，对其他金砖国家投资采取歧视性政策，这十分不利于金砖国家开展合作。建立公开透明且非歧视的投资制度是金砖国家开展投资合作的前提，金砖国家应共同敦促个别成员国放弃针对其他成员国的歧视性政策，以开放的心态、积极的态度、主动的作为把多边投资合作推向深入。

2. 共同制定金砖国家投资合作规划

金砖国家投资合作是一项庞大复杂的系统工程，为推进投资合作有序推进，必须规划先行，金砖各国应尽快启动投资合作规划的编制工作。规划编制要坚持求同存异，充分尊重每个国家的意见和建议，通过沟通协调解决意见分歧；要坚持权责明确，明确各国任务分工，重大投资建设项目要明确建设任务、建设主体、建设工期、投资方式；要坚持有序推进，率先推进一批关键通道、关键节点、关键领域的重大项目，形成示范效应和全局带动力。在金砖国家总体投资规划的基础上，各国可在交通、能源、金融、科技、文化等领域共同制定专项投资规划，丰富规划层级，细化规划内容。金砖各国可根据"一带一路"总体规划和专项规划，共同开展行动方案编制工作，明确落实投资的时间表和路线图。要建立对金砖国家投资合作总体规划、专项规划、行动方案的动态评估机制，每隔两至三年对上一阶段的规划执行情况、建设进展进行科学评估，及时总结经验、发现问题，并对规划和实施方案进行一定程度的修编和调整。

3. 共建金砖国家重大投资项目储备库

重大项目是金砖国家投资合作的重要抓手，金砖各国应共建重大项目储备库，将重大交通、能源、通信、文化、民生、国际援助及国际产能合作等各领域的重大项目囊括其中，使其成为金砖投资合作项目选择的主菜单。项目入库可采取提案制，各国可单独提出或多国共同提出重大项目入库申请，经专业机构前期论证和科学评估后可进入项目库。库中项目应成为金砖合作的优先扶持项目和重点推介项目，项目库可向金砖开发银行、亚洲基础设施投资银行及各国政策性金融机构开放，政策性资金优先向入库项目倾斜。重大项目储备库将采取滚动实施机制，项目开工一批、谋划一批、储备一批，逐年进行调整，并要定期对重大项目建设进展、经济效益、社会效益等情况进行评估，对多次未通过评估的项目要从项目库中剔除。

4. 推动金砖国家签署一批投资合作和产能合作备忘录

为进一步务实推进金砖国家投资合作，各国应进一步加强双多边合作，开展多层次、多渠道沟通磋商，积极签署合作备忘录，围绕编制对接规划、共建重大项目、开展国际交流等方面形成文件并推动落地，对各方认可、条件成熟、前期工作扎实的重大项目和合作议题抓紧启动实施，尽快形成一批标杆性工程和典型合作示范项目。中国可作为金砖国家投资合作的排头兵，与其他金砖国家围绕金砖投资合作积极磋商合作并签署合作备忘录，率先投资建设若干金砖合作重大示范工程，为各国开路搭桥、摸索经验，推动金砖国家投资合作早日开花结果。

5. 开展金砖国家双边和多边投资协定谈判

为推动金砖国家间投资市场相互开放、进一步放开投资限制政策、保证相互间投资安全，金砖国家应共同推动投资协定谈判。金砖国家投资协定谈判有三条路径：一是开展两两间的 BIT 谈判，中国可作为牵头国家，率先启动与其他四国的谈判进程，重点是对外商投资较为敏感的印度和俄罗斯两国；二是五国整体开展投资协定谈判，当前国际投资规则的区域主义特征越来越明显，五国整体投资协定谈判影响力要远大于双边 BIT 谈判，能够最大限度地保证金砖国家之间投资规则的一致性，减少各缔约国在履行协定义务时因条款定义或适用范围等规定方式不同所造成的困扰，但五国整体谈判难度很大，预计谈判进程较慢；三是在前两条路径基础上较为折中的一条路径，由五国中相对容易达成意向的三国或四国率先开展多边投资协定谈判，谈成后再考虑将其他立场不宜松动的两国或一国加入进来，与已谈成的三国和四国整体开展谈判，该方式会避免较为封闭保守的个别金砖国家拖累金砖国家整体投资协定谈判进程，同时又较两两 BIT 谈判协定更具影响力。

（三）金融领域

1. 推动金砖各国国内金融改革与国际接轨

金砖国家总体金融开放程度不高，普遍落后于发达国家金融开放水平，金砖各国深化金融领域合作客观要求各国必须深入推进金融领域改革，在本币国际化、资本流动性、债券期货股票市场开放、汇率利率自由化等方面实现与国际接轨，在此基础上，金砖各国进一步密切金融联系，创造较国际水平更高的集团内金融制度安排。同时，如果各国觉得金融领域全面直接开放的风险比较大，也可以在金砖国家内部面对其他金砖国家先行开放，做压力测试，削弱全面开放风险。

2. 进一步发挥好金砖银行和应急储备机制两大金融机构的作用

金砖国家联合成立的金砖国家开发银行和应急储备机制是金砖国家合作走向实体化的重要载体，在推动"南南合作"、加速国际金融格局多极化方面具有重要意义，未来要进一步发挥好这两大机制的重要作用。金砖国家银行要进一步发挥好"为金砖国家以及其他新兴市场和发展中国家的基础设施建设、可持续发展项目筹措资金"的功能，制定更适合发展中国家的优惠贷款政策，以金砖国家经济发展和改善民生为原则制定贷款标准，不设置强制性政治附加条件，使新兴经济体和发展中国家可以通过新的金融平台和机制，享有更多平等民主地获取资金的权利，从而减少新兴国家和发展中国家对旧有国际金融体系的单向依赖。应急储备机制不仅是金砖国家联合应对国际金融风险、构建共同的金融安全阀的需要，也是对现有全球金融安全网的补充和强化。未来要进一步发挥好金砖国家金融稳定器的功能，增强金砖国家共同抵御风险的能力，同时加强与欧洲稳定机制、清迈倡议多边化机制等全球重要稳定机制的合作，共同预防和缓冲可能发生的金融风险。

3. 建立金砖国家债券市场合作机制

金砖国家投资合作不能缺少五国债券市场合作，债券市场是金砖国家获取投融资资金的重要渠道。要推动金砖国家间债券市场相互开放，金砖国家可以在本国债券市场上引进合作对象国的投资者，发行双边本币债券进行融资。满足一定规模、盈利、企业性质的成员国企业和相关项目承担主体都可以通过发行债券来向本国和其他四个成员国融资，允许符合条件的其他金砖国家公司通过发行股票或存托凭证在本国交易所上市，金砖五国可共同在各成员国或外部国家发行金砖债券，建立金砖国家债券基金，帮助五国共同开展投资合作获取资金。

4. 共同建立金砖国家评级机构

金砖国家应共同合作建设信用评级机制，目前国际信用评级话语权基本掌握在发达国家手中，评级机构通过不透明的评级过程和简单结论就能控制其他国家的融资成本和资金流向，这实际上反映着发达国家在金融领域的霸权。由于金砖国家整体的市场规模和国际影响力，可以考虑共同研究建设能够与发达国家相抗衡的国际评级体系，研究与金砖国家国情相适应的评级标准和方法，提高金砖国家投融资机构和证券信用评级水平，降低投融资成本，保证金砖国家自身利益。

5. 进一步推行人民币结算和货币互换

金砖国家内部贸易规模较大，且增速较快，应共同研究推动内部贸易本币结算，改变美元结算现状，既有助于削弱美元汇率变化对金砖国家造成的经济波动风险，也有助于将铸币税留在金砖国家内部。中国是金砖国家内部贸易规模最大的国家，特别是中国从俄罗斯、巴西大量进口石油、大豆等大宗货物，开展本币结算将使中国获益巨大。特别是在金砖各国货币中，人民币国际化水平最高，最具有结算条件，应积极推动金砖国家贸易使用人民币结算，要将金砖国家本币结算和人民币国际化挂起钩来。近期，由于中国对其他金砖国家贸易大量顺差，其他金砖国家并不掌握大量人民币储备，应积极推动人民币与其他金砖国家开展货币互换，增强人民币在金砖国家集团内的流动性，鼓励各国增大人民币纳入储备篮子的比重，推动金砖国家内部摆脱对霸权美元的依赖。

6. 研究组建金砖产业合作基金

我国在推进"一带一路"建设中，分别组建了亚洲基础设施投资银行和丝路基金两大金融机构，其中亚投行主要侧重于为"一带一路"沿线国家基础设施建设提供投融资服务，丝路基金主要侧重于为"一带一路"沿线国家提供产能合作服务，二者定位有所差别。金砖国家投资金融合作可效仿这一模式。目前金砖国家间已共同组建了金砖国家新开发银行，主要为金砖国家基础设施建设提供投融资服务，未来可探索组建金砖产业合作基金，主要服务于金砖国家间产能合作。该基金既可由金砖五国共同出资，采取国际化投资运营方式，由五国根据投资额、投票权共同决定资金使用，也可由我国单独出资，以更好地引导当前我国产业对外转移，使我国在金砖国家产能合作中发挥主导作用。

7. 组建金砖国家出口信用保险公司

为进一步规避贸易风险，可研究由各金砖国家的政策性出口信用保险公司巴西担保机构、印度出口信用担保公司、南非出口信用担保公司、俄罗斯出口信用与投资保险署和中国出口信用保险公司共同组建金砖国家出口信用保险公司，由五国政策性出口信用保险公司代表各国政府分别出资入股。该公司侧重对金砖集团内部相互贸易提供保险服务，提高内部贸易的风险防控能力，同时倒逼各国降低风险水平。该公司也可向金砖国家与集团外其他国家贸易提供保险支持，但应主要侧重于具有战略性的大规模和大宗贸易。

8. 加强金融监管合作

当前国际金融监管领域的制度缺失较为严重，金砖国家必须在金融监管领域加强合作，共同提高金融监管水平。要努力推动金砖国家金融监管体系对接，推进各国金融监管机构的合作，共同应对可能出现的不良风险。金砖国家应合作建立宏观经济与金融市场监测机制，加强资本流动监测力度，进一步巩固国际金融安全网，谋求共建货币政策、财政政策对话平台，扩展各国货币政策空间。建立五国金融监管联席会议制度，完善监管手段，提高市场与产品透明度。在巴塞尔委员会，金砖国家也应以一个声音说话，提高金砖国家在国际规则制定领域的话语权。

（四）税收领域

1. 推动金砖国家共同签订多边税收协定

在税收协定方面，金砖五国都有比较广泛的税收协定网络。中国已经和101个国家和地区签订了双边税收协定或安排，印度与95个、南非与74个、俄罗斯与80个、巴西与30个国家和地区签订了双边税收协定。金砖五国各自签署的税收协定并非完全使用OECD税收协定范本和注释，五国所签订的税收协定有一些条款具有相似性，如常设机构条件、限定所得税最高税率、特许权使用费等，但也有很多不同之处，未来金砖国家可共同开展谈判，力争拟定并签署一个统一的多边税收协定，为金砖国家内部跨国投资创造便利。

2. 共同推动所得税由属地原则调改为属人原则

对金砖国家而言，企业和个人的海外所得回流国内构成了海外投资的重要组成部分，但当前金砖国家的所得税制度安排并未有利于海外所得回流。金砖五国的所得税制度安排都采取了属人原则，对本国居民纳税人就其全球范围内的收入进行征税，由于目前金砖国家所得税税率偏高，其居民往往需要就其海外收入回到母国按照差额补税，这会打击金砖国家纳税人将海外收入投回本国的积极性。目前，OECD 的 34 个成员国已有 26 个采用了属地原则收取所得税，即仅对来源于本国境内的所得征税，十分有利于海外资金回流。金砖五国应效仿这一模式，共同开展所得税从属人原则调改为属地原则，如调改过程复杂、周期较长，各国可对其他金砖成员国先行使用所得税属地征收方式，或重新签订避免双重征税协定，在其中规定本国和海外国的所得税可以抵扣并免征差额部分。

3. 金砖国家共同建立打击逃税的制度安排

税基侵蚀和利润转移（BEPS）是金砖国家开展投资贸易与税收合作的一个关键问题。金砖五国在开展 BEPS 合作时，一方面考虑通过税收立法和税收征管来保护本国税基，另一方面也要考虑如何通过信息共享、制度对接保证企业在开展跨国经营时不会因制度衔接的漏洞而逃税漏税。开展 BEPS 合作最重要的是要实现信息的充分共享，目前金砖五国都加入了"税务透明和信息交流问题全球论坛"，也都签署了《多边税收征管互助公约》，这为五国开展税务信息交换奠定了政治基础，未来要进一步加强实践合作，共同打击逃税漏税及不合理避税行为。

4. 在金砖银行设立专门的税收问题研究部门

税收问题涉及领域十分广泛，对跨境投资乃至各国经济发展均具有十分重要的影响，必须共同开展前期深入研究。金砖国家可在金砖国家开发银行中常设一个税收问题研究部门，对各国税务征收、财务制度、税制改革影响等问题共同开展研究，定期发布研究成果，为金砖国家拟定多边税收协定，推动金砖国家税务体系相互匹配，形成有利于各成员国相互投资与贸易的制度设计。

专题报告四 金砖国家公共产品提供机制研究

当前，随着国际金融危机治理的深化，世界经济运行模式以欧美依托金融加杠杆消费、以中国为核心的东亚依托廉价劳动力生产、广大发展中经济体提供能源资源的大三角模式向欧洲、北美和东亚三足鼎立模式持续转化。因全球产业链、价值链、商品链等国际链条体系的紊乱，特别是信息技术革命的推动，国际社会和经济体内部张力持续增大。以国际规则创设及掌控、运用和阐释为核心的全球治理不同模式的竞争开启大幕。作为国际体系的新兴力量，金砖国家要通过合作机制的建设参与全球治理变革。

一　当前全球公共产品提供机制的现状

公元 1500 年以来，随着工业化和全球化的深入发展，全球各个经济体日益形成"你中有我、我中有你"的格局，全球体系逐步形成。其间，全球治理机制也经历了国联和联合国两大全球主导治理机制的变迁，不断适应变化了的国际体系。当前，随着科技革命的深入发展和全球发展不平衡规律发挥作用的日益深化，全球体系飞速发展，全球治理机制也要随之调整。

（一）现行国际治理体系

现行全球治理体系是二战后在当时国际力量对比的基础上形成的体

现西方国家利益的全球治理体系。二战之后，西方世界的全球治理机制大体是按照美国的设想建立的。当时，美国的经济实力在西方世界占据绝对优势，也是西方世界公共产品的主要甚至唯一提供者。不但联合国、世界银行、国际货币基金组织等主要全球治理机构创设时的组织架构、所在地、授权状况等悉由美国所掌控。[1] 凭借超强的综合国力，美国不但否决了凯恩斯提出的国际金融体系方案而代之以美国财政部怀特提出的国际金融体系方案，还主导了关贸总协定和世界贸易组织的建设，使得这些战后全球治理体系实实在在地体现了以美国为首的西方国家的意志，并维护了其利益。

战后构建的国际治理体系是以联合国为中心的国际安全治理体系和由布雷顿森林体系组成的世界经济治理结构两部分组成的国际治理体系，具有两个突出特点：一是国家中心治理模式。主权国家是基本治理主体，在涉及共同利益的问题上，主要靠主权国家间的协商、谈判与合作。这是一个以大国协调为中心、中小国家共同参与的治理模式。二是治理呈现"中心—外围"结构。发达国家处于治理的"中心"，是"治理者"，而发展中国家则位于"外围"，是"被治理者"，发达国家通过主导国际规则的制定和解释来维护自身利益。[2]

随着科技革命推动的"颠覆性创新"和世界经济发展不平衡规律作用的发挥，全球主要力量对比越来越呈现扁平化趋势；气候变暖、网络安全等全球性新问题的不断出现，新的治理主体和治理方案不断出现，导致全球治理体系治理效率越来越低，全球治理变革已势在必行。

---

① 参见 Richard Peet, Unholy Trinity: The IMF, World Bank, and the WTO, London: Zed Books, 2003, pp. 37 – 38; Robert Hunter Wade, "US Hegemony and the World Bank: The Fight over People and Ideas," *Review of International Political Economy*, Vol. 9, No. 2, 2002, pp. 215 – 243; Ngaire Woods, "The United States and the International Financial Institutions: Power and Influence within the World Bank and the IMF," in Rosemary Foot, Nell McFarlane and Michael Mastanduno, eds., US Hegemony and International Organizations, Oxford: Oxford University Press, 2003, pp. 92 – 114。

② 卢静：《当前全球治理的制度困境及其改革》，《外交评论》2014 年第 1 期，第 109 页。

（二）现行全球治理已现"失灵"迹象

第一，全球安全治理"失灵"日趋明显。一是全球安全治理出现了越出联合国安理会体制的现象。战后初期，世界很快进入两大阵营对峙的冷战格局，以安理会为中心的全球安全治理体系试运行相对成功。例如，1950 年，面对朝鲜半岛上的安全威胁，美国是通过运作安理会促使联合国通过"在军事上给韩国以必要的援助"的提案，组成"联合国军"，打着联合国的旗号处理朝鲜半岛危机。战后安排也是在联合国框架下进行的。整个冷战期间，由于美苏两国都能有效约束自己阵营的"小兄弟"，除由美苏两国挑起的战争之外，全球安全形势相对较好，全球安全治理有效，全球安全态势的管理几乎没脱离联合国安理会的框架。冷战结束之后，苏联解体，美国成为唯一超级大国，"单边主义"倾向急剧抬头，脱离联合国授权的倾向出现。伊拉克战争、59 枚导弹空袭叙利亚等都未经联合国安理会授权，都是脱离现有国际安全治理框架的处置。二是全球安全管理的理念逐步回归"离岸制衡"的治理理念。假如全球安全治理体制建立之初的治理理念还是世界政府的全球治理理念的话，此后则逐步让位于"丛林法则"时代的"离岸制衡"理念。当前，美国在亚太对中国的围堵，在中亚西亚地区的安全治理，在欧洲方向上对俄罗斯的围堵无不体现出地缘政治的全球安全治理思维。这个思维拉一方、打一方，维持对立双方势力的势均力敌，不仅无法最终解决当地的冲突，还把这个地区的人民长期置于战争的火海之中，而充当这个平衡手的国家则不仅可以通过对双方的军火生意而大发战争财，还因远离战场而安享和平红利。正因为这种全球安全治理思维和美国军事的超强地位，使得全球安全形势不断恶化，热点越治越多，治理"失灵"是显而易见的事实。

第二，全球金融治理"失灵"日趋明显。二战后的国际金融治理机制因设计缺陷而在"失灵""调整"、"再失灵""再调整"中演进。一是战后初期至 20 世纪 70 年代中期，黄金定值的布雷顿森林国际金融体系逐步走向崩溃，国际金融市场动荡。由于"黄金与美元挂钩，各国货币与美元挂钩"的"双挂钩"布雷顿森林国际金融体系存在天然的

"特里芬难题"缺陷。在发展不平衡规律持续作用下，加之美国深陷战争泥潭，美国经济国际竞争力锐减，贸易逆差导致黄金储备几乎消耗一空。这导致美元货币危机不断，国际金融市场危机四伏，国际金融体系不断做出修正性调整，如"黄金总库"方案、黄金价格双轨制方案等。但最终还是导致美元与黄金脱钩，各国货币也与美元脱钩，布雷顿森林国际金融体系因两大支柱倒塌而治理完全"失灵"，不得不解体，被浮动汇率制的牙买加国际金融体系取代。二是牙买加国际金融体系下，美元货币政策会导致外围经济体经济与美国经济呈现衰退与繁荣有规律的交替震荡现象。在牙买加国际金融体系下，由于石油美元结算协议的产生，美元在国际金融市场中的份额急剧扩大，形成独大的市场格局。牙买加国际金融体系本质上是美元垄断国际金融市场的寡头货币市场体系。在这种美元寡头货币体系下，失去市场制约的美元对国际金融市场具有无与伦比的影响力。当美元进入降息周期时，外围经济体因美元流入而饱受通胀之苦；当美元进入加息周期时，外围经济体因美元回流美国而导致市场资金紧张，甚至因资金链断裂而爆发经济危机。仅 1990 年以来，世界范围内就先后发生了亚洲金融危机、美国次贷危机、国际金融危机、欧洲主权债务危机等影响巨大的经济危机。更为重要的是，由于外围经济体的金融脆弱性特点，在总体表现为长度约为 10 年的贬值周期和长度为 6 年的升值周期交替的美元指数周期中，外围经济体辛苦积累的资产总是被国际资本在高抛低吸中"剪羊毛"，形成当前牙买加国际金融体系人人痛恨但难以治愈的痼疾。20 世纪 70 年代，美国前财长约翰·康纳利指出："美元是我们的货币，却是你们（世界）的问题。"这形象地描绘了资本跨境流动对全球金融市场的影响之大。这也体现出牙买加国际金融体系的巨大不公平性，增加了国际社会贫困治理的成本。"2008 - 2009 年全球经济危机暴露了金融市场运作的体制性失效以及经济决策核心的严重缺陷。"① 现有国际金融体系下，国际金融危

---

① 联合国经济和社会事务部：《2010 年世界经济与社会概览：重探全球发展之路》，2010 年，联合国官网，http：//www.un.org/esa/analysis/wess/wess2010files/overview_ch.pdf。

机的周期性爆发意味着外围广大发展中经济体难以保护自己的金融经济安全，现有国际金融体系全球治理的机制性"失灵"。

总之，虽然当前全球金融治理体系已经采用自由市场机制，但因市场极度不均衡而依然处于治理"失灵"状态。美元在牙买加体系下的份额过大以致形成寡头市场，无法有效形成市场均衡，使美元成为脱缰的野马而随意超发，导致当前全球金融治理效率低下，乱象丛生，几近"失灵"。

第三，全球贸易治理"失灵"日趋明显。一是世界贸易治理机制产生过程中一直存在权力配置不均衡问题，全球贸易治理天然"失灵"。世界贸易组织前身是关税与贸易总协定。1944 年 7 月举行的布雷顿森林会议已经提出设立全球性贸易组织的设想。1946 年 2 月，联合国经社理事会呼吁召开联合国贸易与就业问题会议，起草国际贸易组织宪章，推进世界性关税削减谈判。10 月，筹备委员会召开会议审查美国提交的"国际贸易组织宪章"草案。与会各国同意，在"国际贸易组织"成立之前，先谈判削减关税和其他贸易限制问题，起草国际贸易组织宪章。1947 年 4 月至 7 月，筹委员会召开大会，讨论关税谈判问题，修改"国际贸易组织宪章"草案。1947 年 10 月底，包括美国在内的 23 个国家在日内瓦签订"关税及贸易总协定"。1994 年 4 月，关贸总协定部长级会议决定正式成立世贸组织，取代关贸总协定。1995 年 1 月 1 日，世界贸易组织正式成立。由于生产资源跨境在更大范围内组合为经济效率提高奠定了基础，关贸总协定和世界贸易组织确实推动了全球经济一体化和经济全球化，极大增加了人类社会的财富总量，推动了全球经济社会的繁荣。但是，从全球贸易治理机制的形成过程来看，发达经济体一直是该机制的主导力量，外围经济体力量处于被唤醒的过程之中。所以，现行全球贸易治理体系更多体现了发达经济体的利益，而忽视了发展中经济体这个"沉默的绝大多数"群体的利益，天然具有"失灵"的性质。二是发达经济体一再利用规则制定权捞取战略经济利益致使全球贸易治理面临"失灵"局面。在推动全球贸易发展、规范全球经济和贸易秩序的治理过程中，外围经济体在 GATT 和世界贸易组织市场开放谈判中作用很小，处于严重弱势地位，国际贸易谈判形成的规则和协议，更多体现了主导国的利益，且责任模糊。这制约了世贸组织共赢性博弈功能的有效发挥，推动全球贸易治理机制走向"失灵"。GATT 成立之初，美国凭借自身世界独一无二的强大经济实力，出于快速扩大对外贸易以消化国内过剩产能的需要，打着"贸易自由化"的旗号，积极倡导并建立了尽可能对外开放的多边贸易政策框架，极大地推进了美国货物对外贸易的发展。20 世纪 80 年代，随着自身服务业的快速发展，美国扩大服务贸易的需求快速增加，迫切需要在 GATT 框架内形成有利于美国的贸易规则，在 GATT 框架内按照货物贸易的自由贸易一般原则打造服务贸易规则。在此后的"乌拉圭回合"谈判中，美国极力推行服务贸易自由化，并如愿以偿地签署了《服务贸易总协定》（GATS）。在 GATS 确定的有利的服务贸易规则和原则支撑下，美国服务贸易快速发展。到了 1999 年，美国服务贸易进出口额都位列世界第一。20 世纪 90 年代后，随着外围经济体工业化的推进，传统工业品的生产能力不断提升，挟劳动力成本优势的外围经济体劳动密集型产品对美国传统工业品生产形成冲击，还由此导致美国相关产业工人失业问题突出。在一般贸易规则已成定局的情况下，一向提倡自由贸易的美国却利用议题引领权玩起了隐性贸易保护主义。1999 年，西雅图"千年回合"谈判一开始，美国打着保护劳动和环境的旗号，提出各贸易国必须达到美国的劳工和环境标准，否则美国将不进口其产品。虽然这次贸易保护主义博弈因广大发展中国家的抵制而泡汤，但发达国家根据自己利益的需要来设置贸易规则的用心是显而易见的。无独有偶，世界贸易组织 2001 年 11 月启动多哈回合谈判围绕约 20 个议题展开谈判，农业和非农产品市场准入是最关键也是分歧最集中的两个议题，发达经济体力图通过实施巨额农业补贴和高关税壁垒保护自身农业利益，大幅挤压发展中经济体农业发展空间。由于双方互不相让，原定于 2005 年 1 月 1 日前全面结束的多哈谈判至今没有结束，谈判长期陷入僵局，看不到前景。[①] 可见，国际贸易治理领域，发达经济体一直把持着规则制定权，主导了国际贸易规则的建立与变革，利用规则制定权为自身捞取战略经济利益。借国际机制的解释权

---

① 案例参阅：卢静：《当前全球治理的制度困境及其改革》，《外交评论》，2014 年第 1 期，第 111－112 页。

滥用全球治理的权力来保证自身利益的最大化，本质上是把全球治理机制这种公共产品私有化。随着经济实力的快速发展和觉醒，外围经济体越来越自觉地参与规则谈判，利用规则谈判维护自身利益，贸易谈判制定贸易规则环节出现了僵持局面，使得全球贸易治理机制出现全球贸易规则制定环节的"失灵"，并引发国际贸易发展困境。三是贸易保护主义盛行，使全球贸易治理效率越来越低，走向"失灵"。在现有技术平台上和贸易规则条件下，随着全球市场容量几乎开发殆尽，形形色色的贸易保护主义不断出现，规模日益增大。当前，贸易保护主义手段由关税转到非关税措施，报关手续干扰、绿色环保标准、苛刻的技术标准、汇率变动、知识产权、卫生检疫规定、反倾销、反补贴、劳工标准、差异性国内消费政策、进口限制、反倾销和反补贴措施、自动出口限制、歧视性政府采购、技术和卫生标准等形形色色的保护名目不一而足。据英国经济政策研究中心发布的《全球贸易预警》报告显示，2008～2016年，美国对其他国家采取了600多项贸易保护措施，仅2015年就采取了90项，位居各国之首。该报告指出，美国是限制自由贸易的头号国家。新一届美国政府更是亮出"美国第一、美国优先"的口号，毫不掩饰地唱起了贸易保护主义的调子。[①] 这些贸易保护措施严重干扰了全球贸易治理机制正常运作，使全球贸易治理效率越来越低，走向"失灵"。

总之，无论是全球贸易治理参与方的力量对比，还是贸易规则的形成，或是贸易规则实施过程中的贸易保护主义措施，都严重制约着当前全球贸易治理机制作用的发挥。

第四，新的全球性问题挑战现有全球治理体系能力。一是全球性问题在不断产生，给全球治理增加了新的治理对象。二战以来，随着人类生产生活活动的延展，向地球大气层排放的温室气体越来越多，出现了打破大气层热辐射平衡，导致地球气候变暖的危险。随着全球气候持续变暖，干旱、洪水、饥馑和瘟疫将成为21世纪人类的现实威胁。气候治理问题跃升为新的全球治理对象，给现有全球治理体系增加了新压力。随着信息技术的进步，信息技术装备不断向国民经济各产业渗透，

---

① 《贸易保护主义害人害己》，《人民日报》，2017年2月26日，第5版。

不断改变传统产业业态；信息技术装备不断充实人类的生活，改变着人类的生活方式。在此情况下，互联网成为人类社会最基本的信息基础设施。网络安全直接关系国计民生和国家稳定，成为各经济体普遍面临的综合性安全挑战。当前，各种黑客袭击事件频发，金融互联网、生产互联网成为主要攻击对象。互联网安全成为全球治理的新对象。由于全球化带来的利益分配并不均衡，富国愈富、穷国愈穷，富人愈富、穷人愈穷，两极分化成为我们不愿看到的现实。这激发了世界上原本存在的国家间、民族间、阶层间、宗教间的各种矛盾，国际恐怖主义成为世界各经济体不得不面对的全球威胁。当然，当今世界面临的全球性问题还不止这些，还包括全球资源问题、全球核安全问题、全球粮食安全问题、全球贫困问题等等，都给全球治理体系提出了新挑战，带来新的压力。

总之，新老问题交织，全球治理"失灵"已经显现，全球治理机制变革已是大势所趋。新问题、新情况，需要用新方法、新思路来解决；旧问题需要根据新的现实调整旧治理机制，以适应新的治理现实，全球治理面临变革。

二 当前全球公共产品提供面临的挑战

现存的全球治理机制大体是按照美国的设想建立的，不但联合国、世界银行、国际货币基金组织等主要全球治理机构创设时的组织架构、所在地、授权状况等悉由美国所掌控，脱胎于二战之后的国际格局是由美国主导的"霸权稳定体系"。随着国际格局的演化，当前全球公共产品提供面临挑战。

（一）挑战之一：美国的相对实力衰落

现存全球治理机制遇到的第一个挑战是美国的相对实力衰落。一是国际经济结构已经发生不利于美国的巨大变化。从经济总量上看，美国经济已经失去世界第一的桂冠。如图1所示，以购买力平价为衡量标准，世行认为，2015年中国GDP规模已经稳居世界首位，美国GDP规模相当于中国的92%。据世界银行的数据，以购买力平价衡量，2015年中国经济增长 7.97%，美国仅增长 3.45%。① 从占比上看，虽然美国经济有所回升，但美元指数攀升并不具备国内经济基础。根据世界银行的数据，2011 年，世界经济前五强占全球 GDP 规模的比分别为：美国 21.57%，中国 10.43%，日本 8.39%，德国 5.10%，法国 3.96%。到了 2015 年，世界经济前五强占全球 GDP 规模的比分别为：美国 24.32%，中国 14.84%，日本 5.91%，德国 4.54%，英国 3.854%。法国占 3.26%，被英国超越，位居第六。② 所以，总体看来，GDP 的世界分布格局已经根本改变，各国经济实力日益均等化。这意味着各经济体给资本提供营利机会的版图已经发生变化，美国独大的格局已经改变。这样，美国已无力带动全球经济增长，也没有兴趣维护自由贸易体系和全球宏观稳定。二是美国基于经济实力的市场吸引力也在减弱。如图 2 所示，虽然俄罗斯、巴西、南非等国当前的人均购买力与美国在拉大，但随着世界经济增长的再次启动，大宗商品价格上升，美国与金砖国家的人均购买力的差距就会不断缩小。这意味着，国际市场的吸引力格局也在快速改变，美国对外经济政策的保护主义色彩日益浓厚，其关注的焦点是如何向其他国家转嫁危机，通过打压其他国家维持其在全球经济中的竞争力。

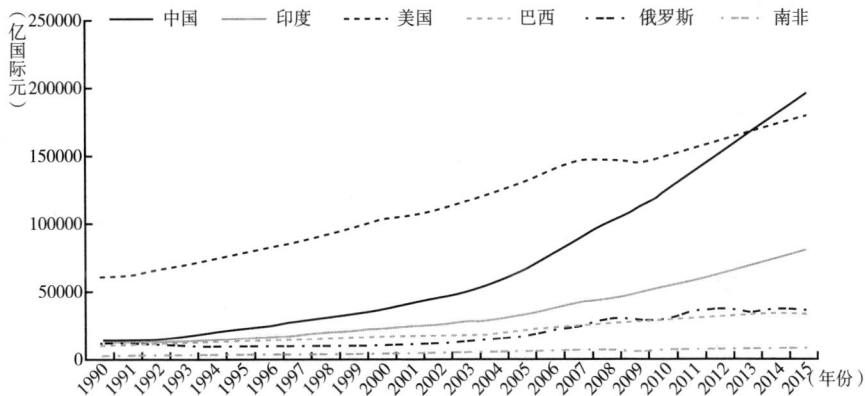

图 1　金砖国家和美国 GDP 规模走势

资料来源：Wind 资讯。

---

①　wind 资讯。

②　wind 资讯。

（二）挑战之二：新兴大国的崛起

新兴大国经济发展速度超强，群体崛起现象出现。冷战结束以来，特别是近 10 年来，世界经济中的突出现象是中国、印度、巴西、俄罗斯等新兴大国在经济上的迅速崛起。据世界银行和国际货币基金组织公布的数据，1990 ~ 2000 年，中国与印度取得了 10.6% 与 6.0% 的高速经济增长，巴西、墨西哥和南非也取得了 2.9%、3.1% 和 2.1% 的增长率，只有俄罗斯出现了 4.7% 的经济负增长。[1] 2001 ~ 2009 年，中国与印度经济持续高速增长，分别达到 10.0% 和 7.1% 的增长率，巴西、墨西哥、南非与俄罗斯也分别取得了 3.1%、1.3%、3.4%、4.9% 的经济增长。[2] 全球经济危机的 2009 年，中印依然分别取得了 9.1% 和 5.7% 的经济增长率。[3] 这导致国际经济格局的改写。据世界银行公布的数据，2000年，G7 在全球 GPD 中的比重约为 66.75%；2009 年，其份额已下降至 53.22%。同期，中国、印度、巴西、俄罗斯、墨西哥、南非等新兴六国所占比重已由 9.79% 上升至 17.49%。[4] 经济基础的变化要求上层建筑要做出相应调整。在新兴实力增加、已成为世界经济发展新动力的背景下，全球治理机制改革调整的压力变得越来越大，并成为全球公共产品提供领域的新挑战。

---

[1] World Bank, World Development Indicators 2006, Quoted in Manmohan Agarwal, "The BRICSAM Countries and Changing World Economic Power – Scenarios to 2050", *The Center for International Governance Innovation Working Paper*, No. 39, Oct. 2008, p. 5.

[2] IMF, World Economic Outlook 2009, Washington DC: International Monetary Fund, 2009, pp. 169 – 176.

[3] IMF, World Economic Outlook Update: An Update of the Key WEO Projections, July 7, 2010, http://www.imf.org/external/pubs/ft/weo/2010/update/02/pdf/0710.pdf.

[4] World Bank, Total GDP2000: World Development Indicators Database, April 2002, http://www.pdwb.de/archiv/weltbank/gdp00.pdf; World Bank, Gross Domestic Product 2009: World Development Indicators Database, July 1, 2010. http://siteresources.world – bank.org/DATASTATISTICS/Resources/GDP.pdf.

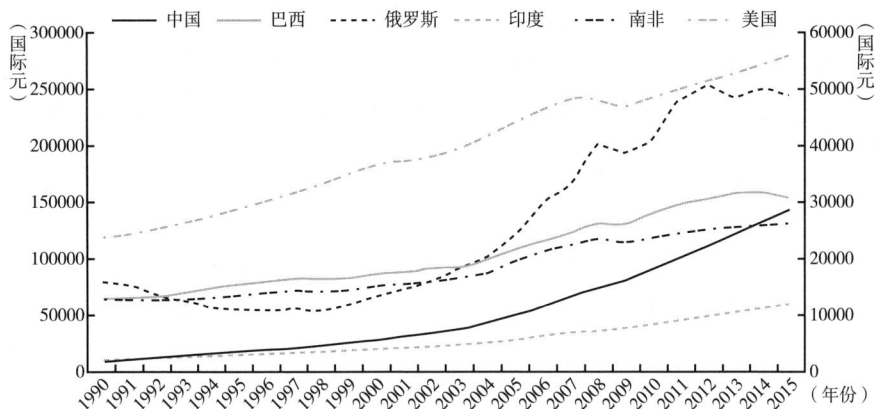

图2　金砖国家与美国人均购买力发展趋势

资料来源：Wind 资讯。

（三）挑战之三：国际体系的失序和紊乱

2008 年国际金融危机后，逆全球化抬头，被经济快速增长的现实与预期所掩盖的经济发展不平衡、社会不平等等矛盾凸显，并向社会和政治领域溢出，国际社会呈现出混乱的态势，"动荡"成为时下的关键词。近年来，随着美欧与俄罗斯以反恐名义分别在军事上卷入叙利亚内战，国际反恐格局有新的发展。其中最大事态之一是，国际恐怖主义力量的聚集效应急剧发酵，历史上第一次在中东成立了以恐怖主义袭击为主要手段的极端伊斯兰教国家 IS。今天，以中东为大本营的伊斯兰国正成为吸引世界各国极端伊斯兰教徒和恐袭分子前往顶礼膜拜的"圣地"。这些新的事态激发国际反恐力量与以伊斯兰国为代表的极端恐怖组织展开更加深广的政治军事与文化博弈，国际反恐斗争呈现新的格局。一方面，随着美俄欧及中东各国以不同心态和不同形式参与以叙利亚内战为掩护的反恐战争，其规模和打击力度都在不断加大。在可预期的将来，叙利亚反恐战争仍将持续。中东战火与恐袭相互交织沦为人间地狱。另一方面，处于下风的伊斯兰极端势力策划以难民形式向西方及全球其他地区渗透。未来全球反恐斗争的范围势将有所扩展，形式也将更加复杂。欧美成为恐怖主义外溢的重灾区。另外，世界上很多人对全球化不满乃至愤怒：美国出现了特朗普现象，英国出现了"脱欧"公投，发展中国家的各种不满更甚。还有，迄今为止的全球化导致的问题日益凸显。受益于全球化的主要是少数西方国家，而不是大多数发展中国家；即使在少数西方国家内部，主要受益者也不是普通百姓，而是跨国公司，多数百姓的实际收入和家庭资产在过去 20 来年鲜有增加。

总之，随着发展不平衡规律作用的发挥和"华盛顿共识"负面效应的显现，传统全球治理机制的弊端不断暴露出来，全球公共产品提供面临重大挑战。

三 全球治理机制"失灵"原因及其变革方向

当前，全球治理机制"失灵"已经成为世界各国的共识，造成"失灵"的原因是多方面的。而且，基于全球治理的现实基础，全球治理也将沿着一定方向进行变革。

（一）全球治理机制"失灵"的原因

首先，世界经济运行模式的转型是当前全球治理机制"失灵"的基础原因。当前，随着国际金融危机治理的深化，世界经济运行模式以欧美依托金融加杠杆消费、以中国为核心的东亚依托廉价劳动力生产、广大发展中经济体提供能源资源的大三角模式向欧洲、北美和东亚三足鼎立模式持续转化。据鞠建东等人的研究，当前，世界贸易已经出现了分化，逐步形成了以美国为中心的美洲、以中国为中心的东亚、以法德为中心的欧洲三大国际贸易中心，世界贸易出现了三分天下的格局。所以，治理对象的新变化，导致国际贸易区域化和一体化的矛盾不断突出，全球治理机制"失灵"也就在所难免。

其次，世界经济功能结构的紊乱导致全球治理机制"失灵"。随着世界经济发展不平衡规律的作用不断加深，全球产业链、价值链和商品链内的产业转移方向、价值的流向和流量、商品的流向和流量等都在发生着根本变化，国际体系的功能结构在发生基础性调整。所以，全球产业链、价值链、商品链等国际链条体系会对旧的全球治理体制发生不适应的反应，国际社会和经济体内部张力持续增大，即发生紊乱。信息技术革命的推动加深了这种紊乱的程度。所以，国际体系功能结构的紊乱也是全球治理机制"失灵"的重要原因。

最后，世界各国参与意识的增强也是全球治理机制"失灵"的原因之一。随着世界各国发展不平衡规律作用的加深，世界各国综合实力变得越来越均衡，世界变得越来越平。所以，经济基础的趋同导致各国对发言权的要求也趋同。也就是说，原来的小国、弱国对自己的利益认识越来越清楚，在国际社会中维护和增进自己利益的愿望越来越强烈。因此，全球治理越来越成为大家的事。这与原来的霸权治理体制形成尖锐的矛盾，全球治理机制越来越"失灵"。其实，全球治理机制"失灵"实际就是机制的"失灵"，是在呼唤新的治理机制的出现。

总之，世界在发展，社会在进步，旧的全球治理机制越来越"失灵"，需要全球治理机制顺应国际体系的发展进行适应性调整。

（二）全球治理机制变革的方向

以现有的机制为基础，全球治理机制正在沿着更大包容性、更加公平合理化的方向进行变革。

首先，国际体系的扁平化导致参与全球治理的主体不断增加，呈现包容性不断增加的趋势。当前，不仅国家作为主权主体一直在参与全球治理，而且一些政府间国际组织也一直在积极参与全球治理，而且一些非政府组织也不断加大参与全球治理的力度，成为推动全球治理的重要推动者。这表明，参与全球治理的主体越来越多，全球治理的包容性变大。这要求全球治理机制要向更大包容性转变。

其次，国际治理主体的增多，推动全球治理代表的利益群体越来越多，越来越向公平合理方向转变。由于越来越多的利益主体为了表达自己的利益而跻身全球治理，同时也给大众带来福利提升。所以，随着经济融合的进一步加深，以及国际关系民主化的深入发展，全球治理机制将向越来越公平合理的方向转变。

总之，随着新旧全球治理力量的竞争加剧，以国际规则创设及掌控、运用和阐释为核心的全球治理不同模式的竞争开启大幕，并将向包容、公平合理的方向发展。作为国际体系的新兴力量，金砖国家要通过合作机制的建设参与全球治理变革，推动全球治理既科学有效而又公平合理。

四　金砖国家公共产品提供机制建设建议

金砖国家都是现有全球治理机制的受益者，还没有变身为国际秩序的主导者，还是国际体系中相对较弱的力量。因此，金砖国家参与全球治理，提供全球公共产品，要采取帕累托改进的方式，顺应全球公共产品提供机制变革的方向，破解合作提供公共产品的障碍，推进全球公共产品提供机制建设。

受国际金融危机的影响，世界各经济体普遍调整国家发展战略，世界经济体系运作模式正由金字塔型向三足鼎立型转化，各经济体经济增速普遍放缓与分化。这导致金砖国家经济合作的不稳定性和不确定性因素增加。金砖国家合作提供公共产品面临挑战日益加大。

一是合作定位与战略考虑不尽相同。为了应对国际政治经济新形势，近年来金砖国家均调整了各自对外经济合作战略规划，并提出了一系列对外经济合作倡议。我国提出了"一带一路"倡议，并将其作为中国经济外交的顶层设计。"一带一路"贯穿亚欧非大陆，金砖五国均涵盖其中。印度莫迪政府将"季风计划"纳入国家发展战略，规划了一个由印度主导的海洋世界，涵盖东非、阿拉伯半岛，经过伊朗南部到整个南亚，向东则通过马六甲海峡和泰国延伸到整个东南亚地区。俄罗斯主导建设欧亚经济联盟，计划到2025年实现联盟成员间商品、服务、资金和劳动力的自由流动，最终建成类似于欧盟的统一市场。巴西与南非也致力于推动所在区域的经济一体化。可见，金砖国家合作在各自对外经济战略中的定位不尽相同，彼此竞争的因素依旧存在。相对而言，我国的"一带一路"倡议更具包容性，但如何实现金砖国家各自战略彼此对接，仍是一个大问题。

二是经济合作选项的优先秩序各有侧重。鉴于资源禀赋、产业优势和经济体制各不相同，地理分布较为分散，经济增长速度分化，金砖五国对经济合作的利益诉求存在差异。合作议题和领域选择上，各国政策优先程度排序也不尽相同。金砖五国中，我国资金实力相对雄厚，劳动力资源相对丰富，工业制造能力较强，对能源和矿产资源需求较大，但产能过剩问题相对突出。印度计算机、软件产业较为发达，以信息技术为基础的服务业是国民经济的主导产业，但惠及民生方面的产业基础薄弱，资金供给相对紧张。巴西农牧业发达，石化、矿业、钢铁、汽车等产业较为发达，矿产资源丰富，但政局不稳、财政枯竭和社会矛盾激化。俄罗斯航天产业和军事工业强大，石油和天然气资源极为丰沛，但经济过度依赖能源资源等相关产业。南非金融、电力、电信、建筑、农业等行业都具有举足轻重的区域竞争力，但贫富分化严重、教育发展滞后，高失业率持续时间较长。因此，从国家发展的需求出发，我国在经济合作上，更加强调推进金砖国家产能合作、基础设施互联互通、货币金融和资源能源领域的合作等。巴西和俄罗斯担心金砖国家合作变成能源资源生产国与消费国之间的合作关系，在产能合作上不希望接受他国的淘汰产能；印度与南非十分注重绿色发展，对环境标准、就业创造等要求较高。

三是深化传统领域合作的难度加大。目前，在一些有着共同利益和需求、容易达成共识的议题领域，金砖国家已取得非常重要的进展。例如，在银行合作上，金砖国家进出口银行和开发银行达成《可持续发展合作和联合融资多边协议》，五国还达成《非洲基础设施联合融资多边协议》，以满足非洲大陆基础设施资金方面的巨大需求。在开发性金融合作上，金砖国家成立新开发银行，为金砖国家以及其他新兴市场和发展中国家的基础设施建设、可持续发展项目筹措资金。在危机救助上，金砖国家建立初始资金规模为1000亿美元的应急储备安排协议，以通过货币互换提供流动性来应对实际及潜在的短期收支失衡压力。随着时间的推移和合作的深入，在贸易、投资和金融等传统经济合作领域继续取得重大突破的难度随之增加。尽管金砖国家都处在金融快速发展的阶段，互补合作潜力巨大，但剩下的议题领域往往分歧相对较大、协调也更加困难，要继续取得重大突破，难度无疑会加大。

作为发展中经济体的"领头羊"和国际治理体系中的建设性力量，

金砖国家要通过机制建设积极参与全球治理机制的变革，推进全球治理新机制的建设，推动全球治理向着更加公平公正的方向发展，积极参与全球公共产品的提供。

（一）加强共赢性合作机制建设，合力提升综合实力

新旧全球治理模式的竞争将在发达经济体和发展中经济体间展开。现行的全球治理机制是在第二次世界大战之后建立起来的，规则和机制大多由西方经济体所制定和确立，承载了西方发达经济体太多的战略利益。西方发达经济体不会自愿放弃这块利益，必将全力保护。因此，未来不同治理模式的竞争将围绕国际规则创设及掌控、运用和阐释展开。

金砖国家要带头加强发展中经济体合作共赢机制建设，推进发展中经济体合作，提升全球治理体系新生力量的实力。决定不同治理模式竞争成败的关键是综合实力。历史上，由于发展中经济体没有及时搭上工业革命的列车而落后挨打；国际体系各经济体综合实力的变化推动了全球治理体系由合理变为不合理，直到治理"失灵"。当前，面对不同治理模式的竞争，发展中经济体最终也要把综合国力的提升作为最终的后盾，通过集体的力量合力快速提升综合实力。作为发展中经济体的"领头羊"，金砖国家要抱团取暖，充分挖掘彼此合作潜力，加强各领域的合作，调动广大发展中经济体的经济潜力，互利共赢，推进金砖国家自身实力提升，创造条件推进全球治理体系新生力量的实力提升，为在这场全球治理模式的竞争中最终胜出奠定基础。与此同时，通过全球治理机制的合理化完善为广大发展中经济体和自己创造更好的发展环境，减轻国际治理体系制度性包袱，推进全球治理新生力量的进一步发展，推进全球治理体系向着公平公正合理方向发展。为此，金砖国家要带头加强发展中经济体合作共赢机制建设，为全球治理体系新生力量持续崛起奠定基础。

（二）推进新理念普及机制建设，倡导全球治理新理念

现行的全球治理体系是西方主要大国设计的结果而非是集体成员平等基础上共同作用的产物，后来国际规范的变迁也体现了西方国家对国

际社会核心价值和规则认识的发展，是西方大国全球治理理念的外化，更多地体现了其利益。21世纪以来，在新兴经济体崛起和全球化与信息化的大背景下，来自社会层面的价值规范和新兴国家的价值理念，对西方主导的国际规范构成极大挑战，成为广大发展中经济体利益的代言人。由此，世界上各种思想理念的交锋也更为明显。

金砖国家要带头宣传普及全球治理新理念，推进发展中经济体全球治理新理念普及机制建设。共商共建共享代表了广大发展中经济体和全球利益的全球治理新理念。共商不仅是决策方式，更主要的是维护了发展中经济体的决策权；共建不仅延续了发展中经济体的建设责任，也强调了发达经济体建设者的同等责任，体现了发展中经济体的平等权。共享不仅强调了全球治理成果供参与各方分享，更强调了更多更公平地惠及参与各方，合理维护了发展中经济体的分享权。全球治理理念的普及是其所代表全球治理主体利益的提前布局。全球治理体制变革离不开理念的引领。因此，为了推进广大发展中经济体利益的合理实现，金砖国家要带头宣传普及全球治理新理念，弘扬共商共建共享的全球治理理念；同时在发展中经济体中推进全球治理新理念普及的机制建设，保证新理念尽可能快地在人们心中落地生根，推进人类命运共同体建设。

（三）推进全球治理新模式合作机制建设，践行治理新模式

当前，基于国际金融危机治理，金砖国家已经先后提出了体现"共商共建共享"国际治理新理念的全球治理模式。如中国的"一带一路"倡议、俄罗斯的"欧亚经济联盟"、印度的"季风计划"。这些都是金砖国家为全球治理提供的发展中经济体方案。南非和巴西都在争取与这些新全球治理模式的对接和参与，为世界经济复苏提供新动能。为给世界展示全球治理新模式的效果，金砖国家要积极推进这些全球治理新模式的建设，尽心尽责做好实践者；与此同时，要推进这些全球治理新模式项目与广大发展中经济体发展战略的对接，并形成制度化机制，确保全球治理新模式如实展示其现实性和可行性。

总之，全球治理改革势在必行，金砖国家要通过机制建设，团结广大发展中经济体，推动全球治理新理念、新模式在新一轮竞争中胜出。

专题报告五　金砖国家合作平台研究

　　自 2009 年 6 月，中国、俄罗斯、印度和巴西四国领导人举行首次会晤以来，金砖组织正在逐步实现从经济投资概念向国际合作机制的实质性转化。目前，金砖国家组织成员增加到五个，来自亚欧非美四大洲。金砖国家合作已经形成以领导人会晤为引领，以安全事务高级代表会议、外长会晤等部长级会议为支撑，在经贸、财政、金融、农业、教育、卫生、科技、文化、禁毒、统计、旅游、智库、友城、地方政府合作等数十个领域开展务实合作的多层次架构。与此同时，以金砖国家为代表的新兴经济体国家在现有全球治理体系中拥有的制度性权力，与其经济实力和现实贡献还很不相称。随着新兴国家的群体性崛起，全球治理体系权责不对称的现象更加凸显，国际制度的代表性与有效性日益不足，明显影响了治理效果。在以往的治理平台无法有效完成全球治理任务的情况下，以金砖国家为代表的新兴国家有必要密切加强合作，建设新的更为有效的国际治理平台。

一　进展情况

　　目前，金砖国家总共有约 30 个合作机制，其中国家首脑级 1 个、部级 14 个、高官层次工作组 9 个、其他领域 6 个，覆盖首脑峰会、财金专员、青年外交官与媒体代表多个层次级别，涉及经济学家、民间人士、政府职员以及社会团体、行政部门等不同行业单位和组别领域。金砖国家推动建立了新开发银行和应急基金储备安排,两大多边金融机构的渐次落成和投入运营的逐步就位,有力地补充、完善了布雷顿森林体系下的多边合作机制和国际开发组织。当前,金砖国家合作机制正逐步完成从经济概念到国际战略力量的历史性转变,从偏向经济治理、务虚为主的对话论坛向政经并重、虚实结合的全方位协调机制转型。特别是金砖国家领导人会晤机制的建立和运营,不仅有助于这些国家提升影响力和凝聚力,而且也为更多的发展中国家在参与全球治理中统一观点提供了协调机会和交流场合。

(一) 金砖国家领导人会晤

2009 年 6 月,四国领导人在俄罗斯叶卡捷琳堡举行首次会晤,并发表《"金砖四国"领导人俄罗斯叶卡捷琳堡会晤联合声明》,呼吁落实二十国集团伦敦金融峰会共识,改善国际贸易和投资环境,承诺推动国际金融机构改革,提高新兴市场和发展中国家在国际金融机构中的发言权和代表性。这次会议后形成了每年举行一次峰会的惯例,并设轮值主席国。

2010 年 4 月,第二次峰会在巴西举行。2010 年 11 月,二十国集团会议在首尔举行,南非在此次会议上申请加入"金砖国家"。2010 年 12 月,中国作为"金砖国家"合作机制轮值主席国,与俄罗斯、印度、巴西一致商定,吸收南非作为正式成员加入"金砖国家"合作机制,"金砖四国"变成"金砖五国"。

2011 年 4 月,第三次峰会在中国三亚举行,发表了《三亚宣言》,首次推行本币贸易结算。加强金融合作成为本次金砖国家领导人会晤的一个重要成果。在五国领导人的见证下,正式签署《金砖国家银行合作机制金融合作框架协议》。

2012 年 3 月,第四次峰会在印度首都新德里举行,主题是"金砖国家致力于全球稳定,安全和繁荣的伙伴关系"。会后发表了《新德里宣言》和行动计划。五个国家在开发银行共同签署了《金砖国家银行合作机制多边本币授信总协议》和《多边信用证保兑服务协议》。

2013 年 3 月，第五次峰会在南非德班举行，主题为"金砖国家与非洲：致力于发展、一体化和工业化的伙伴关系"，这是金砖国家第一次在非洲大陆举行领导人会晤。此次峰会决定，建立金砖国家开发银行并筹备建立金砖国家外汇储备库。本届峰会最令人瞩目的特点之一是非洲国家的广泛参与。共有 15 个非洲国家的首脑应邀出席了会议，包括安哥拉、刚果共和国、埃及、几内亚、象牙海岸、塞内加尔以及乍得等。

2014 年，第六次峰会在巴西福塔莱萨举行，五国领导人围绕"实现包容性增长的可持续解决方案"主题，就世界经济形势、国际政治安全问题交换意见，达成广泛共识，取得重要成果。会议发表《福塔莱萨宣言》：金砖国家新开发银行初始资本为 1000 亿美元，由五个创始成员平均出资，总部设在中国上海。各国签署了《关于建立金砖国家应急储备安排的条约》，目标是通过流动性工具和预防性工具应对实际或潜在的短期国际收支压力。

2015 年 7 月，第七次峰会在俄罗斯城市乌法举行，主题为"金砖国家伙伴关系——全球发展的强有力因素"。会晤期间，五国领导人出席金砖国家同欧亚经济联盟、上海合作组织成员国、观察员国和受邀国领导人对话会，共同会见了金砖国家工商理事会成员。会议发表了《乌法宣言》及其行动计划，通过了《金砖国家经济伙伴战略》。

2016 年 10 月，第八次峰会在印度果阿举行，主题为"打造有效、包容、共同的解决方案"。会议通过了《果阿宣言》，金砖五国还签署了农业研究、海关合作等方面的谅解备忘录和文件。五国同意进一步推动保险和再保险市场合作、税收体系改革、海关部门互动等，并探讨设立一个金砖国家评级机构的可能性。此外，五国就在农业、信息技术、灾害管理、环境保护、妇女儿童权利保护、旅游、教育、科技、文化等领域加强合作也进行了沟通协调。

2017 年 9 月，第九次金砖国家领导人峰会在我国厦门举行。作为新任金砖国家主席国，中国今年提出推动金砖国家合作的多项重点工作，包括以经济合作为主线，协同推进各领域务实合作；推动完善全球治理，共同应对全球性挑战；着力打造人文交流新亮点；继续完善金砖合作机制；强调要开启金砖合作第二个"金色十年"。

（二）金砖国家新开发银行

基础设施建设资金短缺是目前发展中国家面临的较大障碍。一方面，发展中国家每年的基础设施资金缺口达 1.5 万亿美元，而投资资金只有 8000 亿美元左右，其中大部分来自公共部门的投资，大约 2500 亿美元来自私人部门。2008 年全球金融危机爆发后，来自公共部门的资金更是下降明显。金砖国家开发银行的概念最早于 2012 年提出，主要目的是资助金砖国家以及其他发展中国家的基础设施建设，其性质类似世界银行、亚洲开发银行和欧洲复兴银行，是一个多边开发贷款机构，对金砖国家经济发展具有非常重要的意义。

2013 年 3 月的第五次金砖国家领导人峰会上决定建立金砖国家开发银行，成立开发银行将强化金砖国家间的金融联系，减少对美元的依赖。2014 年 7 月，金砖国家领导人第六次峰会确定了金砖国家开发银行的具体安排，名称确定为"新开发银行"，启动资金为 500 亿美元，由五个金砖国家均摊，将来会逐渐增加到 1000 亿美元，总部设在中国上海。

2014 年 12 月，金砖国家新开发银行首次临时董事会在土耳其伊斯坦布尔举行。在这次会议上，中国方面向金砖国家的同伴们承诺，要保证好新开发银行总部的筹备工作，同时支持南非尽快建立区域的发展中心；印度方面也表示要尽快提名新开发银行的首任行长。各国表示尽快准备好各自国家有质量的项目，确保新开发银行一旦投入运作，就能尽快实现金砖国家的首批项目。

2015 年 7 月 7 日，在金砖国家领导人第七次会议召开前夕，金砖国家新开发银行在莫斯科举行了首次理事会会议，以完成正式运营前的组织准备工作。在本次会议上，来自印度的瓦曼·卡马特①被任命为首任行长，任期 5 年，之后将按巴西、俄罗斯、南非、中国的顺序轮流产生。会议上还产生了成员国驻银行董事会的代表名单。

---

① 卡马特（K. V. Kamath）出生于 1947 年 12 月，1971 年加入印度工业信贷投资银行，为印度的大量建设项目提供融资。其后他在 1988 年转到亚洲开发银行任职，先后负责在中国、印度、印度尼西亚、菲律宾、孟加拉国及越南的项目。

经过紧张筹备，金砖国家新开发银行于 2015 年 7 月 21 日在上海正式开业。新开发银行优先考虑对金砖国家基础设施建设进行扶持。巴西、南非、俄罗斯、印度的基础设施缺口很大，在国家财政力所不逮时，需要共同的资金合作。同时，新开发银行不只面向五个金砖国家，还面向全部发展中国家，作为金砖成员国，可能会获得优先贷款权。俄罗斯已邀请希腊加入新开发银行，预计该组织今后会有更多成员。

金砖国家新开发银行是金砖国家为保障自身中长期经济稳定发展而构建的国际性金融公共产品，它的建立标志着国际金融体系的变革已经开始：新兴市场国家试图在现有体系下，通过改造旧部分，创造新部分，逐步实现一个更加理想的国际金融体系。

金砖国家新开发银行不仅为中国带来经济利益，同时也带来一种长远的战略利益。从短期来看，中国已成为世界第二大经济体，到底如何在国际舞台上展现一个新兴大国的形象，关系到中国自身发展，也关系到国际社会共同的利益。中国推动设立金砖国家开发银行，做出实实在在的贡献，是彰显中国大国责任的好机会。设立金砖国家新开发银行，既可推动其他国家的基础设施建设，也是分享中国经验的好机会，与中国"走出去"战略相符合。中国输出的既是经验和技术，也是一种标准。金砖国家新开发银行不仅挑战了 IMF – 世行为骨架的国际金融体系，更意味着全球最大的新兴国家将有实力挑战冷战结束后美国主导的全球政治体系。

（三）金砖国家应急储备基金

金融危机以来，美国金融政策变动导致国际金融市场资金的波动，对新兴市场国家的币值稳定造成很大影响。印度、俄罗斯、巴西等国都经历了较大程度的货币贬值，导致通货膨胀和金融混乱。而 IMF 的救助存在不及时、力度不够和附加政治条件的问题。为避免在下一轮金融危机中受到货币不稳定的影响，金砖国家有必要构筑一个共同的金融安全网。

为此，中国提出了建立金砖国家应急储备基金的倡议，旨在向陷入经济危机的国家提供援助，以解决可能发生的短期金融危机。该机制与

IMF 类似，是一种跨国救助机制，不是营利机制。储备基金为 1000 亿美元，用于金砖国家应对金融突发事件，其中中国提供 410 亿美元，俄罗斯、巴西和印度分别提供 180 亿美元，南非提供其余的 50 亿美元。

目前，由于金砖国家经济金融总体保持稳定，该应急储备基金的象征性意义更大一些。中国和印度的经济仍具有很强的动力，发展速度即使放缓，也比美国的增长速度高 3 倍。但应急储备机制的存在本身，对于加强金砖国家经济金融可信度、安全度，已经起到了隐性支撑作用，这对金砖国家未来的经济稳定发展具有重要意义。

（四）工商理事会

金砖国家工商理事会是金砖合作的重要机制之一。理事会于 2013 年 3 月 27 日在南非德班举行的金砖国家领导人第五次会晤期间成立。中国国家主席习近平与金砖国家领导人共同见证了《金砖国家工商理事会成立宣言》的签署。理事会由提名产生的 25 名成员（每国 5 名）组成，代表工业和服务业的不同领域。《金砖国家工商理事会成立宣言》（Declaration on the establishment of the BRICS Business Council）指出，金砖国家工商理事会是加强和促进金砖五国工商界间经济、贸易、商务和投资纽带的平台。理事会将厘清阻碍金砖国家加强经济、贸易和投资联系的问题，并提出解决方案。合作领域将涵盖包括基础设施建设、矿业及选矿、制药业、农产品加工、服务业（包括金融、信息通信技术、卫生保健、旅游）、制造业、可持续发展等在内的各个领域。中方理事会的工作方向是推动实现习近平总书记提出的金砖国家间"一体化大市场、多层次大流通、海陆空大联通、文化大交流"的总体目标。

工商理事会自 2013 年 3 月成立以来，每月都召开电话会议。定期电话会议机制是推动理事会各项工作、沟通信息、增进友谊的有效手段。2017 年 4 月五国月度电话会议由中方秘书长许超主持，巴西全国工业联合会 Silvia Menicucci 女士、俄罗斯工商会 Elena Gaiazova 女士、阿波罗轮胎公司 Naveen Kapur 先生、Sekunjalo 投资公司 Hannah Millar 女士分别代表巴西、俄罗斯、印度、南非理事会连线参会。来自中远海运、中国石化、中国银行、中国联通、国机集团、中国中铁、北京嘉克等中方理事单位、行业工作小组组长单位的代表连线参会。会议讨论了工商理事会本年度八大核心成果、三大重点活动、英文年度报告的总体架构和时间表等议题。各方高度评价中方开展工作的组织性与规划性，总体认可中方提出的工作方案，并就相关问题提出建议。

年度中期会议是工商理事会合作的另一重要形式。2017 年 3 月 31 日，金砖国家工商理事会 2017 年度中期会议在印度新德里举行，20 多家企业的 60 多人代表中方参加会议。中方理事会介绍了 2017 年工作计划，表示将加强团结协作，为金砖国家政府建言献策；深化务实合作，实现互利共赢；增强互动，共享信息，深化互信与友谊；加强机制建设，拓展完善合作平台。

此外，金砖国家工商理事会还与其他金砖国家合作机制有着密切联系。2017 年 4 月 1 日，工商理事会成员在新德里参加了新开发银行第二届年会开幕式，双方进行了广泛交流。中方理事在会上指出，工商理事会与新开发银行应增进互相了解，建立常态化合作机制，开展具体项目合作。工商理事会愿意为新开发银行推荐企业项目，共同推进金砖国家和其他发展中国家的基础设施建设和可持续发展。

（五）金砖国家智库合作理事会

金砖国家智库合作始于 2008 年，是金砖国家合作的重要组成部分。2013 年，金砖国家领导人南非德班会晤决定成立金砖国家智库理事会，此后，智库合作在促进金砖国家政策沟通、推动思想创新、加深彼此友谊等方面发挥着越来越重要的作用。

金砖国家智库合作中方理事会是中共中央对外联络部联合协调国内金砖国家研究机构组建的非法人学术团体，主要负责金砖国家合作框架下二轨对话交流。2017 年 1 月 11 日，金砖国家智库合作中方理事会成立会议暨万寿论坛在北京万寿宾馆举行，理事会成员包括北京大学国际关系学院、中国国际问题研究院、国家开发银行研究院等 63 家国内高端智库，中联部郭业洲副部长当选为金砖国家智库合作中方理事会理事长。

智库在促进政策沟通上发挥着重要和不可替代的作用，金砖国家合作与发展不仅需要政治家的远见和担当，同时也需要智库专家、学者们的真知和灼见。学者是智库的主要资产，是思想和知识的主要载体，学者往往能够影响一些群体和甚至整个社会，因而开展智库的合作可以促进学者间以及学者影响的群体之间思想的交流。开展智库合作可以筑牢金砖国家合作基础，能够保证金砖的精神得到完整的传承，从而降低协调成本，继而更深层次地推进政府间以及其他行为体协作的进展。

中方理事会的使命是服务国家履行好金砖国家主席国职责，为金砖国家合作提供智力支持。为此，理事会重点做好以下几方面工作：第一，通过这个平台多为金砖国家合作建言献策；第二，积极推动国内智库和其他金砖国家智库间交流与合作，开展国际联合研究；第三，进一步推动引导各理事单位加强联系、相互支持，使得国内智库在合作中不断得到新的启发，提升国内学界对金砖国家研究的兴趣和能力。

金砖国家智库合作理事会中方理事会的成立能够增加智力资源的流动性，思想的碰撞与交融能产生符合金砖国家实际和推动金砖国家发展的新观点、新理论和新知识，为金砖国家合作建言献策，服务金砖合作。中方理事会的成立有利于把国内的智库整合起来，更好地为金砖国家合作贡献中国智慧，也有利于加强智力资源的统筹和协调力度，通过该平台积极推动研究成果向合作成果转化，推动中国智库与其他金砖国家智库的交流与合作。

未来，作为金砖国家智库理事会的成员，中方理事会将致力于完善国内外金砖研究智库交流合作平台，为领导人会晤提供智力支持。

二 存在的问题

当前，全球性挑战突出，国际形势中不确定、不稳定因素增加，给金砖国家合作造成了一定的挑战，金砖国家合作面临着"成长的烦恼"。金砖国家合作平台建设已经开展了很多工作，有了一些成果，但仍处在非常初级的阶段，还存在不少突出问题。

（一）金砖国家合作仍处于非正式阶段

金砖国家合作目前仍以论坛形式为主，务虚成分居多，缺乏稳定正式的长效性机制，深化相互合作缺乏有效平台支撑。比如，仅有领导人峰会等高层会晤机制，但没有设立秘书处等常设机构，领导人会晤的成果缺乏足够的约束力和执行力。各领域和各层级合作平台之间缺乏有效整合和协调，难以发挥协同作用。

一些具体合作平台虽然已开始运作，但在某些关键问题上仍不成熟。例如，金砖国家新开发银行以及应急储备机制的结算方式、储备货币、汇率政策、组织结构等都还没有具体的规定，当前受资助的新兴经济体国家征信体系尚未建立，金砖国家的金融合作仍有相当长一段路程要走。

作为推动金砖国家合作最为积极的国家，中国国内目前也存在经验不足、人才缺乏、战略资源有限等问题。中国传统外交和国际合作以参与原有国际组织、遵守原有国际规则为主，缺乏主导建立国际合作机制和规则的经验。最近十年开始有所尝试，但还处在探索和积累经验阶段，实际能力尚有所欠缺。同时，无论专业外交人员、研究力量还是民间力量、合作能力和领导素质都远远不适应金砖国家合作等新兴平台建设的需要。此外，在目前的"一带一路"总体外交战略之下，金砖国家合作平台所处的位置尚不清晰。在国家总体战略资源有限的约束下，金砖国家合作平台所能得到的份额也受制于大环境的发展趋势。

（二）金砖国家经济发展遇到困难

在国际金融危机后全球经济持续低迷的大背景下，金砖国家部分成员经济发展面临较大困境。经济增速显著降低，结构性矛盾突出，金融风险不时爆发。特别是俄罗斯和巴西两个资源型国家，遇到的困难最为明显。不仅产业经济、就业受到明显影响，还引发国际收支危机和金融汇率危机，并进一步演化为社会政治危机。巴西罗塞夫总统遭到弹劾，是经济危机转变为政治危机的典型案例。这些因素，都对金砖国家合作深化形成不利影响。

金砖国家的崛起与全球化密不可分，是经济全球化的直接受益者。当前国际上逆全球化潮流方兴未艾，在全球化遭遇挫折情况下，金砖国家合作的经济基础也在削弱。世界各国特别是发达国家正在竞相吸引外国投资，试图引导制造业和就业机会回流。美国大幅放松了对传统化石燃料开采的限制，给俄罗斯的油气产业带来巨大竞争压力。这些都弱化了金砖国家原有的国际竞争力基础，对其发展国际合作形成制约。

与此同时，新一轮技术和产业革命正在快速进行，发达国家凭借其技术优势仍处在领先位置，而包括金砖国家在内的新兴市场国家总体不占优势，存在再次落后的可能。在新的技术条件下，全球分工和贸易体系可能重构，原有的原材料、劳动力等生产要素禀赋和价格优势可能不再有经济意义，金砖国家的经济地位和发展潜力存在很大不确定性。

（三）金砖国家之间合作基础不稳固

尽管金砖国家合作具有重大的意义，但由于诸多因素的存在，使得金砖国家之间合作的基础并不稳固，合作平台建设任重而道远，一系列的问题有待解决。

1. 金砖各国合作所依赖的经济一体化基础比较脆弱

欧盟国家的经验证明，区域合作的程度根本上取决于本地区经济一体化的程度。而金砖国家在地缘经济结构上不可能很紧密。从地理空间分布上看，金砖国家横跨亚、非、拉美、欧四洲。而且，各国的经济发展主要还是外延型的，而不是内涵式的发展，经济结构不合理状况突出，缺乏可持续性动力。

由于各国处于相似的经济发展阶段，在合作的互补性方面还存在一定局限。金砖国家的发展模式相似，对外依存度高，均处于国际价值链的中低端，出口依赖型的经济模式以及贸易保护主义使各国之间存在着不可避免的竞争和利益冲突。例如，中国廉价劳动力和相对较高的生产效率，使中国产品在巴西市场上具有明显的价格优势并屡屡招致巴西的反倾销调查；金砖国家在石油等大宗商品的定价权上也屡有争端；中国和巴西围绕铁矿石价格、中国和俄罗斯围绕石油和天然气价格的谈判进展相当艰难。

2. 内部经济发展不均衡

一个组织若要有所发展，需要有一个稳固的基础，其前提是地位的基本平等。但在金砖五国中，存在多方面的不均衡、不平等。从经济总量看，中国一家独大，经济总量在其他四国之上，这也使得各国对中国始终抱有戒心。从人口看，中印最大且规模相当，远远超过其他三国。从国际影响力看，俄罗斯在政治领域仍是全球大国，中国地位在上升但实际影响力有限。从人均收入和发展水平看，巴西是介于中等收入和高收入水平之间的国家，且进入中等收入水平已有很多年；俄罗斯是从高收入国家滑落到中等收入水平的国家，很多方面保持着高收入国家的水准；中国是进入中等收入水平不久的国家，正在努力克服中等收入陷阱；印度则处在从低收入国家向中等收入国家攀登的阶段。

金砖各国之间的金融体系发展也不平衡。金融体系的不平衡一方面阻碍了各国金融效率的提高，难以实现金融资源的优化配置，进一步制约了金砖国家金融合作的深化，另一方面也使得金砖国家面临巨大的不稳定性，容易受到外部冲击。

此外，金砖五国虽然都称为新兴市场国家，但从二战以来的中长时间段看，其实在经济实力方面，中国和印度是上升型国家，俄罗斯和南非是衰落型国家，巴西是相对停滞型国家。不同的历史背景和发展态势，使得各国的国情、心态和政策存在较大差异，都给金砖国家合作增添了难度。

3. 内部政治关系复杂制约合作机制的完善

金砖五国不像欧盟那样是一个经济共同体，更不像北约那样是一个政治联盟。虽然它们有能力将自己的经济力量联合起来，以取得更大的政治话语权，但是彼此之间也存在利益分歧，这会制约金砖国家间的各类合作。尤其是中国、俄罗斯与印度之间在地缘政治上的分歧难以消解，导致金砖国家短期内难以形成在国际治理中的向心力。例如，2017年6月18日，印度边防人员在中印边界锡金段越过边界线进入中方境内，阻挠中国边防部队在洞朗地区的正常活动，直至8月28日印方将越界人员和设备全部撤回，洞朗事件持续发酵两个多月。目前中印之间的利益矛盾和政治互信基础薄弱，是制约金砖国家合作发展的最重要因素。中俄目前关系较好，但由于历史和地缘政治因素，也存在一些潜在矛盾。

各国对金砖国家概念和合作前景的认同度并不是特别高，投入的诚意不足。金砖国家间这些错综复杂的矛盾，使得相关合作平台不得不按照成分照顾各方利益，在制度建设上存在一定的先天不足。例如，为各国的基础设施建设提供融资服务是金砖国家新开发银行成立的直接动因。长久以来，以世界银行为代表的国际多边开发银行话语权由发达经济体把持，以金砖国家为代表的新兴市场正值大兴土木的投资时期，但资金获取渠道存在瓶颈。金砖国家期待更多简化、高效的贷款政策，这些都促使金砖国家考虑建立自己的贷款机构，为对各国基础设施建设提供有力支持。在金砖银行持续两年的谈判中，各国一直就金砖银行出资额及股权比例有非常大的争议，印度等国担心中国注资太多而获得金砖银行的主导权。为避免出现国际货币基金组织遇到的因美国出资太多而导致一些悬而未决的问题，各方都希望建立一个拥有公平话语权、开放体制和完善机制的机构。最终金砖银行无论是在资本额的分配还是在办公地点和人事的安排上，都体现了人人有份的平均主义特点，这也是最后各方互相妥协的结果。可以明显地看出，除总部设在中国上海实质性意义比较明显以外，其他的头衔大多采用轮流坐庄的形式。这种兼顾平等的合作形式势必影响金砖国家的金融合作效果，即平等与效率无法兼顾。在缺乏主导者的情况下，如何维持这两个机构的高效运作，平衡其政策性特征与市场化运营模式，可能会是一个考验。

（四）金砖国家合作面临严峻外部挑战

1. 发达国家经济复苏

金砖国家代表的新兴市场国家在过去 10 年的兴起，与发达国家的相对衰落形成鲜明对比，也是其影响力持续上升的重要原因。但在国际金融危机 10 周年即将到来之际，全球宏观经济形势正在发生深刻变化。经历了危机后的漫长衰退和调整，美国为代表的发达国家经济正在出现明显复苏迹象。而且由于发达国家过去几年市场出清和结构调整更为彻底，在新一轮技术革命和产业浪潮中仍占据领先地位。在这一背景下，发达国家开始试图夺回全球经济领导权。一个典型的现象是，作为国际金融危机后发达国家与新兴市场国家合作应对经济挑战的平台，G20 的影响力开始显著下降，发达国家传统合作平台 G7 的影响力则在快速恢复。由于发达国家全球治理合作有着悠久的历史经验和成熟的机制，相对于新兴市场国家具有明显优势。金砖国家合作机制等新兴国际治理机制，很难与传统发达国家合作机制竞争。

此外，金砖国家为代表的新兴市场国家有一个明显的弱点，这就是金融体系的发展程度相对滞后，抗风险能力较弱。在美元主导的国际金融体系下，随着发达国家特别是美国经济的复苏，美元已逐步进入加息周期。这不可避免地导致全球货币环境趋于紧缩，引发资本大规模回流发达国家，从而容易在新兴市场国家引发系统性的金融危机，包括金砖五国在内所有的新兴经济体都将受到剧烈冲击。如果出现这种局面，将对金砖国家新开发银行和外汇应急基金等合作机制形成严峻挑战。

2. 新的国际政治格局

随着中国经济保持快速稳定发展，中国的综合国力正在显著上升。中美日益成为决定全球治理格局的主要国家，全球治理格局正在从美国一家独大，向中美共治的 G2 方向发展。由于美国不愿意放弃其全球霸权地位，而中国在国际舞台上又日益积极主动，双方的复杂博弈将对金砖国家合作等新兴治理平台带来很多不确定因素。

例如，美国对亚洲基础设施银行的成立，始终采取消极态度，试图阻止其盟友加入，直到最近才略有改观，但仍很难放弃遏制立场。而且在历史上，英美等发达国家历来擅长"分而治之"的统治策略，一贯对发展中国家采取分化离间、制造矛盾的遏制措施，防止其团结起来形成统一的国际力量。因此，金砖国家为代表的新兴市场国家合作，未来也可能面临类似的阻碍和挑战。

三 国际经验

金砖国家作为现代国际舞台上后起的新兴大国，在加强合作平台建设方面，可以学习现有发达国家主导的合作平台的成功经验。目前的全球合作和治理平台可分为三大类，一类是以联合国为代表的全球合作和治理平台，一类是以亚太经合组织为代表的区域集团合作和治理平台，还有一类是以经合组织为代表的跨区域集团合作和治理平台。这些平台都有一些重要的经验和教训值得金砖国家研究借鉴。

（一）全球合作和治理平台

1. 联合国

联合国是全球最大的国际合作和治理组织，于 1945 年成立，现有会员国 193 个，覆盖了全球几乎所有主权国家。联合国的宗旨和工作以《联合国宪章》中规定的机构目标和原则为出发点。由于该宪章赋予的权利及其独特的国际性质，联合国可就一系列国际问题采取行动，具体涉及和平与安全、气候变化、可持续发展、人权、裁军、恐怖主义、人道主义和卫生突发事件、性别平等、施政及粮食生产等。

联合国通过大会、安全理事会、经济及社会理事会与其他机构和委员会，为会员国提供一个论坛来表达它们的观点。并通过促成会员国间对话，主持协商，成为政府间达成协议，携手解决问题的有效机制。联合国的首席行政长官为秘书长。

联合国的主要机构包括：联合国大会、安全理事会、经济及社会理事会、国际法院、秘书处。

2. 世界银行

世界银行集团是一个独特的全球性合作伙伴，有 189 个成员国，员工来自 170 多个国家，在 130 多个地方设有办事处。世界银行作为面向发展中国家的世界最大的资金和知识来源，致力于减少贫困，推动共同繁荣，促进可持续发展：（1）消除极端贫困，到 2030 年将极端贫困人口占全球人口的比例降低到 3%；（2）促进共享繁荣，提高各国占人口 40% 的最贫困人群的收入水平。

世界银行集团由以下五个机构组成：（1）国际复兴开发银行（IBRD），负责向中等收入国家政府和信誉良好的低收入国家政府提供贷款。（2）国际开发协会（IDA），负责向最贫困国家的政府提供无息贷款（也称信贷）和赠款。IBRD 与 IDA 一起组成了世界银行的核心部分。（3）国际金融公司（IFC）是专注于私营部门的全球最大发展机构，通过投融资、动员国际金融市场资金以及为企业和政府提供咨询服务，帮助发展中国家实现可持续增长。（4）多边投资担保机构（MIGA），成立于 1988 年，目的是促进发展中国家的外国直接投资，以支持经济增长、减少贫困和改善人民生活。MIGA 通过向投资者和贷款方提供政治风险担保履行其使命。（5）国际投资争端解决中心（ICSID），提供针对国际投资争端的调解和仲裁机制。

3. 国际货币基金组织（IMF）

国际货币基金组织简称"基金组织"，是于 1944 年 7 月在美国新罕布什尔州布雷顿森林召开的一次联合国会议上构想建立的。参加此次会议的 44 个国家试图建立一个经济合作框架，避免再次出现加剧了 20 世纪 30 年代大萧条的竞争性货币贬值，确保国际货币体系，即各国（及其公民）相互交易所依赖的汇率体系及国际支付体系的稳定。

为了保持稳定，防止国际货币体系发生危机，基金组织通过一种监督机制对国别政策以及各国、地区与全球经济和金融发展进行检查。基金组织向 188 个成员国提供建议，鼓励有利于促进经济稳定、减少对经济和金融危机的脆弱性以及提高生活水平的政策。它通过《世界经济展望》定期提供其对全球前景的评估，通过《全球金融稳定报告》定期提供其对金融市场的评估，通过《财政监测报告》提供其对公共财政发展的评估，还出版一系列地区经济展望。

基金组织的融资为成员国纠正国际收支问题提供应急援助。通过与基金组织密切合作，成员国当局就基金组织支持的贷款制定调整规划。是否继续提供贷款支持取决于成员国能否有效实施这些规划。

基金组织提供能力建设和培训，帮助成员国增强其设计和有效实施政策的能力，包括在税收政策和征管、支出管理、货币和汇率政策、银行和金融体系监管、立法框架和统计等领域。

基金组织发行一种称作特别提款权（SDR）的国际储备资产，用以补充成员国的官方储备。特别提款权总额约为 2040 亿特别提款权（约合 2860 亿美元）。基金组织成员国之间可自愿用特别提款权兑换货币。基金组织的主要资金来源是成员国的份额，份额大致反映成员国在世界经济中相对地位。目前份额资金总额约为 4770 亿特别提款权（约合 6680 亿美元）。

基金组织对成员国政府负责。其组织结构的最高层次是理事会，由每个成员国的一位理事和一位副理事组成，通常来自中央银行或财政部。理事会每年在基金组织/世界银行年会之际开会一次。国际货币与金融委员会由 24 位理事组成，通常每年举行两次会议。基金组织的日常工作由代表全体成员国的 24 位成员组成的执董会执行；其工作受国际货币与金融委员会指导，并由基金组织的工作人员提供支持。总裁是基金组织工作人员的首脑并担任执董会主席，由四位副总裁协助。

（二）区域集团合作和治理平台

1. 亚洲太平洋经济合作组织

简称亚太经合组织（APEC）是亚太地区最具影响的经济合作官方论坛，总部位于新加坡。冷战结束后，国际形势日趋缓和，经济全球化、贸易投资自由化和区域集团化的趋势渐成为潮流。同时，亚洲地区在世界经济中的比重也明显上升。1989 年 11 月 5～7 日，在澳大利亚倡议下，举行了亚太经济合作会议首届部长级会议，标志着亚太经济合作会议的成立。1993 年 6 月改名为亚太经济合作组织。1991 年 11 月，中国以主权国家身份正式加入亚太经合组织。目前亚太经合组织共有 21 个成员和 3 个观察员。该组织为推动区域贸易投资自由化，加强成员间经济技术合作等方面发挥了不可替代的作用。它是亚太区内各地区之间促进经济成长、合作、贸易、投资的论坛。

亚太经济合作组织的宗旨是：保持经济的增长和发展；促进成员间经济的相互依存；加强开放的多边贸易体制；减少区域贸易和投资壁垒，维护本地区人民的共同利益。APEC 主要讨论与全球及区域经济有关的议题，如促进全球多边贸易体制，实施亚太地区贸易投资自由化和便利化，推动金融稳定和改革，开展经济技术合作和能力建设等。APEC 也开始介入一些与经济相关的其他议题，如人类安全（包括反恐、卫生和能源)、反腐败、备灾和文化合作等。

APEC 的主要合作平台包括:

领导人非正式会议,一般每年举行一次。

部长级会议,分为 APEC 部长级会议和 APEC 专业部长级会议。部长级会议实际是"双部长"会,即各成员的外交部部长和经济部长会议,每年的领导人非正式会议前举行。专业部长级会议,是指讨论中小企业、旅游、环保、教育、科技、通信等问题的部长会议。

高官会。APEC 高官会议是 APEC 的协调机构,每年举行三四次会议,该会议始于 1989 年 11 月。高官会议一般由各成员司局级或大使级官员组成,提出议题,相互交换意见,协调看法,归纳集中,然后提交部长会议讨论。会议主要任务是负责执行领导人和部长会议的决定,并为下次领导人和部长会议做准备。因此,有人把高官会议称为部长会议的"实际工作部门",高官会对上向部长级会议负责,对下总体协调 APEC 各委员会和工作组的工作,是 APEC 的核心机制。

高官会下设 4 个委员会:(1)贸易投资委员会(CTI):负责关税、非关税措施、服务、投资、标准一致化、海关程序、知识产权、竞争政策、政府采购、放宽管制、原产地规则、争端调解、商务人员流动、乌拉圭回合结果执行、信息收集和分析。下属机构:市场准入组、服务工作组、投资专家组、标准一致化分委会、海关程序分委会、知识产权专家组、政府采购专家组、争端调解专家组、竞争与放宽管制工作组、商务人员流动专家组、乌拉圭回合结果执行和原产地规则工作组。(2)经济委员会(EC):负责研究、分析 APEC 区域的经济问题及发展趋势,撰写有关专题报告。其固定出版物为《APEC 年度经济展望报告》。(3)经济技术合作分委会(SCE):协助高官会协调、管理 APEC 经济技术合作活动,审议各项活动的进展情况,确定有价值的合作倡议;遵循相互尊重、互利互助、协商一致的原则,与 APEC 各论坛充分协商;为强化、精简 APEC 工作提供政策管理知识等。(4)预算和管理委员会(BMC):就有关 APEC 预算、行政和管理等问题向 APEC 高官提出意见。评估 APEC 预算结构并提出建议,审议项目申请,草拟 APEC 年度预算报告,审查 APEC 预算及预算过程有关的所有问题,研究 APEC 进程中的管理改革问题。

高官会下设 3 个政策级专家组和 10 个专业工作组：（1）政策级专家组：中小企业政策组、农业技术合作专家组、将妇女融入 APEC 特别工作小组。（2）专业工作组：人力资源开发工作组、产业科技工作组、海洋资源保护工作组、交通工作组、能源工作组、旅游工作组、渔业工作组、电信工作组、贸易促进工作组、贸易投资数据工作组。

亚太经合组织秘书处 1993 年 1 月在新加坡设立，为 APEC 各层次的活动提供支持与服务。秘书处负责人为执行主任，由 APEC 当年的东道主指派。

除以上五个结构组织外，APEC 还有工商咨询理事会（ABAC）和 CEO 峰会两个组织。工商咨询理事会自 1995 年起成为 APEC 的常设机构。其主要任务是对 APEC 贸易投资自由化、经济技术合作以及创造有利的工商环境提出设想和建议，并向领导人和部长级会议提交咨询报告。ABAC 秘书处暂设在菲律宾马尼拉，经费由各成员缴纳。由当年 APEC 东道主任 ABAC 主席。APEC 工商界领导人峰会（CEO SUMMIT）作为每年 APEC 领导人非正式会议的组成部分，与领导人非正式会议同时召开。

2. 上海合作组织

上海合作组织是哈萨克斯坦共和国、中华人民共和国、吉尔吉斯共和国、俄罗斯联邦、塔吉克斯坦共和国、乌兹别克斯坦共和国于 2001 年 6 月 15 日在中国上海宣布成立的永久性政府间国际组织。上合组织前身是 1996 年 4 月 26 日建立的中国、俄罗斯、哈萨克斯坦、吉尔吉斯斯坦、塔吉克斯坦五国元首会晤机制。现成员国：哈萨克斯坦、中国、吉尔吉斯斯坦、俄罗斯、塔吉克斯坦、乌兹别克斯坦、印度、巴基斯坦。观察员为：阿富汗、白俄罗斯、伊朗、蒙古。对话伙伴为：阿塞拜疆、亚美尼亚、柬埔寨、尼泊尔、土耳其、斯里兰卡。

上海合作组织成员国元首理事会第十五次会议于 2015 年 7 月 10 日在俄罗斯乌法举行，乌法峰会通过关于启动接收印度、巴基斯坦加入上合组织程序的决议，两国将在 2017 年阿斯塔纳上合组织峰会上成为正式成员。这是上合组织 2001 年成立以来首次扩大。

上海合作组织的宗旨是：加强成员国之间的互相信任与睦邻友好；鼓励成员国在政治、经济、科技、文化、教育、能源、交通、环保和其他领域的有效合作；联合致力于维护和保障地区的和平、安全与稳定；建立民主、公正、合理的国际政治经济新秩序。

上海合作组织每年举行一次成员国国家元首正式会谈，定期举行政府首脑会谈，轮流在成员国举行。为扩大和加强各领域合作，除业已形成的相应部门领导人会谈机制外，可视情况组建新的会谈机制，并建立常设和临时专家工作组研究进一步开展合作的方案和建议。

上海合作组织尤其重视并尽一切必要努力保障地区安全。成员国为落实《打击恐怖主义、分裂主义和宗教激进主义公约》而紧密合作，包括在吉尔吉斯斯坦比什凯克建立上海合作组织反恐怖中心。此外，还在遏制非法贩卖武器、毒品、非法移民和其他犯罪活动方面开展多边合作。上海合作组织成员国在重大国际和地区问题上互相支持和密切合作，联合促进和巩固本地区及世界的和平与稳定。在当前国际形势下，对于维护世界战略平衡与稳定具有特别重要的意义。

上海合作组织迄今已基本完成机制建设任务，建立起涵盖不同层次、涉及众多领域的较完善的机构体系，为自身发挥职能和作用奠定了坚实基础。已建立国家元首、总理、总检察长、安全会议秘书、外交部部长、国防部长、经贸部长、文化部部长、交通部部长、紧急救灾部门领导人、国家协调员等会议机制。每个会议机制的运作，均有相应的文件予以规范。国家元首理事会是最高领导机构，负责研究、确定上海合作组织合作与活动的战略、优先领域和基本方向，也负责通过重要文件。元首例行会议每年举行一次，通常由成员国按国名俄文字母顺序轮流举办。举行例行会议的国家为本组织主席国。

上海合作组织设有两个常设机构——秘书处和地区反恐怖机构。上海合作组织秘书处设在北京，2004年1月正式启动。秘书处是组织的常设行政机构，为组织框架内的活动提供行政、技术和信息保障。主要职能包括：协助举行组织的各种会议；参与制定组织的文件草案；协助落实组织通过的各项决议和文件；保管组织的文件、资料；收集、整理和传播组织活动的信息；编制和执行组织常设机构的预算；代表组织同其他国际组织和国家开展交往。秘书处编制 30 人。秘书长由成员国按国名俄文字母顺序轮流担任，任期 3 年。上海合作组织地区反恐怖机构设在乌兹别克斯坦首都塔什干，是上海合作组织成员国在打击"三股势力"等领域开展安全合作的常设机构。地区反恐怖机构下设理事会和执行委员会。理事会是地区反恐怖机构的协商决策机关，由成员国反恐主管部门负责人或代表组成。执行委员会是常设执行机关，编制 30 人。最高行政官员为执委会主任，任期 3 年。

（三）跨区域集团合作平台

1. 经济合作与发展组织

经济合作与发展组织（OECD）成立于 1961 年，有 35 个成员国，全部为发达国家，总部位于法国巴黎。经合组织设有秘书处，在秘书长领导下负责日常工作，职员 2500 人，目前年预算 3.63 亿欧元。

经济合作与发展组织（OECD）的使命是推动改善世界经济与社会民生的政策。OECD 提供了一个平台，政府可以借此平台展开合作，分享经验并寻求共同问题的解决方案。OECD 与政府合作，探究经济、社会和环境变化的推动力量，衡量生产力以及全球贸易和投资流，分析并比较数据以预测未来趋势，为从农业和税收到化学制品安全性等范围广泛的事物制定国际标准。同时，OECD 也关注直接影响普通人生活的各种问题。比如，缴纳多少税收和社会保障金，有多少休闲时间等。OECD 比较不同国家的学校制度如何使该国的年轻人应对现代生活，以及不同国家的养老金制度如何照顾该国的老年人。

OECD 从实际情况和现实经验出发，提出各种旨在改善民生的政策。通过工商咨询委员会，OECD 与企业展开合作；通过工会咨询委员会与劳工展开合作，与其他民间团体也有积极的接触。OECD 工作的主线，是促进以民主制度为依托的市场经济和广大人民的幸福。同时，OECD 也致力于遏制恐怖分子、逃税人、不法商人以及有损于公平和开放社会的其他不良群体。

目前 OECD 致力于从四个主要方面对各成员国的政府提供帮助：（1）恢复市场、机构和企业的信心，使之有效运作。为此需要改进法规，对各个层次的政治和商业生活进行更加有效的治理。（2）重建卫生公共财政，为将来可持续的经济发展奠定基础。（3）通过创新、环境友好的"绿色增长"策略、以及新兴经济体的发展，来培育和支持新的增长点。（4）确保各个年龄层次的人都能增长技能，从而在今后的就业中开展富有成果的、令人满意的工作。

OECD 秉持客观、开放、敢于挑战、不断开拓、恪守道德的核心价值：做出独立的、以证据为基础的分析和建议，鼓励通过商讨达成全球关键性议题的共识，从自身做起挑战传统观念，确立并解决不断出现的各种新挑战和长期挑战，通过信任、廉正和透明建立公信力。

OECD 出版物是该组织智力成果的主要传播媒介。OECD 定期出版展望、年度综述和比较统计资料。其中包括：《OECD 经济展望》（OECD Economic Outlook），评估成员国和主要非成员经济体的经济前景。《OECD 概况》（OECD Factbook），经济与政策问题研究人员的重要参考工具。《OECD 经济调查》（OECD Economic Surveys），提供单独的国家分析和政策建议。《力争增长》（Going for Growth），提供比较指标和国家业绩评价。

2. 七国集团

七国集团是主要工业国家会晤和讨论政策的论坛，成员国包括美国、英国、德国、法国、日本、意大利和加拿大。

20 世纪 70 年代，主要资本主义国家的经济形势一度恶化，接连发生的"美元危机""石油危机"和 1973 ~ 1975 年的严重经济危机把西方国家弄得焦头烂额。为共同解决世界经济和货币危机，协调经济政策，重振西方经济，1975 年 7 月初，法国首先倡议召开由法国、美国、日本、英国和德国 5 国参加的最高级首脑会议。同年 7 ~ 8 月举行的欧安会最后阶段会议上，5 国代表经过协商，同意召开西方主要工业国最高级会议，以讨论涉及世界经济危机的所有经济问题。10 月初，在纽约举行的筹备小组会议决定邀请意大利参加。同年 11 月 15 – 17 日，第一次会议在法国的朗布依埃举行。

1976 年的第二次会议在波多黎各首府圣胡安召开，加拿大总理应邀出席了此次会议。会议还确定了每年一次的首脑会议轮流在各参加国召开，时间都在 7 月。此后由美、英、德、法、日、意、加主要西方工业国家参加的最高级首脑会议通称为西方七国集团首脑会议。多项国际行动计划均在这一框架内达成，比如在政治领域，20 世纪末 G7 就发动科索沃战争以及相关战争费用分摊达成了一致；在经济领域，著名的广场协议以及对东亚金融危机的救助也是 G7 的合作成果。

1991 年 7 月，七国集团首脑会议第 17 次会议在伦敦举行。当时的英国首相梅杰作为东道主邀请苏联总统戈尔巴乔夫前往伦敦，以客人身份与 7 国领袖见面，但无权出席会议。苏联解体之后，俄罗斯总统叶利钦成为七国首脑会议的"客人"或称"观察员"。直到 1994 年 7 月，在那不勒斯举行的第 20 届首脑会议上，俄罗斯才获准参加政治问题的讨论，但仍然被排斥在关键会议的大门之外。从那时候起，这种"7 + 1"的模式一直保持到 1997 年第 23 届首脑会议上，这次会议除了 1 个小时的专门讨论财政金融问题的会议俄罗斯不参加之外，叶利钦和西方七国首脑一起讨论了全球的政治和经济问题。1998 年在德国科隆举行的第 23 届首脑会议上，俄正式成为会议的全权成员，八国集团首脑会议宣告定型。

2014 年 3 月，由美国牵头，七国集团在荷兰海牙召开特别会议，决定联合抵制原定 6 月在俄罗斯索契举行的八国集团峰会，改在布鲁塞尔举行七国集团峰会。2014 年 6 月 4 日，由欧盟主持的七国集团（G7）领导人会晤 4 日晚间在比利时布鲁塞尔开幕，这是俄罗斯自 1997 年加入这一集团后首次被排除在外。

四　总体思路

（一）背景和出发点

金砖国家合作平台建设的总体思路，应从两个角度加以考虑。

一是全球实力对比变化和治理体系改革的角度。金砖国家的人口总数占全球 43%，总体外汇储备占到全球 40%，经济总量占到全球的 21%，金砖国家在全球治理体系中拥有的话语权却极其不对称，投票份额与经济实力等因素严重不匹配。虽然金砖国家经济普遍面临各种困难，且未来发展存在诸多不确定性，但金砖五国对合作可能面临的障碍已有正确的认识，并且以建设性的心态共同寻求着解决之道。金砖国家机制不会走向衰落，仍然具有强大生命力。做专、做优、做强合作机制是金砖五国达成的共识。金砖国家应进一步来创新合作方式，丰富合作的内涵，为各国人民带来更多的好处。合作机制建设的关键在于新兴国家间战略合作的良性互动，如何在合作机制建设中顺势而为、乘势而上，制定战略性的制度设计和制度安排及制度建设就成为重要的考量命题。

二是中国自身完善国家治理体系和提高国际领导力的角度。对中国来说，加强金砖国家合作将有助于中国进一步引领全球治理体系变革的进程。首先通过金砖国家平台引领新兴市场国家的国际治理，然后通过金砖国家推动二十国集团在全球治理中的作用，再进一步推动全球治理，这样的效果更好。中国通过引领金砖国家制度化建设在国际规则制定包括国际标准制定过程中发挥作用，也是利用这一机制非常有效的做法。

"一带一路"建设是我国目前对外关系的顶层设计，推进金砖国家合作要在这个顶层设计之下考虑。目前，金砖国家均参与了"一带一路"建设，巴西、俄罗斯、印度、南非都是亚投行创始成员国。但是，这并不意味着"一带一路"合作机制可以取代金砖国家合作机制，后者仍然具有独特的战略价值。"一带一路"倡议涉及的国家主要在欧亚大陆和非洲，既包括大量发展中国家甚至贫困国家，也包括不少发达国家，带有更多的地缘政治色彩。金砖国家则主要以经济性质为聚合点，涉及全球主要区域的新兴市场大国。因此，金砖国家合作机制与"一带一路"机制并不完全重合，可以发挥互补和协同作用。

目前金砖国家合作机制仅包括五个国家，相互联系较为松散，从国际合作实力来说也显得较为单薄。2017年9月3日，习近平总书记在出席金砖国家工商论坛时指出：作为具有全球影响力的合作平台，金砖合作的意义已超出五国范畴，承载着新兴市场国家和发展中国家乃至整个国际社会的期望。金砖国家奉行开放包容的合作理念，高度重视同其他新兴市场国家和发展中国家合作，建立起行之有效的对话机制。进一步想，如果能扩展成员国范围，将主要新兴市场国家都纳入，将会形成一股重要的国际政治经济力量。目前，全球新兴市场国家还缺少自己的共同合作平台，还没有联合起来维护和促进自己的利益。金砖五国的合作为新兴市场国家合作开了个好头，从长期来看，完全有可能以金砖合作机制为基础，拓展为全球新兴市场国家合作平台，使我国成为全球新兴市场国家团结协作的引领者。

按照上述分析，加强金砖国家合作平台建设的基本思路应该是：在"一带一路"总体外交战略布局下，与"一带一路"和 G20 等合作机制相互补充，逐步扩大规模，构建常设机构，丰富合作内容，加深合作程度，为建设全球新兴市场国家合作平台打下坚实基础。

（二）基本目标和方向

按照上述基本思路，金砖国家合作平台建设可以设定短、中、长期目标序列。其中，短期目标应该是健全现有金砖国家合作平台，增强协调性和执行力；中期目标应该是在现有合作平台基础上拓展和延伸，搭建多层次、多领域的金砖国家多轨合作平台架构；远期目标应该是以金砖国家合作平台为基础，形成我国发起和引领的全球新兴市场国家合作平台。

在发展方向的选择上，金砖国家合作平台可以从联合国、欧盟、OECD 和 G7 等国际合作平台的历史中吸取经验，按照多轨合作的思路，打造综合性的合作平台架构，覆盖政治、经济、社会、人文等主要领域，为成员国共同发展提供更有效的国际合作支撑。

美国学者戴蒙德和麦克唐纳在《多轨外交》一书中，以美国国际治理实践为基础，提出了由 9 个方面交流合作渠道构成的多轨外交体系，即官方正式外交、非政府专业人士、商业、平民、研究教育、社会行动、宗教、慈善、传媒。金砖国家合作平台建设，可以参考这一体系框架，以现有合作平台为基础加以构建。目前，金砖国家"一轨"合作平台已初具形态，下一步需要更加完善和制度化；"二轨"合作平台已有智库理事会等形式，"三轨"合作平台有金砖国家新开发银行和工商理事会，都可以继续扩充完善；其他 6 个轨道的合作平台还基本上是空白，未来可逐步构建起相关合作机制。

金砖国家合作平台框架图：

一轨（官方正式外交）：

领导人峰会，安全事务高级代表会议、外长会晤、宏观经济对话、财经对话等部级交流，友城等地方政府合作……

二轨（非政府专业人士）：

智库理事会，政府前高官交流，政治、法律、经济、能源、卫生等专家论坛……

三轨（金融商业）：

新开发银行、应急储备机制等金融机构，工商理事会、能源资源等商业合作……

四轨（平民）：

非营利组织合作、志愿者活动、平民交流、体育竞赛、旅游……

五轨（研究教育）：

高校合作、留学生培养、交换生，联合科技项目……

六轨（社会行动）：

人权和犯罪预防、反对种族主义、民族团结、环境保护、妇女儿童权益、养老、禁毒、少数群体权益……

七轨（宗教文化）：

宗教对话、跨文化交流与对话、语言学习、艺术交流、出版合作、博物馆图书馆合作……

八轨（慈善）：

公益基金会合作、卫生援助、发展援助、扶贫……

九轨（网络和传媒）：

互联网治理及技术合作，新闻合作、新媒体交流……

（三）路径设计

对于五个有着不同经济发展模式、社会历史背景并且在很多方面还存在某种竞争关系的国家来说，合作的道路不可能是坦途一片。

新型公共产品和新的功能性合作项目应是金砖国家开展务实合作的

重要路径。金砖国家通过合作提供新型公共产品也就是所谓的国际型公共产品，在推动经济增长之外对全球做出更多贡献，这是国际体系的需求也是金砖未来能够持续存活和发展以及壮大下去的重要的立身之本。金砖国家之间要形成新的功能性的合作项目，这些项目能够实现金砖国家的共同获利，解决金砖国家相互之间因各种差异出现的金砖内聚力不足的问题。

因此，金砖国家合作平台建设的基本路径应该是，以目前新兴市场国家经济关系为依托，从扩大经贸投资合作开始循序渐进推动平台建设，逐步构建多轨合作平台，条件成熟时推动设立秘书处，形成常设组织，让合作关系更紧密，在此基础上稳步扩大成员国规模，将合作平台从金砖成员国拓展到全球主要新兴市场国家。

金砖国家建设合作平台的路径，可以学习借鉴欧盟的经验。欧洲的一体化进程开始于法、德等欧洲大国的合作，最初的合作局限在煤钢联盟等具体经济层次，然后逐步拓展，覆盖欧洲主要国家和主要经济领域，再拓展到社会、政治等合作，最后推动全面的一体化建设。金砖国家虽然属于跨地区合作，与欧盟的区域合作存在较大差别，但基本的逻辑可以参考。

金砖国家合作平台向新兴市场国家合作平台演化的关键是扩大成员国范围，这也是整个平台建设中最大的难点。俄罗斯在金砖组织中的经济分量偏低，因而担心成员扩大后本国在金砖机制中的经济影响力被进一步稀释冲淡。对印度来说，有意向参加金砖组织的国家大多同印度保持着较为良好的双边关系，也没有掺杂现实利益纠葛和地缘政治矛盾，因此印度原则上支持金砖扩充规模。巴西和南非看待扩员问题更多是从地缘因素出发，由于两国实力在金砖组织中相比其他三国偏弱，作为唯一的非洲和拉美国家，两国优势很多时候体现在地缘政治因素领域。而金砖组织的优先候选者中，墨西哥、阿根廷、尼日利亚和埃及等来自非洲和拉美的国家是潜在主体。因此，巴西和南非担心与本国同处一个地区的地缘竞争者加入，会减弱两国在金砖机制中的地位特殊性和政策决断力。

解决这个问题，可以参考上合组织、OECD 等国际组织的经验，设立不同层次的成员国资格结构，通过伙伴国、观察员等形式将新成员纳入合作范围。待条件成熟、原有成员国取得一致意见后，再将其正式纳入合作平台。

具体建议：

1. 稳步构建多层次成员国体系

金砖合作机制既不是针对特定国家的"俱乐部"，更不是追求封闭排外的"小集团"，而是始终秉持自愿协商、开放包容的合作主义精神的多边协调机制。因此，从扩大组织受众群体和维持机构高位运行的角度看，金砖机制有必要分步扩充规模，以进一步增强该组织的地域代表性和覆盖面。

对于有意加入的国家，可以按照对话伙伴国或观察员的方式，与金砖组织建立先期的某种定向联系。在制定完善相应规章制度、条件成熟的基础上，再按既定标准吸纳新成员。第一步可以把 G20 内所有发展中国家发展为对话伙伴国或观察员，特别是应尽快吸收墨西哥、印度尼西亚等中等强国参与金砖国家合作平台活动。

2. 循序渐进推动设立金砖国家秘书处

金砖国家合作机制建立以来，一直有关于是否应该设立金砖秘书处的讨论。目前，金砖国家合作主要还是非正式的，以论坛为其存在形式，主席国实行"轮流坐庄"的机制，在实际的议程设置中发挥引导作用。未来金砖国家合作机制应向更紧密的工作组织"进化"，我国应循序渐进推动金砖国家合作机制建设，常设秘书处可作为未来远期目标，中期通过经济合作机制化加强平台基础建设，短期内保持论坛形式。

短期内（最近 2~3 年），金砖组织的论坛式运作方式更有利于我国参与全球治理。尽管我国与金砖成员有较多共同利益，但也存在不少矛盾分歧。相比七国集团，金砖国家内部无论从政治制度、经济体制，还是从意识形态方面的相似性和协同性都更低，从而进行内设机构整合的操作难度也相应更大。短期内采取灵活、非正式性运作方式加强与相关国家合作，既能够实质促进我国与相关方双边关系，推动金砖国家以整体声音说话，又可以有效避免因部分历史和现实因素引发直接对立的风险。

在中期（3～5年），应该推动金砖国家向"松而不散"的经济合作机制或经济利益共同体演化，依据以领导人峰会为核心，以部长级会晤和专门高官会为支撑，智库年会等"二轨"渠道为辅助的制度性合作框架，凝心聚力找准利益契合点、拉紧战略共同点来推进务实合作，使合作平台进一步机制化和发展壮大。这个过场中，可在经济合作基础上，在金砖国家财金秘书处设负责处理各种日常事务的执行主任1人，由金砖组织成员方的财政部部长和央行行长的副手作为秘书处执行副主任，秘书处的执行主任和副主任组成秘书处执行委员会，共同领导和管理机构的文稿起草、外事行政和要报整理等工作，以此作为未来金砖国家合作正式秘书处的基础，积累工作经验和人员储备。

在远期（5～10年），可视未来合作进程需要决定机制化程度，适时推动设立常设秘书处作为处理一般性事务的具体职能部门和日常办事机构，综合协调各工作组的上传下达、会议文书的记录和档案资料保管，以及领导人峰会共识的具体落实。如果能够设立一个金砖国家秘书处，显然是金砖合作机制深化的体现，能够克服缺少强制力和协同性这项无法回避的传统"难点"和"痛点"。但秘书处的筹组设立不是单独的机构改制问题，其运转程序、人员编制、驻地选址、预算开支和组织结构等内容是一项涉及面广、综合性强的复杂系统工程。

3. 加强金砖国家合作平台与其他国际组织和机制的合作

能否处理好与其他国际性多边机构或区域组织以及特定功能性机制的关系，是影响金砖国家合作平台发展前景的重要问题。对比七国集团可以发现，七国集团非常注重强化与国际多边机构的联络，善于借助国际机制的特殊身份和影响，将七国峰会达成的政策意志和决策共识转变成全球治理的指导原则和行动方案。如果希望进一步完善金砖国家合作平台，扩大金砖国家治理的合法性和影响力，可以考虑在不影响现有合作效率和效力的基础上，加强金砖国家合作平台与相关机构"二轨"对话平台和沟通渠道的建设，构建同其他国际组织的互动关系。

目前，金砖国家合作平台运作中已有一些与其他国际组织互动的尝试。例如，有些金砖国家峰会当值主席国曾邀请相关区域国家或组织代表参与峰会。南非德班峰会开创了"金砖+非洲"会晤，巴西福塔莱萨峰会有"金砖+拉美"会晤，俄罗斯乌法峰会有"金砖+欧亚经济联盟和上合组织"，印度果阿峰会有"金砖+环孟加拉湾经济技术合作组织"会晤。但这种合作模式尚不成熟，更未形成连贯性和稳定性的通则共识和制度规范。

下一步，我国可以推动建立"金砖+×"的对话合作机制，参会代表为金砖国家首脑以及各区域性组织的年度主席国或秘书处负责人，年会由金砖国家峰会轮值主席国委派相关机构承办，未来在适当时机可逐步扩大邀请范围。同时，随着金砖国家合作平台工作的日益完善，亦可以委派金砖智库理事会或其他下设机构作为永久观察员，参与相应区域性多边组织的学术网络研讨会、技术转让和知识共享促进会等部分交流活动。

此外，由于全球治理具体议题需要多边组织落实，金砖机制要增强治理实效，加强与有全球影响力的国际机构的联系。G20杭州峰会期间，李克强总理同世界银行行长、国际货币基金组织总裁、世界贸易组织总干事、国际劳工组织总干事、经济合作与发展组织秘书长、金融稳定理事会主席六大国际金融机构负责人举行"1+6"圆桌对话会。此次对话形式新颖、效果明显，对金砖国家加强与相关国际开发机构联系有很强的借鉴意义和参考价值。因此，可以仿照"1+6"圆桌对话会的形式，以金砖国家、上述联合国专门单位以及经济与发展合作组织等六大经济金融机构作为独立参与方，建立一个政治和经济领域的"5+6"高官年度定期对话机制。由金砖峰会年度当值主席国作为负责联络国际机构的专职协调员，在每年金砖峰会期间邀请上述六大机构"掌门人"，共同就全球治理中的重要问题进行全面深入探讨。

4. 加强金砖国家新开发银行建设

新开发银行是金砖国家合作最具实质性内容的平台，与各国需求最为契合，应作为未来金砖国家合作的基础性平台重点加以建设。

（1）为新发展银行运营营造良好氛围。相关国家权威媒体、经济学者和专家应对金砖国家新开发银行进行正面、准确的解读，重点解读"有益的补充"的角色和定位，是新型的发展中国家的银行，以及其份额相等、各国地位平等的深刻内涵，为金砖国家新开发银行营造一个良好的国际舆论氛围。新开发银行自身要设定合理的发展目标和方向，避免初始目标过高产生落差，形成不必要的压力，失去合理的发展环境。

（2）加强内部治理体系建设。新开发银行应形成完善的内部治理体系，努力打造成拥有合理的股权结构、有效的激励约束机制、良好风险管控机制的专业性机构。要引入具有跨国家和跨文化管理能力的全球化职业银行家与高端金融专才。要尽快公布章程等内部规则和未来工作计划，让世界更加了解其内部运行规则，以及金砖国家新开发银行开展业务的潜在受益者。尽快通过项目运行和落地，体现新开发银行的影响力和工作实效，以获得国际支持。

（3）进一步顺畅机构运作机制。要处理好内部成员的关系。中国作为该机构最大的经济体，要在金砖国家新开发银行这个平台上发挥更大的作用，必须循序渐进，避免其他国家不必要的顾虑，尽可能平衡好各国之间的关系，与其他国家形成合力。要处理好金砖国家新开发银行与其他国际金融机构的关系，秉承开放性的宗旨，与世行、IMF 等机构形成良性互动，发挥积极引导和有益补充的作用。

（4）进一步完善银行组织架构。可学习世界银行和我国国家开发银行的经验，在新发展银行下设置若干有功能区别的相对独立机构，分别完成不同的职能。如保险、担保、评级、项目咨询、债券发行等功能，都可设立相对独立的附属机构，形成矩阵式功能实体结构，增强新发展银行对成员国提供开发性融资服务的能力。

5. 加强工商和智库等专业理事会建设

经济合作是金砖国家合作的基础和重中之重，应借鉴 APEC 等国际组织经验，拓展工商理事会的合作范围和形式。可考虑的选项包括：（1）组织金砖国家 CEO 峰会，与领导人峰会同时举行，促进各国企业家交流。（2）设立贸易投资委员会，负责研究交流金砖国家在关税、市场准入、标准一致化、知识产权、竞争政策、政府采购、争端调解、商务人员流动等方面的情况和问题，对促进金砖国家贸易投资自由化、经济技术合作以及创造有利的工商环境提出设想和建议，并向领导人和部长级会议提交咨询报告，提出政策建议。（3）借鉴TPP等自贸协定，在工商合作基础上探讨建设金砖国家高标准自贸区的方案。

智库理事会是发挥金砖国家合作软实力的最重要平台，要借鉴OECD等国际组织的经验，对金砖国际总体发展情况、国别情况、合作情况等进行定期研究和评估，为各国政府改善治理和政策制定提供建议。定期合作出版发展展望、年度综述和比较统计资料等出版物，传播成员智库的智力成果。例如，《金砖国家经济展望》，评估成员国和主要非成员经济体的经济前景，提供比较指标和国家业绩评价；《金砖国家概况》，为经济研究与政策制定人员提供参考工具；《金砖国家经济调查》，提供单独的国家分析和政策建议。建立金砖国家智库与政府部门对话机制，促进智库研究成果向各国政策的转化应用。

6.补足多轨合作平台短板

要针对目前金砖国家合作平台"四轨"到"九轨"相对空白的现状，主动引导建立相关合作平台，补足平台短板。

在四轨（平民）平台方面，可考虑建立金砖国家非营利组织合作论坛，鼓励开展各领域志愿者民间交流合作，组织广泛的平民交流活动，组织金砖国家运动会和体育交流，大力促进成员国民众的旅游交流。

在五轨（研究教育）合作平台方面，可考虑建立金砖国家高校合作机制，发挥各国在高等教育和科研方面的特长，加大留学生、交换生培养交流力度，开展联合科技研究项目。

在六轨（社会行动）合作平台方面，可考虑以各国社会组织为主体，开展人权和犯罪预防、反对种族主义、促进民族团结、环境保护、保护妇女儿童权益、养老、禁毒、少数群体权益保护等方面的交流合作。

在七轨（宗教文化）合作平台方面，可考虑设立金砖国家宗教对话论坛、跨文化交流与对话论坛，推动各国相互学习语言文化，加强艺术交流、出版合作、博物馆图书馆合作等，促进金砖国家文化交流。

在八轨（慈善）合作平台方面，可考虑建立金砖国家公益基金会合作机制，加强卫生援助和发展援助，开展扶贫合作。

在九轨（网络和传媒）合作平台方面，可考虑在世界互联网大会下设立金砖国家互联网治理及技术合作论坛，在相关领域进行密切合作。设立金砖国家新闻合作和新媒体交流机制，在国际舞台上客观传播金砖国家和新兴市场国家的形象，共同发出积极声音。

附录　金砖国家领导人厦门宣言

中国厦门，2017 年 9 月 4 日

一　序言

1. 我们，中华人民共和国、巴西联邦共和国、俄罗斯联邦、印度共和国和南非共和国领导人于 2017 年 9 月 4 日在中国厦门举行金砖国家领导人第九次会晤。围绕"深化金砖伙伴关系，开辟更加光明未来"主题，我们本着未来共同发展的愿景，在金砖国家合作已有进展的基础上更进一步。我们还讨论了共同关心的国际和地区问题，协商一致通过《金砖国家领导人厦门宣言》。

2. 我们重申，追求和平、安全、发展和合作的宏伟目标和愿望使金砖国家在 10 年前走到了一起。从此，金砖国家矢志发展经济、改善民生，沿着符合本国国情的发展道路共同走过了一段非凡历程。在历次领导人会晤的推动下，我们致力于协调行动，构建起全方位、多层次的合作势头。我们坚持发展事业，秉持多边主义，共同推动建立更加公正、平等、公平、民主和有代表性的国际政治、经济秩序。

3. 我们始于 2006 年的合作进程已经培育出互尊互谅、平等相待、团结互助、开放包容、互惠互利的金砖精神，这是我们的宝贵财富和金砖国家合作不竭的力量源泉。我们尊重各自选择的发展道路，理解和支持彼此利益。我们一直坚持平等团结，坚持开放包容，建设开放型世界经济，深化同新兴市场和发展中国家的合作。我们坚持互利合作，谋求共同发展，不断深化金砖务实合作，造福世界。

4. 我们对合作取得的丰硕成果感到满意，包括成立新开发银行（NDB）和应急储备安排（CRA），制定《金砖国家经济伙伴战略》，通过安全事务高级代表会议、外长会晤等加强政治安全合作，深化五国人民的传统友谊等。

5. 我们回顾乌法和果阿会晤成果，将共同努力深化金砖国家战略伙伴关系，造福五国人民。我们将本着坚定信念，在历次领导人会晤成果和共识的基础上，开辟金砖国家团结合作的第二个"金色十年"。

6. 我们相信，金砖国家发展前景广阔，合作潜力巨大，我们对金砖国家的未来满怀信心。我们致力于加强如下合作。

——深化务实合作，促进金砖国家发展。我们将加强发展经验交流，打造贸易投资大市场，促进基础设施联通、货币金融流通，实现联动发展。我们致力于同其他新兴市场和发展中国家建立广泛的伙伴关系。为此，我们将采取平等和灵活的方式同其他国家开展对话与合作，包括"金砖+"合作模式。

——加强沟通协调，完善经济治理，建立更加公正合理的国际经济秩序。我们将努力提高金砖国家及新兴市场和发展中国家在全球经济治理中的发言权和代表性，推动建设开放、包容、均衡的经济全球化，以促进新兴市场和发展中国家发展，为解决南北发展失衡、促进世界经济增长提供强劲动力。

——倡导公平正义，维护国际与地区和平稳定。我们将坚定维护以联合国为核心的公正合理的国际秩序，维护《联合国宪章》的宗旨和原则，尊重国际法，推动国际关系民主化、法治化，共同应对传统和非传统安全挑战，为人类命运共同体开辟更加光明的未来。

——弘扬多元文化，促进人文交流，深化传统友谊，为金砖合作奠定更广泛的民意支持基础。我们将拓展全方位人文交流，鼓励社会各界广泛参与金砖合作，促进各国文化和文明的互学互鉴，增进各国人民之间的沟通和理解，深化传统友谊，让金砖伙伴关系的理念深植于民心。

二 金砖经济务实合作

7. 我们注意到，世界经济增长更加稳固，抗风险能力增强，新动能继续显现，金砖国家继续发挥作为全球增长引擎的重要作用。同时，我们也注意到世界经济中的不确定性和下行风险依然存在，强调有必要警惕防范内顾政策和倾向。这种政策和倾向正在对世界经济增长前景和市场信心带来负面影响。我们呼吁各国谨慎制定宏观经济政策和结构性政策，加强政策沟通与协调。

8. 我们注意到，经济务实合作一直是金砖合作的基础，特别是落实《金砖国家经济伙伴战略》以及在贸易投资、制造业和矿业加工、基础设施互联互通、资金融通、科技创新、信息通信技术合作等优先领域的倡议。我们欢迎落实该经济伙伴战略的首份报告，欢迎各领域专业部长会取得的系列成果。我们承诺使用所有政策工具，包括财政、货币和结构性改革措施，实施创新驱动战略，增强经济韧性和潜力，为促进强劲、可持续、平衡和包容增长做出贡献。

9. 我们强调加强贸易投资合作有助于释放金砖国家经济潜力，同意完善并扩展贸易投资合作机制和范围，以加强金砖国家经济互补性和多样性。我们欢迎金砖国家第七次经贸部长会议在贸易投资便利化及互联互通合作框架、路线图和概要方面取得积极成果，包括通过加强贸易投资便利化、服务贸易、电子商务、与金砖国家知识产权管理部门合作活动相协调的知识产权合作、经济技术合作、中小企业和妇女经济赋权等领域合作，加强政策分享、信息交流和能力建设。我们欢迎建立自愿参与的金砖国家示范电子口岸网络和电子商务工作组。我们欢迎中国在2018年举办国际进口博览会并鼓励金砖国家工商界积极参与。

10. 我们强调加强金砖国家财金合作的重要性，以更好地服务实体经济，满足金砖国家发展需要。我们注意到金砖国家财政部长和央行行长就政府和社会资本合作（PPP）达成共识，包括分享PPP经验，开展金砖国家PPP框架良好实践等。我们认识到金砖国家成立临时工作组，就通过多种途径开展PPP合作进行技术性讨论，包括如何根据各国经验利用多边开发银行现有资源、探讨成立一个新的 PPP 项目准备基金的可能性等。我们鼓励金砖国家会计准则制定机构和审计机关加强协调与合作，同意在充分考虑各国法律和政策的同时，探讨债券发行领域的会计准则趋同和审计监管领域的合作，为金砖国家债券市场互联互通奠定基础。我们同意促进金砖国家本币债券市场发展，致力于共同设立金砖国家本币债券基金，作为维护金砖国家融资资本可持续性的一种手段，通过吸引更多外国私人部门参与，促进各国国内和区域债券市场发展并加强金砖国家财政韧性。

11. 为满足金砖国家贸易投资快速增长带来的需求，我们同意在遵守各国现有监管框架和世贸组织义务的基础上，通过促进金融机构和金融服务网络化布局，为金砖国家金融市场整合提供便利，同时确保金融监管部门更好地交流与合作。我们同意通过金砖国家反洗钱/打击恐怖融资代表团团长合作，以及在金砖国家反恐工作组工作框架下，利用其他平台来维护各国金融系统廉洁，为落实和改善金融行动特别工作组关于反洗钱、打击恐怖融资和防止大规模杀伤性武器扩散的国际标准发挥积极作用。我们同意在符合各国央行法律授权的前提下，通过货币互换、本币结算、本币直接投资等适当方式，就加强货币合作保持密切沟通，并探索更多货币合作方式。我们鼓励金砖国家银行间合作机制继续在支持金砖国家经贸合作方面发挥重要作用。我们赞赏金砖国家成员国的开发银行签署关于银行间本币授信和信用评级合作的谅解备忘录。

12. 我们强调创新是经济中长期增长和全球可持续发展的重要驱动力。我们致力于推动科技创新合作，发挥协同效应，挖掘金砖国家增长新动能，继续应对我们面临的发展挑战。我们对金砖国家科技创新框架计划下选择的研发项目感到满意，并注意到第二轮项目征集。我们欢迎金砖国家科技创新合作谅解备忘录，支持通过技术转移转化，科技园区和企业合作以及研究人员、企业家、专业人士和学生流动等方式加强创新创业合作。我们鼓励学术界、工商界、民间社会以及其他利益攸关方加大参与，支持通过新开发银行等现有基金、机构和平台促进科技创新投资以及跨境投资。我们同意继续就创新创业合作平台开展工作，支持落实《金砖国家创新合作行动计划（2017－2020）》。

13. 我们重申致力于工业领域合作，包括产能和产业政策、新型工业基础设施与标准、中小微企业等，共同抓住新工业革命带来的机遇，加速金砖国家工业化进程。我们鼓励探讨建立金砖国家未来网络研究机构。我们将加强金砖国家在物联网、云计算、大数据、数据分析、纳米技术、人工智能、5G 及其创新应用等信息通信技术的联合研发和创新，提升五国信息通信技术基础设施建设和互联互通水平。我们倡导在基础设施安全、数据保护、互联网空间领域制定国际通行的规则，共建和平、安全的网络空间。我们将增加信息通信技术投资，确认有必要进一步提升信息通信技术研发投资，在提供产品和服务方面释放创新活力。我们鼓励研究机构、组织、企业在概念论证和试点项目方面建立认证和便利化伙伴关系，通过智慧城市、卫生保健、能效设施等领域的下一代创新举措，发挥在信息通信技术软硬件和技能方面的互补优势。我们支持就落实金砖信息通信技术发展议程和行动计划积极开展合作。

14. 我们重申致力于全面落实 2030 年可持续发展议程。我们将倡导公平、开放、全面、创新、包容发展，平衡协调推进经济、社会和环境可持续发展。我们支持联合国，包括其可持续发展高级别政治论坛，在协调、评估全球落实 2030 年可持续发展议程方面发挥重要作用，认为有必要通过改革联合国发展系统增强其支持成员国落实可持续发展议程的能力。我们敦促发达国家按时、足额履行官方发展援助承诺，为发展中国家提供更多发展资源。

15. 我们强调能源对经济发展的战略重要性，致力于加强金砖国家能源合作。我们认识到可持续发展、能源获取、能源安全对世界的共同繁荣和未来发展至关重要。我们承认清洁和可再生能源应让所有人负担得起。我们将建设开放、灵活和透明的能源大宗商品和技术市场。我们将携手推动化石能源的更高效利用及天然气、水电和核能的更广泛应用，为低排放经济、更好的能源获取及可持续发展做出贡献。为此，我们强调，提高用以扩大民用核能能力的技术和资金的可预测性十分重要，这有利于金砖国家的可持续发展。我们鼓励就设立金砖国家能源研究平台继续开展对话，要求相关机构继续推进能源合作与能效领域联合研究。

16. 我们致力于在可持续发展和消除贫困的框架内继续推动发展绿色和低碳经济，加强金砖国家应对气候变化合作，扩大绿色融资。我们呼吁各国根据共同但有区别的责任原则、各自能力原则等《联合国气候变化框架公约》有关原则，全面落实《巴黎气候协定》，并敦促发达国家向发展中国家提供资金、技术和能力建设支持，增强发展中国家减缓和适应气候变化的能力。

17. 我们强调环境合作对金砖国家可持续发展和人民福祉的重要性，同意在预防空气和水污染、废弃物管理、保护生物多样性等领域采取具体行动，推进成果导向型合作。我们认识到构建环境友好型技术平台和提高城市环境可持续发展能力的重要性，支持金砖国家在此方面的共同努力。巴西、俄罗斯、印度和南非赞赏并支持中国承办 2020 年《生物多样性公约》缔约方大会。

18. 我们注意到过去几年金砖国家农业合作成果丰硕，认为各国农业发展各具特色，互补性强，合作潜力巨大。为此，我们同意在粮食安全与营养、农业适应气候变化、农业技术合作与创新、农业投资贸易以及农业信息技术应用等五大重点领域加强合作，为推动全球农业稳定增长、实现可持续发展目标做出贡献。我们欢迎建立金砖国家农业研究平台协调中心，这一虚拟网络将有助于推进上述优先领域合作。

19. 我们关注非洲大陆在自主和可持续发展、野生动物保护等方面面临的挑战。我们重申将致力于加强对非合作，通过促进互联互通和发展领域的倡议与项目，帮助非洲大陆打击非法野生动物买卖，促进就业、粮食安全、基础设施发展与工业化。我们重申坚定支持非盟落实《2063 年议程》框架下的各项计划，实现非洲大陆和平与经济社会发展。

20. 腐败对可持续发展带来负面影响。我们支持加强金砖国家反腐败合作，重申致力于加强对话与经验交流，支持编纂金砖国家反腐败图册。腐败资产非法流动危害金砖国家经济发展和金融稳定，我们支持加强资产追回合作。我们支持包括通过金砖国家反腐败工作组机制加强国际反腐败合作和追逃追赃工作。非法资金流动、藏匿在国外的非法所得等腐败活动是全球性挑战，将对经济增长和可持续发展造成负面影响。

我们将努力加强这方面的协调行动，依据《联合国反腐败公约》和其他有关国际法，鼓励在全球范围内更有力地预防和打击腐败。

21. 我们生活在数字经济时代，已准备好利用数字经济为全球带来的机遇，并应对有关挑战。我们将基于创新、伙伴、协同、灵活、开放和利于营商、注重信任和安全，保护消费者权益等原则，采取行动为数字经济繁荣和蓬勃发展创造条件，促进世界经济发展并惠及所有人。

22. 我们赞赏金砖国家工商理事会和金砖国家工商论坛在基础设施、制造业、能源、农业、金融服务、电子商务、技术标准校准、技能开发等方面为加强金砖国家经济合作所做的努力和贡献。我们欢迎在工商理事会框架下建立区域航空工作组，注意到巴西关于建立区域航空伙伴关系谅解备忘录的提议。我们鼓励工商界和商业协会积极参与金砖国家合作，充分发挥贸易投资促进机构作用，推动互利共赢合作。

23. 我们认识到劳动市场经历的重大变革及其为各国带来的机遇和挑战。我们满意地看到金砖国家在人力资源、就业、社会保障、加强劳动市场信息系统、培育金砖国家劳动研究机构网络和金砖国家社会保障合作框架等领域取得的进展。我们欢迎金砖国家就未来劳动治理取得共识，同意进一步加强合作与交流，确保充分就业和体面劳动，通过技能开发减少和消除贫困，构建普遍、可持续的社会保障体系。

24. 我们认识到，保护竞争对确保五国社会和经济高效发展、鼓励创新、为消费者提供高品质产品都有重要意义。我们注意到五国竞争管理部门互动的重要意义，特别是识别和抑制跨境限制性商业行为。

25. 我们满意地注意到，通过金砖国家海关合作委员会和海关工作组等机制，五国海关部门在贸易便利化、安全与执法、能力建设和其他共同关心的事务方面取得的合作进展。我们鼓励以信息互换、监管互认、执法互助为指导原则扩大合作，促进经济增长和人民福祉。为加强海关事务相互合作，我们重申致力于尽快完成《金砖国家海关行政互助协定》。

26. 我们秉持和平利用外空原则，强调有必要加强空间活动国际合作，利用空间技术应对全球气候变化、环境保护、防灾救灾以及其他人类面临的挑战。

27. 我们忆及金砖国家灾害管理部长会圣彼得堡和乌代布尔宣言，以及建立金砖国家灾害风险管理联合工作组的决定，强调在金砖国家应急服务方面携手合作非常重要。我们着眼于通过灾害风险管理最佳实践信息交流和自然、人为灾害预报预警及有效应对等领域的合作，减少灾害风险，构建更加安全的未来。

28. 我们对金砖国家在审计、统计、出口信贷等领域合作取得积极进展表示满意，同意继续推进相关合作。

三 全球经济治理

29. 我们决心构建一个更加高效、反映当前世界经济版图的全球经济治理架构，增加新兴市场和发展中国家的发言权和代表性。我们重申致力于推动国际货币基金组织于 2019 年春会、不迟于 2019 年年会前完成第 15 轮份额总检查，包括形成一个新的份额公式。我们将继续推动落实世界银行股权审议。

30. 我们强调开放、韧性的金融体系对可持续增长和发展非常重要，同意更好地利用资本流动带来的益处，管理过度跨境资本流动与波动带来的风险。应急储备安排（CRA）是金砖国家金融合作和发展的一个里程碑，为全球金融稳定做出了贡献。我们欢迎建立 CRA 宏观经济信息交换机制，以及进一步提高 CRA 研究能力、同 IMF 开展更紧密合作的共识。

31. 我们欢迎在南非设立新开发银行（NDB）第一个区域办公室——非洲区域中心。我们欢迎 NDB 设立项目准备基金以及批准第二批项目，祝贺 NDB 总部大楼破土动工。我们强调基础设施互联互通对培育更密切的经济联系与伙伴关系至关重要。我们鼓励 NDB 充分发挥作用，加强同世界银行、亚洲基础设施投资银行等多边开发机构以及金砖国家工商理事会的合作，以协调调动资源，促进金砖国家基础设施建设和可持续发展。

32. 我们强调，建设开放包容的世界经济对于让所有国家和人民分享经济全球化的益处具有重要作用。我们继续坚定维护以世贸组织为代表、以规则为基础、透明、非歧视、开放和包容的多边贸易体制，重申确保全面实施和执行现有世贸组织规则，进一步加强世贸组织作用。我们呼吁加快落实世贸组织巴厘和内罗毕部长级会议成果，期待今年在阿根廷举行的世贸组织部长级会议取得积极成果。我们将继续坚决反对保护主义。我们重申不采取新的贸易保护主义措施的既有承诺，呼吁其他国家加入这一承诺。

33. 我们重视二十国集团继续作为国际经济合作主要论坛的作用，重申落实包括杭州峰会和汉堡峰会在内的历届峰会成果。我们呼吁二十国集团进一步加强宏观经济政策协调，将对新兴市场和发展中国家造成的负面外溢效应和冲击降至最低。我们同意在 2018 年阿根廷担任二十国集团主席国期间加强协调合作，使二十国集团进程与成果反映新兴市场和发展中国家的利益和关切。

34. 我们重申努力建立公平、现代化的全球税收体系，营造更加公正、有利于增长和高效的国际税收环境，包括深化应对税基侵蚀和利润转移合作，推进税收信息交换，加强发展中国家能力建设。我们将加强金砖国家税收合作，为国际税收规则制定做出更大贡献，同时向其他发展中国家提供有针对性的和有效、可持续的技术援助。

四　国际和平与安全

35. 我们注意到世界正在经历深刻变革，国际社会面临全球性安全威胁和挑战。我们承诺在国际场合就事关国际和平与安全的问题加强沟通与合作，重申维护世界和平与安全，捍卫国际法基本准则及《联合国宪章》宗旨和原则，包括坚持主权平等、不干涉别国内政。

36. 我们欢迎 2017 年 7 月 27 日至 28 日在北京举行的第七次金砖国家安全事务高级代表会议，赞赏会议就全球治理、反恐、网络安全、能源安全、重大国际和地区热点及国家安全和发展等问题进行探讨并深化了共识。我们注意到巴西提议设立金砖国家情报论坛。我们欢迎中方作为安代会主席国向领导人会晤汇报会议成果，鼓励今后主席国延续这一做法。我们期待在上述领域加强安全领域务实合作。

37. 我们欢迎在中国的倡议下于 2017 年 6 月 18 日至 19 日在北京举办金砖国家外长会晤。外长们就全球政治、安全、经济和金融等领域重大和共同关心的问题及加强金砖国家合作等交换意见。我们期待即将在联合国大会期间举办的外长会晤，欢迎南非在 2018 年举行下次金砖国家外长单独会晤。

38. 发展和安全密切相关、相互促进，对实现可持续和平至关重要。我们重申在互信、互利、平等、合作的基础上，采取共同、综合、坚定的方式构建可持续和平，解决冲突的政治、经济及社会根源。我们谴责单边军事干预、经济制裁及任意采取单边胁迫措施，这违反了国际法和公认的国际关系准则。我们强调，任何国家都不应以牺牲别国安全为代价加强自身安全。

39. 我们重申对联合国的支持。联合国作为具有普遍代表性的多边组织，肩负维护国际和平与安全，推动全球发展、促进和保护人权的授权。

40. 我们回顾 2005 年世界首脑会议成果文件，重申需要对联合国包括其安理会进行全面改革，使之更具代表性、效力和效率，增强发展中国家代表性，以应对全球挑战。中国和俄罗斯重申重视巴西、印度和南非在国际事务中的地位和作用，支持其希望在联合国发挥更大作用的愿望。

41. 我们重申达成叙利亚问题持久解决办法的唯一出路是推进"叙人主导、叙人所有"的包容性政治进程，根据联合国安理会第 2254（2015）号决议要求，维护叙利亚主权、独立和领土完整，顺应叙利亚人民的合理诉求。我们坚定支持日内瓦和谈与阿斯塔纳进程，欢迎在叙利亚设立冲突降级区，降低冲突程度，为在联合国框架下开展和谈取得有意义进展积聚积极势头，创造良好条件。我们反对任何人、在任何情况下、出于任何目的使用化学武器。

42. 我们重申应在联合国相关决议、马德里原则、"阿拉伯和平倡议"以及此前双方达成的协议基础上，通过谈判实现巴以冲突的公正、持久和全面解决，建立一个与以色列和平共处，独立自主、经济上自立、领土完整的巴勒斯坦国，以实现中东地区和平稳定。我们承诺为解决巴以问题做出更大贡献，愿为实现中东问题的公正、持久解决做出更多贡献，支持国际社会促进该地区和平稳定的努力。

43. 我们祝贺伊拉克人民和政府收复摩苏尔以及在打击恐怖主义方面取得进展，重申致力于维护伊拉克的主权、领土完整、政治独立，支持伊拉克政府和人民。我们关注也门局势，敦促各方停止敌对状态，在联合国支持下恢复谈判。我们呼吁海湾地区外交危机当事方通过对话解决纷争，欢迎科威特的斡旋努力。

44. 我们十分遗憾朝鲜进行核试验。我们对朝鲜半岛紧张局势和长期存在的核问题深表关切，强调这个问题只能通过所有相关方直接对话，以和平方式解决。

45. 我们坚定支持伊朗核问题全面协议，呼吁所有相关方全面履行义务，确保协议得到完整、有效执行，促进国际和地区和平与稳定。

46. 我们赞赏非洲国家、非洲联盟和次区域组织为解决地区问题和维护地区和平安全所做出的努力，强调联合国和非盟根据《联合国宪章》进行合作的重要性。我们支持全面解决刚果民主共和国、利比亚、南苏丹、索马里、中非共和国、西撒哈拉地区有关问题的努力。

47. 我们强烈谴责导致阿富汗无辜平民死亡的恐怖袭击。暴力需要立即停止。我们重申支持阿富汗人民实现"阿人主导、阿人所有"的和平与民族和解进程的努力，支持在莫斯科举行的阿富汗问题磋商、伊斯坦布尔进程、多式联运项目等促进和平与稳定的国际努力，支持打击恐怖主义和应对毒品威胁，支持阿富汗国家重建努力。我们支持阿富汗国防和安全部队打击恐怖组织的努力。

48. 为此，我们对地区安全形势以及塔利班、"伊拉克和黎凡特伊斯兰国/达阿什"、基地组织及其附属的东突厥斯坦伊斯兰运动、乌兹别克斯坦伊斯兰运动、哈卡尼网络、虔诚军、穆罕默德军、巴基斯坦塔利班运动、伊扎布特引发的暴力表示关切。

49. 我们谴责在金砖国家乃至世界各地发生的恐怖袭击，无论在何地、由何人实施。我们谴责一切形式和表现的恐怖主义，强调任何原因都不能作为为恐怖主义正名的理由。我们重申实施、组织或支持恐怖主义行为的人都将被绳之以法。我们回顾各国在预防和打击恐怖主义方面发挥了主导作用并承担了相应责任，强调有必要根据主权平等、不干涉别国内政等国际法原则开展国际合作。我们重申团结一致打击恐怖主义，重视 2017 年 5 月 18 日在北京举行的反恐工作组第二次会议，同意加强合作。

50. 我们呼吁所有国家综合施策打击恐怖主义，包括打击极端化以及包括外国恐怖作战人员在内的恐怖分子的招募与流动；切断恐怖主义融资渠道，例如通过洗钱、武器供应、贩毒、刑事犯罪等方式的有组织犯罪；摧毁恐怖组织基地；打击恐怖主义实体滥用包括社交媒体在内的最新信息通信技术。我们致力于预防和打击日益蔓延的恐怖主义言论，打击恐怖主义融资的一切来源、技术和渠道。我们呼吁在全球范围内迅速、有效地执行联合国安理会相关决议以及金融行动特别工作组相关国际标准。我们寻求在金融行动特别工作组以及类似区域机制框架下加强合作，重申所有国家都有责任阻止恐怖主义网络在其领土上筹措资金和从事恐怖活动。

51. 我们呼吁国际社会建立一个真正广泛的全球反恐联盟，支持联合国在这方面的中心协调作用。我们强调打击恐怖主义必须依据包括《联合国宪章》、国际难民和人道主义法在内的国际法，尊重人权和基本自由。我们重申致力于加强联合国反恐体系的有效性，包括加强联合国相关机构的协调合作、将恐怖分子和恐怖组织列名以及向成员国提供技术援助等。我们呼吁联合国大会加快达成并通过《全面反恐公约》。

52. 我们认识到金砖国家对联合国维和行动的重要贡献，以及联合国维和行动为维护国际和平与安全发挥的重要作用。我们强调金砖国家有必要就维和事务进一步加强沟通。

53. 我们重申致力于按照联合国毒品控制公约，通过整体、全面、平衡的方式制定减少毒品供需的战略，解决国际毒品问题。我们强调第 30 届世界毒品问题特别联大成果文件的重要性，呼吁加强国际和地区协调合作，应对非法生产和贩运毒品，特别是鸦片制剂对国际社会造成的威胁。我们深为关切地注意到，在世界有些地区，贩毒、洗钱、有组织犯罪和恐怖主义之间的关联日益紧密。

54. 我们重申各国应本着平等相待和相互尊重的原则开展合作，促进和保护人权与基本自由。我们同意继续以公平、平等的方式对待包括发展权在内的各类人权，承认其相同地位及同等重要性。我们认为需要以非选择性、非政治性和建设性方式促进、保障及实现各国人权，避免双重标准。我们将在金砖国家及联合国人权理事会等多边框架下就共同关心的问题加强合作。

55. 我们充分意识到国际社会在国际移民领域面临的全球性安全挑战，强调有效移民管理为促进国际安全和社会发展发挥日益重要的作用。

56. 我们支持联合国在制定各方普遍接受的网络空间负责任国家行为规范方面发挥中心作用，以确保建设和平、安全、开放、合作、稳定、有序、可获得、公平的信息通信技术环境。我们强调《联合国宪章》确立的国际法原则至关重要，特别是国家主权、政治独立、领土完整和国家主权平等、不干涉别国内政、尊重人权和基本自由。我们强调应加强国际合作，打击滥用信息通信技术的恐怖主义和犯罪活动，重申《德班宣言》《福塔莱萨宣言》《乌法宣言》和《果阿宣言》为此提出的建议。正如《乌法宣言》提及，应在联合国主导下制定国际法律文书以打击使用信息通信技术犯罪的行为。我们满意地注意到金砖国家关于信息通信技术使用安全性专家工作组取得的进展。我们决定根据《金砖国家确保信息通信技术安全使用务实合作路线图》或者任何其他达成共识的机制推进合作，注意到俄罗斯关于金砖国家达成确保信息通信技术安全使用的政府间合作协议的倡议。

57. 我们相信所有国家应平等参与互联网及其治理的演进和运行，并考虑相关利益攸关方根据其各自作用和职责参与其中的必需性。互联网核心资源的管控架构需更具代表性和包容性。我们满意地注意到金砖国家信息通信技术合作工作组取得进展，认识到加强该领域合作的必要性。为此，金砖国家将继续通过现有机制共同努力，在国际社会平等参与互联网管理的基础上，促进安全、开放、和平、合作使用信息通信技术。

58. 我们重申外空应由各国根据国际法并在平等基础上，自由地进行和平开发和利用。我们重申外空不应出现任何武器或使用武力，强调缔结一项或多项旨在防止外空军备竞赛的国际协定是联合国裁军谈判会议的一项优先任务，并支持以中国和俄罗斯提交的"防止在外空放置武器、对外空物体使用或威胁使用武力条约"更新草案为基础，开始实质性工作。我们也注意到关于不首先在外空部署武器政治义务的国际倡议。

59. 我们优先考虑确保外空活动长期可持续性，以及为子孙后代保护外空的方式方法。我们注意到这是联合国和平利用外空委员会当前重要目标。为此，我们欢迎联合国和平利用外空委员会科技小组委员会外空活动长期可持续性工作组决定到 2018 年就外空活动长期可持续性整套指南结束磋商并达成共识，以纪念首届联合国探索及和平利用外空大会召开 50 周年。

五　加强人文交流合作

60. 我们强调人文交流合作对促进发展并增进金砖国家人民相互了解、友谊与合作具有重要意义。我们同意深化文化、教育、科技、体育、卫生、媒体机构、地方政府等领域合作，打造金砖国家合作的第三支柱，巩固金砖国家伙伴关系的民意基础。

61. 我们珍视文化多样性是金砖合作的宝贵财富，强调文化和文化多样性对促进可持续发展的作用，鼓励金砖国家加强文明交流互鉴，在多元共享基础上培育共同价值理念。我们欢迎金砖国家制定一份推进文化务实合作行动计划的有关构想，欢迎成立金砖国家图书馆联盟、博物馆联盟、美术馆联盟和青少年儿童戏剧联盟。我们期待 2017 年 9 月中旬在厦门举行的金砖国家文化节取得圆满成功，将继续为建立金砖国家文化理事会开展工作，为金砖国家加强文化合作提供必要平台。

62. 我们强调教育对促进经济社会可持续发展、加强金砖国家伙伴关系的重要意义，赞赏金砖国家教育合作取得的积极进展。我们支持金砖国家大学联盟和金砖国家网络大学开展教育和研究合作，欢迎推动教育智库合作的有关努力，以及包括组织青少年夏令营、提供更多奖学金机会等方式的青年交流。我们同意就实现教育领域可持续发展目标分享经验和实践。

63. 我们相信金砖国家体育合作对推广五国传统运动项目、增进人民友谊具有重要意义。我们忆及金砖国家 17 岁以下少年足球赛于 2016 年在印度果阿成功举行，祝贺中国成功举办首届金砖国家运动会并成为今年人文交流合作的一大亮点。我们鼓励相关部门签署体育合作谅解备忘录，为促进五国体育合作提供更大助力。

64. 我们同意加强金砖国家在全球卫生治理中的作用，特别是在世界卫生组织和联合国机构中的作用，通过研发提高创新型医疗产品的普及性，并通过促进卫生系统与卫生融资，提高可负担的、有质量的、有效的、安全的药物、疫苗、诊断与其他医药产品和技术及医疗服务的可及性。我们同意完善应对埃博拉、艾滋病、结核病、疟疾等传染病以及非传染性疾病的监控能力和医疗服务，鼓励更多利用信息通信技术来提高公共卫生服务水平。我们欢迎金砖国家卫生部长会暨传统医药高级别会议取得积极成果，赞赏建立传统医药交流合作长效机制，以促进传统医药互学互鉴和传承。我们欢迎建立结核病研究网络的决定，并向将于 2017 年 11 月 16 日至 17 日在俄罗斯莫斯科举办的"在可持续发展时代开展多部门遏制结核病行动首届世界卫生组织全球部长级会议"提交。我们支持上述会议和 2018 年联合国大会结核病高级别会议。我们承诺在二十国集团等国际论坛就卫生事务加强合作。

65. 我们重申促进长期、平衡的人口发展，继续根据《2015 – 2020 年金砖国家人口问题合作议程》开展人口合作。

66. 我们满意地注意到，金砖国家在治国理政、电影、媒体、智库、青年、议会、地方、工会等各领域交流合作取得进展，同意继续推进相关交流合作。我们赞赏金砖国家首次联合拍摄电影，祝贺金砖国家电影节、媒体高端论坛、友好城市暨地方政府合作论坛、青年论坛、青年外交官论坛、青年科学家论坛等活动取得成功。我们赞赏中国成功举办金砖国家政党、智库和民间社会组织论坛以及治国理政研讨会，将在未来继续采取类似行动。我们注意到中方倡议建立金砖国家研究与交流基金。

67. 我们赞赏金砖合作机制建设取得的重要进展，重申将继续加强机制建设，确保金砖合作适应形势变化。我们赞赏中方担任主席国期间采取积极举措，加强协调人在金砖合作中的统筹协调职能。我们指示协调人继续讨论金砖合作机制建设问题。

68. 我们重申坚定支持多边主义和联合国在国际事务中的中心作用，致力于推动金砖国家在联合国及其他多边机构中就涉及彼此共同利益的领域加强协调合作，包括通过金砖国家常驻纽约、日内瓦和维也纳代表定期会晤的方式，进一步增强国际舞台上的金砖声音。

69. 我们将在厦门会晤期间，延续德班会晤以来的外围对话做法，围绕"深化互利合作，促进共同发展"主题举行新兴市场国家与发展中国家对话会，讨论落实 2030 年可持续发展议程和构建广泛的发展伙伴关系，推进"金砖+"合作。

70. 南非、巴西、俄罗斯和印度称赞中国作为 2017 年金砖国家主席国所做工作，对中国政府和人民在厦门主办金砖国家领导人第九次会晤致以诚挚谢意。

71. 中国、巴西、俄罗斯和印度将全力支持南非于 2018 年举办金砖国家领导人第十次会晤。

参考文献

［1］毕吉耀：《2016 年国际经济形势及对我国的影响》，《中国投资》2016 年第 2 期。

［2］蔡春林、丁畅：《经济增速放缓背景下强化金砖国家合作机制的对策》，《国际商务研》2014 年第 9 期。

［3］蔡春林、刘畅：《金砖国家发展自由贸易区的战略冲突与利益协调》，《国际经贸探索》2013 年第 2 期。

［4］陈季冰：《全球经济：缓慢和乏力的复苏》，《经济观察报》2016 年 2 月 4 日。

［5］陈文玲：《透视中国：中国相关国家战略报告》，北京：中国经济出版社，2016。

［6］陈文玲、李锋：《重塑金砖国家合作发展新优势》，北京：中国经济出版社，2017。

［7］邓若冰、吴福象：《全球经济治理制度变迁与演进路径》，《河北学刊》2016 第 1 期。

［8］房连泉：《20 世纪 90 年代以来巴西社会保障制度改革探析》，《拉丁美洲研究》2009 年第 4 期。

［9］高美、韩旭阳：《金砖五国建千亿美元应急储备基金》，《新京报》2013 年 3 月 28 日。

［10］国家外汇管理局四川省分局资本项目管理处课题组：《巴西资本项

目可兑换路径及启示》，《西南金融》2013 年第 9 期。

[11] 黄茂兴：《直面 2017：金砖国家峰会的热点聚集》，北京：经济科学出版社，2017。

[12] 黄仁伟：《金砖国家崛起与全球治理体系》，《当代世界》2011 第 5 期。

[13] 黄薇：《金砖国家合作：基础、动力与进展》，《国际经贸探索》2014 年第 12 期。

[14] 何立峰：《"一带一路"倡议给各国媒体提出一道考题》，《中国产经》2016 第 8 期。

[15] 贺平、沈逸：《金砖国家的务实合作与产业安全》，上海：上海人民出版社，2017。

[16] 姜晶晶：《金砖四国金融体系比较分析》，《中国金融》2011 第 5 期。

[17] 李向阳：《金砖国家发展之路如何延伸》，《当代经济》2011 年第 5 期。

[18] 焦传凯、郝海青：《论金砖国家合作的潜力及限制——基于结构现实主义视角》，《湖南社会科学》2015 年第 2 期。

[19] 康晓：《金砖国家气候合作：动力与机制》，《国际论坛》2015 第 2 期。

[20] 连平等：《金砖国家金融合作研究》，北京：中国金融出版社，2016。

[21] 梁婷婷：《巴西的坏平衡》，《华夏时报》2016 年 1 月 11 日。

[22] 林跃勤：《新兴经济体经济增长方式评价——基于金砖国家的分析》，《经济社会体制比较》2011 第 5 期。

[23] 林跃勤、周文、刘文革、蔡春林编《新兴经济体蓝皮书·金砖国家发展报告（2017）：机制完善与成效提升》，北京：社会科学文献出版，2017。

[24] 刘海霞：《世界格局重构下发展中国家的角色转变、历史定位与模式调整》，《当代世界与社会主义》2013 第 2 期。

[25] 刘世锦、余斌、陈昌盛：《金融危机后世界经济格局调整与变化趋势》，《中国发展观察》2014 年第 2 期。

[26] 龙永图:《"一带一路"倡议与中国对外开放战略的新特点》,《区域经济评论》2016 年第 5 期。

[27] 陆燕:《国际贸易新规则:重构的关键期》,《国际经济合作》2014 第 2 期。

[28] 吕有志:《论"金砖国家"的国际影响力及其制约因素》,《国际展望》2011 年第 3 期。

[29] 牛海彬:《当前巴西经济困境的政治经济学视角》,《拉丁美洲研究》2015 年第 10 期。

[30] 牛海彬:《巴西当前政治困局的根源及影响》,《当代世界》2016 年第 5 期。

[31] 沈逸:《安全与发展:全球网络空间新秩序与金砖国家合作》,《国际观察》2014 第 2 期。

[32] 司文、陈晴宜:《金砖国家合作机制发展历程与前景》,《国际研究参考》2015 第 7 期。

[33] 苏振兴:《反贫困斗争与政府治理能力——巴西案例研究》,《拉丁美洲研究》2015 第 2 期。

[34] 孙伯银:《近年国际经济形势及未来展望》,《农村金融研究》2016 年第 3 期。

[35] 汪三贵、曾小溪:《巴西的有条件现金转移支付计划》,《学习时报》2016 年 3 月 17 日。

[36] 王浩:《全球金融治理与金砖国家合作研究》,《金融监管研究》2014 年第 2 期。

[37] 王建丰:《俄罗斯资本市场发展新特点》,《商场现代化》2009 年第 14 期。

[38] 王灵桂:《中国:推动金砖国家合作第二个黄金十年》,北京:社会科学文献出版社,2017。

[39] 王灵桂、赵江林:《金砖国家发展战略对接:迈向共同繁荣的路径》,北京:社会科学文献出版社,2017。

[40] 王红霖:《"金砖国家"托起希望》,《现代工业经济和信息化》2011 年第 6 期。

［41］王文、刘英：《金砖国家：新全球化的发动机》，北京：新世界出版社，2017。

［42］王玉华、赵平：《金砖国家合作机制的特点、问题及我国的对策》，《当代经济管理》2011年第11期。

［43］王永中：《金砖国家经济利益的交汇与分歧》，《亚非纵横》2011年第3期。

［44］吴心韬、汪珺、张枕河：《中企巴西资产就地上市已在运作中》，《中国证券报》2012年11月29日。

［45］习近平：《在金砖国家领导人第八次晤大范围会议上的讲话》2016年10月16日。

［46］肖肃、朱天祥：《当前金砖国家研究的若干问题》，北京：时事出版社，2017。

［47］徐秀军：《金砖国家研究：理论与议题》，北京：中国社会科学出版社，2016。

［48］杨洁勉：《金砖国家合作的宗旨、精神和机制建设》，《当代世界》2011年第5期。

［49］杨立华：《南非的经济金融制度》，《中国金融》2011年第9期。

［50］于冰、余荣华、杨光：《从中长期因素分析巴西雷亚尔走势》，《国际金融》2016年第1期。

［51］于培伟、丁维顺：《从数字看金砖国家的分量》，《中国远洋航务》2011年第10期。

［52］臧秀玲：《后危机时代金砖国家合作机制的发展困境及其突破》，《理论视野》2015年第8期。

［53］赵晋平：《发达国家与发展中国家发展不平衡》，《人民日报》2015年7月12日。

［54］赵旭：《南非非国大在经济困境中艰难前行》，《政党世界》2015年第2期。

［55］张茉楠：《金砖国家全面金融合作空间巨大》，《瞭望》2013年第13期。

［56］张茉楠：《全球贸易增长面临格局之变》，《南方都市报》2016年

11 月 8 日。

[57] 张燕生：《金砖国家在均衡全球经济发展中的责任》，《经济》2011 年第 5 期。

[58] 张宇燕、田丰：《新兴经济体的界定及其在世界经济格局中的地位》，《国际经济评论》2010 年第 4 期。

[59] 赵新力：《金砖国家黄皮书：金砖国家综合创新竞争力发展报告（2017）》，北京：社会科学文献出版社，2017。

[60] 郑永年：《丝绸之路与全球经济再平衡》，《联合早报》2015 年 1 月 6 日。

[61] 中华人民共和国国家统计局：《金砖国家联合统计手册（2017）》，北京：中国统计出版社，2017。

[62] 周余云、栾建章：《金砖在失色？"金砖国家治理体系和治理能力现代化建设国际研讨会"论文集》，北京：中央编译出版社，2016。

[63] 朱杰进：《金砖国家与全球经济治理》，上海：上海人民出版社，2016。

后　记

金砖合作是一个创新，建立了结伴不结盟的新关系，走出了相互尊重、共同进步的新道路，实践了互惠互利、合作共赢的新理念，成为金砖国家之间加强合作、凝聚新兴市场国家和发展中国家参与国际经济治理的重要平台。

本书是连续研究的成果。2016 年，中国国际经济交流中心确定了报中宣部重大课题：金砖国家相关研究，由中国国际经济交流中心总经济师陈文玲担任课题负责人，李锋副研究员担任课题组组长，邀请国经中心李金波、窦勇、徐长春、梅冠群和赵春哲等研究人员组成课题组，开展课题研究工作。基于课题成果撰写的内参获得李克强总理和张高丽副总理的重要批示。2017 年 9 月金砖国家领导人厦门会晤前夕，课题成果《重塑金砖国家合作发展新优势》由中国经济出版社出版。2017 年，中国国际经济交流中心确定了"金砖国家合作机制研究"重大课题，在2016 年金砖国家研究课题的基础上继续深化研究金砖国家合作机制，推动金砖合作从松散的论坛向更加制度化的合作机制发展，为金砖国家伙伴关系发展注入新动力。

本书是集体智慧的结晶，集中了中国国际经济交流中心一批优秀研究人员，组成了金砖国家合作机制研究课题组，由魏建国副理事长担任课题负责人、李锋副研究员担任课题组组长。全书具体分工是：魏建国和李锋负责全书构想和拟定详细写作大纲；李锋撰写总报告，窦勇撰写专题报告一，任海平撰写专题报告二，梅冠群撰写专题报告三，徐长春撰写专题报告四，赵春哲撰写专题报告五。本书的撰写得到了国家发展和改革委员会综合处的大力支持，在此表示衷心感谢！李锋撰写的《创新合作机制　为金砖国家注入新动力》获得李克强总理和张高丽副总理的重要批示。

本书是承前启后的作品，是在《重塑金砖国家合作发展新优势》一书的基础上深化研究而成的。未来，我们将在本书基础上，围绕《金砖国家领导人厦门宣言》提出的"金砖＋"合作模式开展后续研究，推动金砖国家同其他新兴市场和发展中国家建立广泛伙伴关系，把金砖合作打造成为当今世界最有影响力的南南合作平台。今年还将出版《"金砖＋"合作模式研究》一书，敬请广大读者关注。

在本书的写作过程中需要感谢的人和事极多。特别要感谢中国国际经济交流中心陈文玲总经济师给予课题组的帮助、支持和建议！

李　锋

2018 年 1 月

图书在版编目（CIP）数据

金砖国家合作机制研究／魏建国等著. －－北京：
社会科学文献出版社，2018.3
ISBN 978 - 7 - 5201 - 2493 - 5

Ⅰ.①金…　Ⅱ.①魏…　Ⅲ.①国际合作－经济合作－
研究　Ⅳ.①F114.4

中国版本图书馆 CIP 数据核字（2018）第 058145 号

金砖国家合作机制研究

著　　者／魏建国　李　锋 等

出 版 人／谢寿光
项目统筹／陈　颖
责任编辑／陈晴钰

出　　版／社会科学文献出版社·皮书出版分社（010）59367127
　　　　　地址：北京市北三环中路甲 29 号院华龙大厦　邮编：100029
　　　　　网址：www. ssap. com. cn
发　　行／市场营销中心（010）59367081　59367018
印　　装／三河市尚艺印装有限公司

规　　格／开本：787mm × 1092mm　1/16
　　　　　印 张：13.5　字 数：206 千字
版　　次／2018 年 3 月第 1 版　2018 年 3 月第 1 次印刷
书　　号／ISBN 978 - 7 - 5201 - 2493 - 5
定　　价／79.00 元

本书如有印装质量问题，请与读者服务中心（010 - 59367028）联系